XINSHIDAI YU XINFEIYUE
21SHIJI MAKESIZHUYI DE SHIJIAN WEILI

新时代与新飞跃

21世纪马克思主义的实践伟力

李 捷 —— 著

浙江人民出版社

图书在版编目（CIP）数据

新时代与新飞跃：21世纪马克思主义的实践伟力 / 李捷著． — 杭州：浙江人民出版社，2024.5
ISBN 978-7-213-11504-2

Ⅰ．①新… Ⅱ．①李… Ⅲ．①马克思主义-发展-研究-中国 Ⅳ．①D61

中国国家版本馆CIP数据核字（2024）第105309号

新时代与新飞跃

——21世纪马克思主义的实践伟力

李 捷 著

出版发行：浙江人民出版社（杭州市环城北路177号 邮编 310006）
市场部电话：(0571)85061682　85176516
责任编辑：高辰旭　申屠增群　尚咪咪
责任校对：陈　春
责任印务：程　琳
封面设计：厉　琳
电脑制版：杭州兴邦电子印务有限公司
印　　刷：浙江新华数码印务有限公司
开　　本：710毫米×1000毫米　1/16　　印　张：25.5
字　　数：297千字　　　　　　　　　　　插　页：2
版　　次：2024年5月第1版　　　　　　　印　次：2024年5月第1次印刷
书　　号：ISBN 978-7-213-11504-2
定　　价：78.00元

如发现印装质量问题，影响阅读，请与市场部联系调换。

目　录

第一章　新时代的伟大变革

党的十八大以来，在习近平新时代中国特色社会主义思想的指导下，解决了许多长期想解决而没有解决的难题，办成了许多过去想办而没有办成的大事，推动党和国家事业发生历史性变革。

以全面从严治党为突破口 / 004

接连打赢七大攻坚战 / 007

新时代的显著标志 / 020

新时代伟大变革的里程碑意义 / 029

第二章　习近平新时代中国特色社会主义思想的创立

新时代的一个突出特点，是时代发展与思想引领相互促进、交相辉映。正是在奋力开创中国特色社会主义新时代的进程中，习近平新时代中国特色社会主义思想应运而生。

不平凡的创立过程 / 039

不断实现理论创新和实践创新良性互动 / 051

习近平新时代中国特色社会主义思想的决定性作用与
　　决定性贡献 / 067

第三章　习近平新时代中国特色社会主义思想的科学体系

> 在沿着中国式现代化实现强国梦的新时代，能够指导我们解决新时代重大课题、攻坚克难、从胜利走向新的胜利的，只有习近平新时代中国特色社会主义思想。

作为独创性成果的"十个明确" / 076

作为基本方略的"十四个坚持" / 113

"十三个方面"成就中的思想内涵 / 119

重大领域的行动指南 / 145

第四章　习近平新时代中国特色社会主义思想的世界观和方法论

> 我们党的理论之所以得到亿万人民拥护，就在于始终秉持人民立场、坚持人民至上，是来自人民、为了人民、造福人民的理论，是人民利益、人民心声的集中表达。

坚持人民至上 / 152

坚持自信自立 / 154

坚持守正创新 / 158

坚持问题导向 / 162

坚持系统观念 / 165

坚持胸怀天下 / 168

坚持"两个结合" / 171

第五章　对三个重大时代课题的系统破解

习近平新时代中国特色社会主义思想解答了许多前人所未解答的重大理论和实践问题，解决了许多前人所未解决的难题难事，成为21世纪马克思主义、当代中国马克思主义。

对新时代之问的解答 / 181

对强国之问的解答 / 190

对长期执政之问的解答 / 201

对三大治理难题的破解 / 210

第六章　对中华民族强起来的战略擘画

全面建成社会主义现代化强国，是中国共产党在第一个百年奋斗目标圆满实现后，又一个庄严承诺，更是把中华民族强起来镌刻在中国人民和中华民族的伟大梦想之中。

对历史方位和社会主要矛盾的把握 / 219

对国际国内环境的把握 / 227

对第二个百年奋斗目标的战略安排 / 233

对关键领域的战略部署 / 241

第七章　对马克思主义基本原理的原创性贡献

马克思主义的真理性，不仅体现在所创立的理论体系的科学性、系统性、完备性、丰富性上，更体现在马克思主义创立之后跨越两个世纪的丰富实践上。只有这样，马克思主义的生命之树才能长青。

从世界变局维度看原创性贡献 / 248

从新时代维度看原创性贡献 / 257

从中华民族复兴维度看原创性贡献 / 267

从马克思主义中国化维度看原创性贡献 / 269

从坚持和发展马克思主义基本原理维度看原创性贡献 / 271

换个角度看原创性贡献 / 273

第八章 对毛泽东思想、中国特色社会主义理论体系的继承和发展

习近平新时代中国特色社会主义思想同毛泽东思想、中国特色社会主义理论体系有着一条清晰的坚持、发展、创新的红线。这是中华民族伟大复兴从站起来、富起来到强起来的客观历史过程的集中反映。

对毛泽东思想的继承和发展 / 286

对中国特色社会主义理论体系的继承和发展 / 301

在历史前进的逻辑中前进 / 329

第九章 对中华文化和中国精神的继承和发展

自中国共产党诞生之日起，就是既以打破一个旧世界、建立一个新世界的革命者的姿态屹立于世，又以中华民族优秀传统、优秀文化的最好继承者的姿态屹立于世。

五四新文化运动提出的重大课题 / 344

新时代对中华文化的重塑 / 350

新时代对中国精神的弘扬与重塑 / 357

第十章　开辟马克思主义中国化时代化新境界

> 中华大地锦绣河山，正在经历一场前所未有的伟大社会变革，谱写着坚持和发展中国特色社会主义美好新篇章，谱写着不断开辟马克思主义中国化时代化美好新篇章。

在理论创新和实践创新良性互动中勇毅前行 / 368

在自我革命和社会革命良性互动中勇毅前行 / 371

在"五个必由之路"良性互动中勇毅前行 / 376

主要参考文献 / 398

第一章
新时代的伟大变革

党的十八大以来，在习近平新时代中国特色社会主义思想的指导下，解决了许多长期想解决而没有解决的难题，办成了许多过去想办而没有办成的大事，推动党和国家事业发生历史性变革。

从党的十八大开始，中国特色社会主义进入新时代。

如同任何一个标注了时代新高度的发展坐标一样，进入新时代也不是一件轻轻松松的事，更不是一件自然而然的事。

当时面临着一系列的严峻考验。

事非经过不知难。习近平总书记在党的二十大报告里，用了很长一段话回顾说："十年前，我们面对的形势是，改革开放和社会主义现代化建设取得巨大成就，党的建设新的伟大工程取得显著成效，为我们继续前进奠定了坚实基础、创造了良好条件、提供了重要保障，同时一系列长期积累及新出现的突出矛盾和问题亟待解决。党内存在不少对坚持党的领导认识模糊、行动乏力问题，存在不少落实党的领导弱化、虚化、淡化问题，有些党员、干部政治信仰发生动摇，一些地方和部门形式主义、官僚主义、享乐主义和奢靡之风屡禁不止，特权思想和特权现象较为严重，一些贪腐问题触目惊心；经济结构性体制性矛盾突出，发展不平衡、不协调、不可持续，传统发展模式难以为继，一些深层次体制机制问题和利益固化藩篱日益显现；一些人对中国特色社会主义政治制度自信不足，有法不依、执法不严等问题严重存在；拜金主义、享乐主义、极端个人主义和历史虚无主义等错误思潮不时出现，网络舆论乱象丛生，严重影响人们思想和社会舆论环境；民生保障存在不少薄弱环节；资源环境约束趋紧、环境污染等问题突出；维护国家安全制度不完善、应对各种重大风险能力不强，国防和军队现代化存在不少短板弱项；香港、澳门落实'一国两制'的体制机制不健全；国家安全受到严峻挑战，等等。当时，党内和社会上不少人对党和国家前途忧心忡忡。"①

上面列举的这九个方面的挑战和考验，哪一个处理不好或解决不了，都会出现颠覆性的问题，甚至会出现"溃坝效应"。

常言道，万事开头难。难就难在选准解决问题的突破口，难就难于立破并举中立好规矩。

以全面从严治党为突破口

党的十八大后，习近平同志当选为中共中央总书记。此刻，他胸有成竹。2012年11月15日，他在十八届中央政治局常委同中外记者见面时的讲话中，斩钉截铁地说："打铁还需自身硬。我们的责任，就是同全党同志一道，坚持党要管党、从严治党，切实解决自身存在的突出问题，切实改进工作作风，密切联系群众，使我们党始终成为中国特色社会主义事业的坚强领导核心。"②

这段话，不仅在中国人民面前立下了全面从严治党的军令状，也向国际社会传递了要解决政党治理、国家治理世界性难题的决心和信心。

---

① 《中国共产党第二十次全国代表大会文件汇编》，人民出版社2022年版，第4—5页。

② 《习近平谈治国理政》（第一卷），外文出版社2018年版，第4—5页。

正是从这一刻起，以习近平同志为核心的党中央面对这些影响党长期执政、国家长治久安、人民幸福安康的突出矛盾和问题，审时度势、果敢抉择，锐意进取、攻坚克难，团结带领全党全军全国各族人民撸起袖子加油干、风雨无阻向前行，义无反顾进行具有许多新的历史特点的伟大斗争。

以习近平同志为核心的党中央从制定和落实中央八项规定破题，坚持从中央政治局做起、从领导干部抓起，以上率下改进工作作风。中央政治局每年召开民主生活会，听取贯彻执行八项规定情况汇报，开展批评和自我批评。党中央以最大的勇气和决心，强力开展反腐败斗争，严肃查处周永康、薄熙来、孙政才、令计划等严重违纪违法案件，有效防止党内形成利益集团，消除了党、国家、军队内部存在的严重隐患，确保党和人民赋予的权力始终用来为人民谋幸福。党中央发扬钉钉子精神，持之以恒纠治"四风"，反对特权思想和特权现象，狠刹公款送礼、公款吃喝、公款旅游、奢侈浪费等不正之风，解决群众反映强烈、损害群众利益的突出问题，推进基层减负，倡导勤俭节约、反对铺张浪费，刹住了一些过去被认为不可能刹住的歪风，纠治了一些多年未除的顽瘴痼疾，党风政风和社会风气为之一新。

对于全面从严治党从中央八项规定破题，习近平总书记是有很深的考虑的。他后来说："我们抓中央八项规定贯彻落实，看起来是小事，但体现的是一种精神。中央八项规定都抓不好、坚持不下去，还搞什么十八项规定、二十八项规定？抓'四风'要首先把中央八项规定抓好，抓党的建设要从'四风'抓起。办好一件事后再办第二件事，让大家感到我们是能办成事的，而且是认真办事的。这样才能取信于民、取信于全党。大家担心防范'四风'的制度能不能建立起来，是不是有用，是不是'稻草人'？行胜于言。比如，今年中秋节中央纪委抓月饼，看起来是小事，其实是抓这后面隐藏的腐败。抓了中秋节抓国庆节，抓了国庆节抓新年，抓了新年抓春节，抓了春节抓清明节、抓端午节，就这么抓下去，总会见效的，使之形成一种习惯、一种风气。"①

习近平总书记还说："现在，党内有些同志感到不适应，有的说要求太严，管得太死，束缚了手脚；有的说党员、干部也有七情六欲，管党治党应'人性化'；有的说都去抓管党治党，经济社会发展没精力抓了。说来说去，就是希望松一点、宽一点。二〇一二年十二月，我在中央政治局会议审议八项规定时就说过，我们不舒服一点、不自在一点，老百姓的舒适度就好一点、满意度就高一点，对我们的感觉就好一点。《诗经》中说'战战兢兢，如临深渊，如履薄冰'，就是说官当得越大，就越要谨慎，古往今来都是如此，每一个党员、干部特别是领导干部都应该明白这个道理。"②

事实证明，没有切实管用的有效措施，没有破釜沉舟式的坚决斗争，没有久久为功的狠抓落实，就没有风清气正、海晏河清的大好局面。经过坚决斗争，全面从严治党的政治引领和政治保障作用充分发挥，党的自我净化、自我完善、自我革新、自我提高能力显著增强，管党治党宽松软状况得到根本扭转，反腐败斗争取得压倒性胜利并全面巩固，消除了党、国家、军队内部存在的严重隐患，党在革命性锻造中更加坚强。

以全面从严治党为突破口，带动了方方面面的深刻变化，可谓"十年磨一剑"。

---

① 《习近平关于全面从严治党论述摘编》，中央文献出版社2016年版，第156页。
② 习近平：《论坚持党对一切工作的领导》，中央文献出版社2019年版，第121页。

接连打赢七大攻坚战

进入新时代以来，以习近平同志为核心的党中央坚持马克思列宁主义、毛泽东思想、邓小平理论、"三个代表"重要思想、科学发展观，全面贯彻习近平新时代中国特色社会主义思想，全面贯彻党的基本路线、基本方略，采取一系列战略性举措，推进一系列变革性实践，实现一系列突破性进展，取得一系列标志性成果，经受住了来自政治、经济、意识形态、自然界等方面的风险挑战考验，党和国家事业取得历史性成就、发生历史性变革，推动我国迈上全面建设社会主义现代化国家新征程。

正是在新时代的伟大变革中，逐步确立了习近平同志党中央的核心、全党的核心地位，形成了以习近平同志为核心的党中央坚强领导和崇高威信，创立了习近平新时代中国特色社会主义思想。没有这些，不可能取得新时代的伟大变革。历史已经充分证明，党确立习近平同志党中央的核心、全党的核心地位，确立习近平新时代中国特色社会主义思想的指导地位，反映了全党全军全国各族人民共同心愿，对新时代党和国家事业发展、对推进中华民族伟大复兴历史进程具有决定性意义。

党的十八大以来，在习近平新时代中国特色社会主义思想的指导下，解决了许多长期想解决而没有解决的难题，办成了许多过去想办而没有办成的大事，推动党和国家事业发生历史性变革，集中地体现在打下了几场攻坚战、啃下了几个硬骨头。

一、打赢了强力反腐败、持久反"四风"的攻坚战

党的十八大以来,以习近平同志为核心的党中央以刀刃向内的自我革命精神,直面党内存在的突出问题,以理论武装凝心聚魂,以整饬作风激浊扬清,以严明纪律强化约束,以从严治吏匡正用人导向,以"打虎""拍蝇""猎狐"惩治腐败,刹住了一些过去被认为不容易刹住的歪风邪气,攻克了一些司空见惯的顽瘴痼疾,解决了许多长期想解决而没有解决的难题,消除了党和国家内部存在的严重隐患,党内政治生态明显好转,党的创造力、凝聚力、战斗力显著增强,党群关系明显改善,党在革命性锻造中更加坚强,以党的伟大自我革命推动了伟大的社会革命。

2022年1月18日,习近平总书记在第十九届中央纪律检查委员会第六次全体会议上,深刻总结了治党管党的成功经验,指出:"一百年来,党外靠发展人民民主、接受人民监督,内靠全面从严治党、推进自我革命,勇于坚持真理、修正错误,勇于刀刃向内、刮骨疗毒,保证了党长盛不衰、不断发展壮大。全面从严治党是新时代党的自我革命的伟大实践,开辟了百年大党自我革命的新境界。必须坚持以党的政治建设为统领,坚守自我革命根本政治方向;必须坚持把思想建设作为党的基础性建设,淬炼自我革命锐利思想武器;必须坚决落实中央八项规定精神、以严明纪律整饬作风,丰富自我革命有效途径;必须坚持以雷霆之势反腐惩恶,打好自我革命攻坚战、持久战;必须坚持增强党组织政治功能和组织力凝聚力,锻造敢于善于斗争、勇于自我革命的干部队伍;必须坚持构建自我净化、自我完善、自我革新、自我提高的制度规范体系,

为推进伟大自我革命提供制度保障。"①这六个必须，是对新时代全面从严治党之所以能成功的最好解答。

二、打赢了中国经济发展稳中求进、企稳向好、由高速增长向高质量发展的攻坚战

党的十八大以来，我国经济发展取得历史性成就、发生历史性变革，为其他领域改革发展提供了重要物质条件。经济实力再上新台阶，成为世界经济增长的主要动力源和稳定器。经济结构出现重大变革，推进供给侧结构性改革，促进供求平衡。经济体制改革持续推进，经济更具活力和韧性。对外开放深入发展，倡导和推动共建"一带一路"，积极引导经济全球化朝着正确方向发展。人民获得感、幸福感明显增强，脱贫攻坚战取得决定性进展，基本公共服务均等化程度不断提高，形成了世界上人口最多的中等收入群体。生态环境状况明显好转，推进生态文明建设决心之大、力度之大、成效之大前所未有，大气、水、土壤污染防治行动成效明显。全面贯彻新发展理念，着力推进高质量发展，推动构建新发展格局，实施供给侧结构性改革，制定一系列具有全局性意义的区域重大战略，我国经济实力实现历史性跃升。

2021年1月28日，习近平总书记在十九届中央政治局第二十七次集体学习时的讲话里，实际上概括总结了新时代扎实推进高质量发展的成功经验。第一，扎扎实实贯彻新发展理念。创新是引领发展的第一动力，协调是持续健康发展的内在要求，绿色是永续发展的必要条件和人民对美好生活追求的重要体现，开放是国家繁荣发展的必由之路，共享

---

① 《习近平谈治国理政》（第四卷），外文出版社2022年版，第549—550页。

是中国特色社会主义的本质要求，坚持创新发展、协调发展、绿色发展、开放发展、共享发展是关系我国发展全局的一场深刻变革，全党全国要统一思想、协调行动、开拓前进。第二，落实以人民为中心的发展思想。进入新发展阶段，完整、准确、全面贯彻新发展理念，必须更加注重共同富裕问题。"提出新发展理念时，我就强调，共享是中国特色社会主义的本质要求，必须坚持发展为了人民、发展依靠人民、发展成果由人民共享，作出更有效的制度安排，使全体人民在共建共享发展中有更多获得感，增强发展动力，增进人民团结，朝着共同富裕方向稳步前进。"①实现共同富裕不仅是经济问题，而且是关系党的执政基础的重大政治问题。党的十八大以来，我们党对共同富裕道路作了新的探索，对共同富裕理论作了新的阐释，对共同富裕目标作了新的部署。党的十九届五中全会向着更远的目标谋划共同富裕，提出了"全体人员共同富裕取得更为明显的实质性进展"的目标。共同富裕本身就是社会主义现代化的一个重要目标。我们不能等实现了现代化再来解决共同富裕问题，而是要始终把满足人民对美好生活的新期待作为发展的出发点和落脚点，在实现现代化过程中不断地、逐步地解决好这个问题。第三，继续深化改革开放。我国改革和发展实践告诉我们，唯有全面深化改革，才能更好践行新发展理念，破解发展难题、增强发展活力、厚植发展优势。党的十八届三中全会以来，我国主要领域改革主体框架基本确立，前期重点是夯基垒台、立柱架梁，中期重点在全面推进、积厚成势，现在要把着力点放到围绕完整、准确、全面贯彻新发展理念，加强系统集成、精准施策上来。我们要在已有改革基础上，立足贯彻新发展理念、

---

① 习近平：《全党必须完整、准确、全面贯彻新发展理念》，载《求是》2022年第16期。

构建新发展格局，坚持问题导向，围绕增强创新能力、推动平衡发展、改善生态环境、提高开放水平、促进共享发展等重点领域和关键环节，继续把改革推向深入，更加精准地出台改革方案，更加全面地完善制度体系。第四，坚持系统观念。完整、准确、全面贯彻新发展理念，必须坚持系统观念。完整、准确、全面贯彻新发展理念，要统筹国内国际两个大局，统筹"五位一体"总体布局和"四个全面"战略布局，加强前瞻性思考、全局性谋划、战略性布局、整体性推进。比如，要统筹中华民族伟大复兴战略全局和世界百年未有之大变局，立足国内，放眼世界，深刻认识错综复杂的国际局势对我国的影响，既保持战略定力又善于积极应变，既集中精力办好自己的事，又积极参与全球治理、为国内发展创造良好环境。"比如，要统筹发展和安全，我在中央政治局第二十六次集体学习时就贯彻落实总体国家安全观提出了"十个坚持"的要求。我们在谋划和推进发展的时候，要善于预见和预判各种风险挑战，做好应对各种"黑天鹅""灰犀牛"事件的预案，不断增强发展的安全性。"①第五，善于从政治上看问题。完整、准确、全面贯彻新发展理念，是经济社会发展的工作要求，也是十分重要的政治要求。改革发展稳定、内政外交国防、治党治国治军，样样是政治，样样离不开政治。党领导人民治国理政，最重要的就是处理好各种复杂的政治关系，始终保持党和国家事业发展的正确政治方向。越是形势复杂、任务艰巨，越要坚持党的全面领导和党中央集中统一领导，越要把党中央关于贯彻新发展理念的要求落实到工作中去。只有站在政治高度看，对党中央的大政方针和决策部署才能领会更透彻，工作起来才能更有预见性和主动性。

---

① 习近平：《全党必须完整、准确、全面贯彻新发展理念》，载《求是》2022年第16期。

三、打赢了脱贫攻坚战，实现了全面建成小康社会这个中华民族的千年梦想，我国发展站在了更高历史起点上

我们坚持精准扶贫、尽锐出战，打赢了人类历史上规模最大的脱贫攻坚战，全国832个贫困县全部摘帽，近1亿农村贫困人口实现脱贫，960多万贫困人口实现易地搬迁，历史性地解决了绝对贫困问题，为全球减贫事业作出了重大贡献。教育事业全面发展，中西部和农村教育明显加强。就业状况持续改善，城镇新增就业年均1300万人以上。城乡居民收入增速超过经济增速，中等收入群体持续扩大。覆盖城乡居民的社会保障体系基本建立，人民健康和医疗卫生水平大幅提高，保障性住房建设稳步推进。

2021年2月25日，习近平总书记在全国脱贫攻坚总结表彰大会上的讲话里，深刻总结了中国特色减贫道路的成功经验。[①]包括：

——坚持党的领导，为脱贫攻坚提供坚强政治和组织保证。始终坚持党中央对脱贫攻坚的集中统一领导，把脱贫攻坚纳入"五位一体"总体布局、"四个全面"战略布局，统筹谋划，强力推进。强化中央统筹、省负总责、市县抓落实的工作机制，构建五级书记抓扶贫、全党动员促攻坚的局面。事实充分证明，中国共产党具有无比坚强的领导力、组织力、执行力，是团结带领人民攻坚克难、开拓前进最可靠的领导力量。

——坚持以人民为中心的发展思想，坚定不移走共同富裕道路。始终坚定人民立场，强调消除贫困、改善民生、实现共同富裕是社会主义

[①] 参见《习近平谈治国理政》（第四卷），外文出版社2022年版，第132—137页。

的本质要求，是我们党坚持全心全意为人民服务根本宗旨的重要体现，是党和政府的重大责任。把群众满意度作为衡量脱贫成效的重要尺度，集中力量解决贫困群众基本民生需求。发挥政府投入的主体和主导作用，宁肯少上几个大项目，也优先保障脱贫攻坚资金投入。强化扶贫资金监管，确保把钱用到刀刃上。真金白银的投入，为打赢脱贫攻坚战提供了强大资金保障。事实充分证明，做好党和国家各项工作，必须把实现好、维护好、发展好最广大人民根本利益作为一切工作的出发点和落脚点，更加自觉地使改革发展成果更多更公平惠及全体人民。

——**坚持发挥我国社会主义制度能够集中力量办大事的政治优势，形成脱贫攻坚的共同意志、共同行动**。广泛动员全党全国各族人民以及社会各方面力量共同向贫困宣战，举国同心，合力攻坚，党政军民学劲往一处使，东西南北中拧成一股绳。强化东西部扶贫协作，推动省市县各层面结对帮扶，促进人才、资金、技术向贫困地区流动。组织开展定点扶贫，中央和国家机关各部门、民主党派、人民团体、国有企业和人民军队等都积极行动，所有的国家扶贫开发工作重点县都有帮扶单位。各行各业发挥专业优势，开展产业扶贫、科技扶贫、教育扶贫、文化扶贫、健康扶贫、消费扶贫。民营企业、社会组织和公民个人热情参与，"万企帮万村"行动蓬勃开展。事实充分证明，中国共产党领导和我国社会主义制度是抵御风险挑战、聚力攻坚克难的根本保证。

——**坚持精准扶贫方略，用发展的办法消除贫困根源**。始终强调，脱贫攻坚，贵在精准，重在精准。坚持对扶贫对象实行精细化管理、对扶贫资源实行精确化配置、对扶贫对象实行精准化扶持，建立了全国建档立卡信息系统，确保扶贫资源真正用在扶贫对象上、真正用在贫困地区。围绕扶持谁、谁来扶、怎么扶、如何退等问题，打出了一套政策组合拳，因村因户因人施策，因贫困原因施策，因贫困类型施策，对症下药、精准滴灌、靶向治疗，真正发挥拔穷根的作用。紧紧扭住教育这个脱贫致富的根本之策，强调再穷不能穷教育、再穷不能穷孩子，不让孩子输在起跑线上，努力让每个孩子都有人生出彩的机会，尽力阻断贫困代际传递。事实充分证明，精准扶贫是打赢脱贫攻坚战的制胜法宝，开发式扶贫方针是中国特色减贫道路的鲜明特征。

——**坚持调动广大贫困群众积极性、主动性、创造性，激发脱贫内生动力**。脱贫必须摆脱思想意识上的贫困。注重把人民群众对美好生活的向往转化成脱贫攻坚的强大动能，实行扶贫和扶志扶智相结合，既富口袋也富脑袋，引导贫困群众依靠勤劳双手和顽强意志摆脱贫困、改变命运。引导贫困群众树立"宁愿苦干、不愿苦熬"的观念，鼓足"只要有信心，黄土变成金"的干劲，增强"弱鸟先飞、滴水穿石"的韧性，让他们心热起来、行动起来。事实充分证明，人民是真正的英雄，激励人民群众自力更生、艰苦奋斗的内生动力，对人民群众创造自己的美好生活至关重要。

——**坚持弘扬和衷共济、团结互助美德，营造全社会扶危济困的浓厚氛围**。推动全社会践行社会主义核心价值观，传承中华民族守望相助、和衷共济、扶贫济困的传统美德，引导社会各界关爱贫困群众、关心减贫事业、投身脱贫行动。完善社会动员机制，搭建社会参与平台，创新社会帮扶方式，形成人人愿为、人人可为、人人能为的社会帮扶格局。事实充分证明，社会主义核心价值观、中华优秀传统文化是凝聚人心、汇聚民力的强大力量。

——**坚持求真务实、较真碰硬，做到真扶贫、扶真贫、脱真贫**。把全面从严治党要求贯穿脱贫攻坚全过程和各环节，拿出抓铁有痕、踏石留印的劲头，把脱贫攻坚一抓到底。突出实的导向、严的规矩，不搞花拳绣腿，不搞繁文缛节，不做表面文章，坚决反对大而化之、撒胡椒面，坚决反对搞不符合实际的"面子工程"，坚决反对形式主义、官僚主义，把一切工作都落实到为贫困群众解决实际问题上。实行最严格的考核评估，开展扶贫领域腐败和作风问题专项治理，建立全方位监督体系，真正让脱贫成效经得起历史和人民检验。事实充分证明，一分部署，九分落实，真抓实干、埋头苦干保证了脱贫攻坚战打得赢、打得好。

四、打赢了污染治理、生态治理攻坚战

坚持绿水青山就是金山银山理念，坚持山水林田湖草沙一体化保护和系统治理，全方位、全地域、全过程加强生态环境保护，生态文明制度体系加快形成，主体功能区制度逐步健全，国家公园体制试点积极推进。全面节约资源有效推进，能源资源消耗强度大幅下降。重大生态保护和修复工程进展顺利，森林覆盖率持续提高。生态环境治理明显加强，环境状况得到改善，污染防治攻坚向纵深推进，绿色、循环、低碳发展迈出坚实步伐，生态环境保护发生历史性、转折性、全局性变化，我们的祖国天更蓝、山更绿、水更清。引导应对气候变化国际合作，成为全球生态文明建设的重要参与者、贡献者、引领者。

党的十八大以来，以习近平同志为核心的党中央深刻回答了为什么建设生态文明、建设什么样的生态文明、怎样建设生态文明的重大理论和实践问题，提出了一系列新理念新思想新战略。2018年5月18日，习近平总书记在全国生态环境保护大会上的讲话里，既总结了新时代生态文明建设的成功经验，又为新时代推进生态文明建设明确了以下

原则。①

一是坚持人与自然和谐共生。在整个发展过程中，我们都要坚持节约优先、保护优先、自然恢复为主的方针，不能只讲索取不讲投入，不能只讲发展不讲保护，不能只讲利用不讲修复，要像保护眼睛一样保护生态环境，像对待生命一样对待生态环境，多谋打基础、利长远的善事，多干保护自然、修复生态的实事，多做治山理水、显山露水的好事，让群众望得见山、看得见水、记得住乡愁，让自然生态美景永驻人间，还自然以宁静、和谐、美丽。

二是绿水青山就是金山银山。绿水青山既是自然财富、生态财富，又是社会财富、经济财富。保护生态环境就是保护自然价值和增值自然资本，就是保护经济社会发展潜力和后劲，使绿水青山持续发挥生态效益和经济社会效益。要加快划定并严守生态保护红线、环境质量底线、资源利用上线三条红线。对突破三条红线、仍然沿用粗放增长模式、吃祖宗饭砸子孙碗的事，绝对不能再干，绝对不允许再干。

三是良好生态环境是最普惠的民生福祉。环境就是民生，青山就是美丽，蓝天也是幸福。发展经济是为了民生，保护生态环境同样也是为了民生。生态文明是人民群众共同参与共同建设共同享有的事业，要把建设美丽中国转化为全体人民的自觉行动。每个人都是生态环境的保护者、建设者、受益者，没有哪个人是旁观者、局外人、批评家，谁也不能只说不做、置身事外。要增强全民节约意识、环保意识、生态意识，培育生态道德和行为准则，开展全民绿色行动，动员全社会都以实际行动减少能源资源消耗和污染排放，为生态环境保护作出贡献。

---

① 习近平：《推动我国生态文明建设迈上新台阶》，载《求是》2019年第3期。

四是山水林田湖草是生命共同体。要从系统工程和全局角度寻求新的治理之道，不能再是头痛医头、脚痛医脚，各管一摊、相互掣肘，而必须统筹兼顾、整体施策、多措并举，全方位、全地域、全过程开展生态文明建设。要深入实施山水林田湖草一体化生态保护和修复，开展大规模国土绿化行动，加快水土流失和荒漠化石漠化综合治理。推动长江经济带发展，要共抓大保护，不搞大开发，坚持生态优先、绿色发展，涉及长江的一切经济活动都要以不破坏生态环境为前提。

五是用最严格制度最严密法治保护生态环境。保护生态环境必须依靠制度、依靠法治。我国生态环境保护中存在的突出问题大多同体制不健全、制度不严格、法治不严密、执行不到位、惩处不得力有关。要加快制度创新，增加制度供给，完善制度配套，强化制度执行，让制度成为刚性的约束和不可触碰的高压线。对任何地方、任何时候、任何人，凡是需要追责的，必须一追到底，决不能让制度规定成为"没有牙齿的老虎"。

六是共谋全球生态文明建设。我国已成为全球生态文明建设的重要参与者、贡献者、引领者，主张加快构筑尊崇自然、绿色发展的生态体系，共建清洁美丽的世界。要深度参与全球环境治理，增强我国在全球环境治理体系中的话语权和影响力，积极引导国际秩序变革方向，形成世界环境保护和可持续发展的解决方案。要坚持环境友好，引导应对气候变化国际合作。要推进"一带一路"建设，让生态文明的理念和实践造福沿线各国人民。

五、打赢了意识形态和网络治理攻坚战

党的十八大以来，以习近平同志为核心的党中央把宣传思想工作摆

在全局工作的重要位置，作出一系列重大决策，实施一系列重大举措。加强党对意识形态工作的领导，确立和坚持马克思主义在意识形态领域指导地位的根本制度，新时代党的创新理论深入人心，网络生态持续向好，意识形态领域形势发生全局性、根本性转变。社会主义核心价值观广泛传播，中华优秀传统文化得到创造性转化、创新性发展，文化事业日益繁荣，中国特色社会主义和中国梦深入人心，主流思想舆论不断巩固壮大，互联网建设管理运用不断完善，主旋律更加响亮，正能量更加强劲，文化自信得到彰显，国家文化软实力和中华文化影响力大幅提升，全党全社会思想上的团结统一更加巩固。

在新时代的伟大变革中，以习近平同志为核心的党中央不断深化对宣传思想工作的规律性认识，深刻总结新时代宣传思想工作的成功经验，提出了一系列新思想新观点新论断[①]，包括坚持党对意识形态工作的领导权；坚持思想工作"两个巩固"的根本任务；坚持用新时代中国特色社会主义思想武装全党、教育人民；坚持培育和践行社会主义核心价值观；坚持文化自信是更基础、更广泛、更深厚的自信，是更基本、更深沉、更持久的力量；坚持提高新闻舆论传播力、引导力、影响力、公信力；坚持以人民为中心的创作导向；坚持营造风清气正的网络空间；坚持讲好中国故事、传播好中国声音。

六、打赢了全面加强党的领导、扭转党的领导弱化虚化被动局面攻坚战

党的十八大以来，以习近平同志为核心的党中央全面加强党的领

---

① 参见《习近平：举旗帜聚民心育新人兴文化展形象 更好完成新形势下宣传思想工作使命任务》，载《人民日报》2018年8月23日。

导，明确中国特色社会主义最本质的特征是中国共产党领导，中国特色社会主义制度的最大优势是中国共产党领导，中国共产党是最高政治领导力量，坚持党中央集中统一领导是最高政治原则，系统完善党的领导制度体系，全党增强"四个意识"，自觉在思想上政治上行动上同党中央保持高度一致，不断提高政治判断力、政治领悟力、政治执行力，确保党中央权威和集中统一领导，确保党发挥总揽全局、协调各方的领导核心作用。要求全党尊崇党章，增强政治意识、大局意识、核心意识、看齐意识，完善坚持党的领导的体制机制，提高党把方向、谋大局、定政策、促改革的能力和定力，坚决扭转一些地方和部门存在的党的领导弱化、党的建设缺失现象，确保全党在思想上政治上行动上同党中央保持高度一致。

党的领导制度是我国的根本领导制度，在国家制度体系中居于统领地位，是党的核心领导地位的必然反映、内在要求。党的领导制度明确了我国政治生活的领导关系、领导主体、领导对象，是中国特色社会主义制度体系的"根"和"源"，是国家治理体系和治理能力现代化的"心脏"和"引擎"，管根本、管全局、管长远，发挥着提纲挈领、无可替代的作用。

党的十九届四中全会通过的《关于坚持和完善中国特色社会主义制度推进国家治理体系和治理能力现代化若干重大问题的决定》，对党的领导制度第一次作了系统的总结和明确。党的领导制度是一个系统完备、内涵丰富的制度体系，主要涵盖六个方面的制度：**一是建立不忘初心、牢记使命的制度，形成长效机制，为坚持和完善党的领导制度体系奠定坚实基础；二是完善坚定维护党中央权威和集中统一领导的各项制度，坚决把维护习近平同志党中央的核心、全党的核心地位落到实处，**

明确这一制度体系必须坚持的最高原则；三是健全党的全面领导制度，确保党在各种组织中发挥领导作用，是这一制度体系的主体内容；四是健全为人民执政、靠人民执政各项制度，巩固党执政的阶级基础，厚植党执政的群众基础，反映这一制度体系的价值追求；五是健全提高党的执政能力和领导水平制度，提高党把方向、谋大局、定政策、促改革的能力，体现这一制度体系的实践要求；六是完善全面从严治党制度，贯彻新时代党的建设总要求，为坚持和完善这一制度体系提供坚强保证。

把党的领导制度作为我国的根本领导制度，深刻揭示了党的领导同中国特色社会主义的本质关系，充分彰显了党的领导制度在国家制度体系中的统领地位，彰显了中国共产党的高度制度自觉、制度自信，有力推动了在实践中更好地坚持和巩固党的领导。

以上这些带有根本性、全局性、开创性的攻坚战的胜利，彰显了习近平新时代中国特色社会主义思想的巨大威力，推动我国经济由高速增长阶段转向高质量发展阶段，推动我国发展站到了新的历史起点上，促成了我国社会主要矛盾的转化，推动中国特色社会主义进入新时代。

新时代的显著标志

我们搞清楚了新时代是怎样得来的之后，接下来要弄明白的问题是，中国特色社会主义进入新时代有哪些重要标志。可以说有以下七个显著标志。

第一大标志，党和国家事业发生历史性变革。党的十八大以来，以习近平同志为核心的党中央团结带领全党全国人民披荆斩棘、一往无前，统筹推进"五位一体"总体布局、协调推进"四个全面"战略布局，取得了全方位的、开创性的、举世公认的历史性成就，党和国家事业发生前所未有的、深层次的、根本性的历史性变革。以习近平同志为核心的党中央以巨大的政治勇气和强烈的责任担当，提出一系列新理念新思想新战略，出台一系列重大方针政策，推出一系列重大举措，推进一系列重大工作，解决了许多长期想解决而没有解决的难题，办成了许多过去想办而没有办成的大事，推动党和国家事业发生历史性变革。这些历史性变革，对党和国家事业发展具有重大而深远的影响。特别是"三个意味着"，深刻揭示了坚持和发展中国特色社会主义的重大历史意义、国际意义和时代意义，极大增强了"四个自信"和夺取新时代中国特色社会主义伟大胜利的决心。

第二大标志，我国社会主要矛盾发生历史性的深刻变化。经过新中国成立以来特别是改革开放以来的跨越式发展，我国社会主要矛盾已经由人民日益增长的物质文化需要同落后的社会生产之间的矛盾，转化为人民日益增长的美好生活需要和不平衡不充分的发展之间的矛盾。这是中国共产党人为实现中华民族伟大复兴使命不懈奋斗的结果，也是我们比历史上任何时期都更接近、更有信心和能力实现中华民族伟大复兴的目标的发展新起点。我们一方面要牢牢把握社会主义初级阶段这个基本国情，牢牢立足社会主义初级阶段这个最大实际，牢牢坚持党的基本路线这个党和国家的生命线、人民的幸福线；另一方面要更准确地把握我国社会主义初级阶段不断变化的特点，牢牢把握我国发展的阶段性特征，牢牢把握人民群众对美好生活的向往，提出新的思路、新的战略、新的举措，在继续推动经济发展的同时，更好解决我国社会出现的各种问题，更好实现各项事业全面发展，更好发展中国特色社会主义事业，更好推动人的全面发展、社会全面进步，为决胜全面建成小康社会，夺取新时代中国特色社会主义伟大胜利，为实现中华民族伟大复兴的中国梦不懈奋斗。

第三大标志，系统创立习近平新时代中国特色社会主义思想。时代是思想之母，实践是理论之源。我们党要始终站在时代潮头、始终引领时代发展和时代变革，就必须有同马克思列宁主义、毛泽东思想、邓小平理论、"三个代表"重要思想、科学发展观既一脉相承又与时俱进的指导思想，必须不断推进马克思主义中国化、时代化，必须不断推进实践创新基础上的理论创新，必须统揽伟大斗争、伟大工程、伟大事业、伟大梦想。党的十八大以来，国内外形势变化和我国各项事业发展都给我们提出了一个重大时代课题，这就是必须从理论和实践结合上系统回答新时代坚持和发展什么样的中国特色社会主义、怎样坚持和发展中国特色社会主义。正是围绕这个重大时代课题，以习近平同志为核心的党中央坚持解放思想、实事求是、与时俱进、求真务实，坚持辩证唯物主义和历史唯物主义，紧密结合新的时代条件和实践要求，以全新的视野深化对共产党执政规律、社会主义建设规律、人类社会发展规律的认识，进行艰辛理论探索，取得重大理论创新成果，创立了新时代中国特色社会主义思想，开辟了马克思主义新境界、中国特色社会主义新境界、党治国理政新境界、管党治党新境界。党的十九大把习近平新时代中国特色社会主义思想确立为党必须长期坚持的指导思想，成为指导进行伟大斗争、建设伟大工程、推进伟大事业、实现伟大梦想的行动指南，实现了党的指导思想又一次与时俱进，具有重大的政治意义、理论意义、实践意义。

第四大标志，明确了新时代中国共产党的历史使命。中国共产党人的初心和使命，就是为中国人民谋幸福，为中华民族谋复兴。这个初心和使命是激励中国共产党人不断前进的根本动力。中国共产党一经成立，就把实现共产主义作为党的最高理想和最终目标，义无反顾肩负起实现中华民族伟大复兴的历史使命，团结带领人民进行了艰苦卓绝的斗争，终于使近代以来久经磨难的中华民族迎来了从站起来、富起来到强起来的伟大飞跃，迎来了实现中华民族伟大复兴的光明前景。今天，我们比历史上任何时期都更接近、更有信心和能力实现中华民族伟大复兴的目标。实现伟大梦想，必须进行伟大斗争，这就是进行具有许多新的历史特点的伟大斗争。实现伟大梦想，必须建设伟大工程，这个伟大工程就是我们党正在深入推进的党的建设新的伟大工程。实现伟大梦想，必须推进伟大事业，这就是坚持和发展中国特色社会主义伟大事业。伟大斗争、伟大工程、伟大事业、伟大梦想，紧密联系、相互贯通、相互作用，其中起决定性作用的是党的建设新的伟大工程。推进伟大工程，要结合伟大斗争、伟大事业、伟大梦想的实践来进行，确保党在世界形势深刻变化的历史进程中始终走在时代前列，在应对国内外各种风险和考验的历史进程中始终成为全国人民的主心骨，在坚持和发展中国特色社会主义的历史进程中始终成为坚强领导核心。

第五大标志，圆满实现全面建成小康社会第一个百年奋斗目标，开启全面建设社会主义现代化国家新征程。 实现中华民族伟大复兴，必须根据发展阶段的变化，及时提出符合国情、顺应党性民意的战略目标，并制定切实可行的战略安排。高度重视并切实实现战略目标和战略安排，是我们党的一大政治优势。改革开放之后，我们党对我国社会主义现代化建设作出战略安排，提出"三步走"战略目标。在世纪之交，又郑重提出，到建党一百年时建成经济更加发展、民主更加健全、科教更加进步、文化更加繁荣、社会更加和谐、人民生活更加殷实的小康社会；到新中国成立一百年时，基本实现现代化。党的十八大确立"两个一百年"奋斗目标，习近平总书记站在党和国家事业发展全局上把这个奋斗目标概括为实现中华民族伟大复兴中国梦。党的十九大明确提出，从十九大到二十大，是"两个一百年"奋斗目标的历史交汇期，既要全面建成小康社会、实现第一个百年奋斗目标，又要乘势而上开启全面建设社会主义现代化国家新征程，向第二个百年奋斗目标进军，并对从全面建成小康社会到基本实现现代化、再到全面建成社会主义现代化强国作出战略安排。在庆祝中国共产党成立100周年大会上，习近平总书记庄严宣告："经过全党全国各族人民持续奋斗，我们实现了第一个百年奋斗目标，在中华大地上全面建成了小康社会，历史性地解决了绝对贫困问题，正在意气风发向着全面建成社会主义现代化强国的第二个百年奋斗目标迈进。"①党的二十大进一步指出，新时代的伟大变革，在党史、新中国史、改革开放史、社会主义发展史、中华民族发展史上具有里程碑意义。中国共产党和中国人民正信心百倍推进中华民族从站起来、富起来到强起来的伟大飞跃。我国发展具备了更为坚实的物质基础、更为完善的制度保证，实现中华民族伟大复兴进入了不可逆转的历史进程。"从现在起，中国共产党的中心任务就是团结带领全国各族人民全面建成社会主义现代化强国、实现第二个百年奋斗目标，以中国式现代化全面推进中华民族伟大复兴。"②

第六大标志，中国共产党在革命性锻造中焕发出新的强大生机和活

---

① 《习近平谈治国理政》（第四卷），外文出版社2022年版，第3页。
② 《中国共产党第二十次全国代表大会文件汇编》，人民出版社2022年版，第18页。

力。党的十八大以来，取得的一切伟大历史性成就，无不源自以习近平同志为核心的党中央坚强领导；发生的一切伟大历史性变革，无不源自全面加强党的领导、全面从严治党带来的深刻变革。以习近平同志为核心的党中央以强烈的历史使命感、深沉的忧患意识、顽强的意志品质、果敢的政治担当，全面加强党的领导和党的建设，坚决改变管党治党宽松软状况，勇于面对党面临的重大风险考验和党内存在的突出问题，正风肃纪、反腐惩恶，消除了党和国家内部存在的严重隐患，党内政治生活气象更新，党内政治生态明显好转，党的创造力、凝聚力、战斗力显著增强，党的团结统一更加巩固，党群关系明显改善，党在革命性锻造中更加坚强，焕发出新的强大生机活力，为党和国家事业发展提供了坚强政治保证。新时代实践充分证明，全面从严治党是从根本上使党的面貌焕然一新的决定性一招，有效维护了以习近平同志为核心的党中央的权威和集中统一领导，有力地推动国家面貌、人民面貌、军队面貌、民族面貌发生前所未有的深刻变化，让我们以崭新姿态昂首阔步迈进中国特色社会主义新时代。

第七大标志，中国共产党反映全党全军全国各族人民共同心愿，确立习近平同志党中央的核心、全党的核心地位，确立习近平新时代中国特色社会主义思想的指导地位。十八大以来，以习近平同志为主要代表的中国共产党人，坚持把马克思主义基本原理同中国具体实际相结合、同中华优秀传统文化相结合，科学回答了新时代坚持和发展什么样的中国特色社会主义、怎样坚持和发展中国特色社会主义等重大时代课题，创立了习近平新时代中国特色社会主义思想。习近平新时代中国特色社会主义思想是对马克思列宁主义、毛泽东思想、邓小平理论、"三个代表"重要思想、科学发展观的继承和发展，是当代中国马克思主义、二十一世纪马克思主义，是中华文化和中国精神的时代精华，是党和人民实践经验和集体智慧的结晶，是中国特色社会主义理论体系的重要组成部分，是全党全国人民为实现中华民族伟大复兴而奋斗的行动指南，必须长期坚持并不断发展。在习近平新时代中国特色社会主义思想指导下，中国共产党领导全国各族人民，统揽伟大斗争、伟大工程、伟大事业、伟大梦想，推动中国特色社会主义进入了新时代，实现第一个百年奋斗目标，开启了实现第二个百年奋斗目标新征程。

坚强的领导核心、科学的理论指导始终是关系党和国家前途命运、党和人民事业兴衰成败的根本性问题。实践充分证明，"两个确立"是新时代党和国家事业取得历史性成就、发生历史性变革的决定性因素，是党和人民应对一切不确定性的最大确定性、最大底气、最大保证。"两个确立"作为党在新时代取得的重大政治成果，已经写在了新时代的伟大征程上、写在了全党全军全国各族人民的心坎上，必须倍加珍惜、坚定维护、长期坚持。我们要以高度的政治责任感坚决拥护"两个确立"，增强"四个意识"、坚定"四个自信"、做到"两个维护"，自觉在思想上政治上行动上同以习近平同志为核心的党中央保持高度一致。

中国特色社会主义进入新时代，是一个客观发展的历史过程，深刻地揭示了在历史前进的逻辑中前进、在时代发展的潮流中发展的历史必然性。这个新时代既是在新中国成立以来巨大成就的基础上发展而来的，更是在改革开放历史性成就的基础上发展而来的。与前面两个发展阶段相比，它有以下显著特征。

新时代标注了新的历史方位。经过长期努力，中国特色社会主义进入了新时代，这是我国发展新的历史方位。这是党的十八大以来取得历史性成就、发生历史性变革的客观结果。

新时代标注了社会主要矛盾的深刻变化。中国特色社会主义进入新时代，我国社会主要矛盾已经转化为人民日益增长的美好生活需要和不平衡不充分的发展之间的矛盾。

从需求侧看，我国稳定解决了十几亿人的温饱问题，已经全面建成小康社会，人民美好生活需要日益广泛，不仅对物质文化生活提出了更高要求，而且在民主、法治、公平、正义、安全、环境等方面的要求也日益增多。

从供给侧看，我国社会生产力水平总体上显著提高，社会生产能力在很多方面进入世界前列，更加突出的问题是发展不平衡不充分，这已经成为满足人民日益增长的美好生活需要的主要制约因素。

我国社会主要矛盾的变化是关系全局的历史性变化，对党和国家工作提出了许多新要求。要在继续推动发展的基础上，着力解决好发展不平衡不充分问题，大力提升发展质量和效益，更好满足人民在经济、政治、文化、社会、生态等方面日益增长的需要，更好推动人的全面发展、社会全面进步。

我国社会主要矛盾的变化，没有改变我们对我国社会主义所处历史阶段的判断，我国仍处于并将长期处于社会主义初级阶段的基本国情没有变，我国是世界最大发展中国家的国际地位没有变。我们要牢牢把握社会主义初级阶段这个基本国情，牢牢立足社会主义初级阶段这个最大实际，牢牢坚持党的基本路线这个党和国家的生命线、人民的幸福线。

新时代揭示了三方面历史意义。中国特色社会主义进入新时代，在中华人民共和国发展史上、中华民族发展史上具有重大意义，在世界社会主义发展史上、人类社会发展史上也具有重大意义。

这意味着近代以来久经磨难的中华民族迎来了从站起来、富起来到强起来的伟大飞跃，迎来了实现中华民族伟大复兴的光明前景；这意味着科学社会主义在21世纪的中国焕发出强大生机活力，在世界上高高举起了中国特色社会主义伟大旗帜；这意味着中国特色社会主义道路、理论、制度、文化不断发展，拓展了发展中国家走向现代化的途径，给世界上那些既希望加快发展又希望保持自身独立性的国家和民族提供了全新选择，为解决人类问题贡献了中国智慧和中国方案。

新时代标注了走向未来的五个坐标。

其一，这个新时代，是承前启后、继往开来、在新的历史条件下继续夺取中国特色社会主义伟大胜利的时代。这个历史坐标，标注的是新时代将在中国特色社会主义发展史上谱写出新的辉煌。

其二，这个新时代，是决胜全面建成小康社会、进而全面建设社会主义现代化强国的时代。这个历史坐标，标注的是新时代将以全面建设社会主义现代化国家、全面推进中华民族伟大复兴新的荣光载入新中国史册和民族复兴史册。

其三，这个新时代，是全国各族人民团结奋斗、不断创造美好生活、逐步实现全体人民共同富裕的时代。这个历史坐标，标注的是新时代将以人民幸福、共同富裕铸就新的业绩。

其四，这个新时代，是全体中华儿女勠力同心、奋力实现中华民族伟大复兴中国梦的时代。这个历史坐标，标注的是新时代将以中华民族强起来的新飞跃为中华民族追梦历程画上圆满的句号。

其五，这个新时代，是我国不断为人类作出更大贡献的时代。这个历史坐标，标注的是新时代的中国人民将以更加自信的姿态引领人类文明进步的潮流。

新时代伟大变革的里程碑意义

新时代的伟大变革，在党史、新中国史、改革开放史、社会主义发展史、中华民族发展史上具有里程碑意义。

每个时代都有自己时代的标志性事件，标注着这个时代在民族发展史和人类发展史上的新高度。中国特色社会主义新时代更是如此。党的十八大后，中国特色社会主义进入新时代。习近平总书记在党的二十大报告里指出："十年来，我们经历了对党和人民事业具有重大现实意义和深远历史意义的三件大事：一是迎来中国共产党成立一百周年，二是中国特色社会主义进入新时代，三是完成脱贫攻坚、全面建成小康社会的历史任务，实现第一个百年奋斗目标。这是中国共产党和中国人民团结奋斗赢得的历史性胜利，是彪炳中华民族发展史册的历史性胜利，也是对世界具有深远影响的历史性胜利。"[①]这三件大事集中说明，新时代的伟大变革，在党史、新中国史、改革开放史、社会主义发展史、中华民族发展史上具有里程碑意义。

先看第一件大事：迎来中国共产党成立100周年。2021年，隆重庆祝中国共产党成立100周年成为全党全军全国人民政治生活中的头等大事，祖国山河沉浸在一片喜庆欢乐、国泰民安的海洋里。14亿中国人从来没有像今天这样扬眉吐气、豪情满怀。正如习近平总书记所说："当今世界，要说哪个政党、哪个国家、哪个民族能够自信的话，那中国共

[①]《中国共产党第二十次全国代表大会文件汇编》，人民出版社2022年版，第4页。

产党、中华人民共和国、中华民族是最有理由自信的！"①回望党走过的百年，这是矢志践行初心使命的100年，是筚路蓝缕奠基立业的100年，是创造辉煌开辟未来的100年。从登上中国政治舞台的那一刻起，中国共产党就坚持马克思主义立场观点方法，始终不渝为中国人民谋幸福、为中华民族谋复兴。在百年接续奋斗中，党团结带领人民开辟了伟大道路，建立了伟大功业，铸就了伟大精神，积累了宝贵经验，创造了中华民族发展史、人类社会进步史上令人刮目相看的奇迹。经过100年的奋斗，我们党团结带领人民在一个有着几千年封建社会历史的国家实现了最广泛的人民民主，人民真正成为国家、社会和自己命运的主人；我们在一穷二白的基础上创造了经济社会快速发展奇迹，用几十年时间走完了发达国家几百年走过的工业化历程，跃升为世界第二大经济体，综合国力、科技实力、国防实力、文化影响力、国际影响力显著提升；我国人民生活由温饱不足到全面小康，整体上彻底摆脱了绝对贫困，成为世界上中等收入人口最多的国家；我国长期保持社会和谐稳定、人民安居乐业，成为国际社会公认的最有安全感的国家之一。抗击新冠肺炎疫情的伟大斗争，充分彰显了党的领导和我国社会主义制度的显著优势，极大增强了全党全国各族人民的信心信念。在当今世界历史上，唯有中国共产党才能创造出如此宏伟的事业，可谓"其作始也简，其将毕也必巨"。

尽管我们取得了极其伟大的成就，也没有丝毫骄傲自满的理由。为什么？当代中国正在经历人类历史上最为宏大而独特的实践创新，改革发展稳定任务之重、矛盾风险挑战之多、治国理政考验之大都前所未

---

① 习近平：《在党史学习教育动员大会上的讲话》（2021年2月20日），载《求是》2021年第7期。

有，世界百年未有之大变局深刻变化前所未有，提出了大量亟待回答的理论和实践课题。全面推进中华民族伟大复兴的任务不是轻了，而是更重了。这就要用历史映照现实、远观未来，从中国共产党的百年奋斗中看清楚过去我们为什么能够成功、弄明白未来我们怎样才能继续成功，从而在新的征程上更加坚定、更加自觉地牢记初心使命、开创美好未来。党的历史是最生动、最有说服力的教科书。中国共产党历来重视党史学习教育，注重用党的奋斗历程和伟大成就鼓舞斗志、明确方向，用党的光荣传统和优良作风坚定信念、凝聚力量，用党的实践创造和历史经验启迪智慧、砥砺品格。特别是在习近平总书记的亲自主持下，制定第三个历史决议，在全党开展党史学习教育，号召全党学习和践行伟大建党精神，通过学史明理、学史增信、学史崇德、学史力行，教育引导全党深刻认识红色政权来之不易、新中国来之不易、中国特色社会主义来之不易，深刻认识中国共产党为什么能、马克思主义为什么行、中国特色社会主义为什么好，深刻领悟"两个确立"的决定性意义，增强"四个意识"、坚定"四个自信"、做到"两个维护"，不断增强历史定力，增强做中国人的志气、骨气、底气。

再看第二件大事：中国特色社会主义进入新时代。党的十八大以来，以习近平同志为核心的党中央领导全党和全国人民自信自强、守正创新，取得了一系列重大理论成果、实践成果、制度成果，中国特色社会主义进入了新时代，中华民族迎来了从站起来、富起来到强起来的伟大飞跃，使科学社会主义在21世纪的中国焕发出强大生机活力，拓展了发展中国家走向现代化的途径，为解决人类问题贡献了中国智慧和中国方案。对新时代党和国家事业发展作出科学完整的战略部署，提出实现中华民族伟大复兴的中国梦，统揽伟大斗争、伟大工程、伟大事业、伟大梦想，明确"五位一体"总体布局和"四个全面"战略布局，确定稳中求进工作总基调，统筹发展和安全，明确我国社会主要矛盾是人民日益增长的美好生活需要和不平衡不充分的发展之间的矛盾，并紧紧围绕这个社会主要矛盾推进各项工作，在理论和实践上实现创新突破，成功推进和拓展了中国式现代化，不断丰富和发展人类文明新形态。

进入新时代，社会主要矛盾已经转化为人民日益增长的美好生活需要和不平衡不充分的发展之间的矛盾，经济发展也进入新常态，迫切要求从高速增长转变到高质量发展的轨道上来。针对经济社会发展存在的发展动力问题、不平衡问题、人与自然和谐问题、内外联动问题、社会公平正义问题，习近平总书记明确提出创新、协调、绿色、开放、共享新发展理念，果断施行创新发展战略、供给侧结构性改革，强调以人民为中心的发展理念，努力实现人的全面发展和共同富裕，在短短几年间就推动中国经济社会实现高质量发展。特别是在2021年全面建成小康社会、第一个百年奋斗目标业已实现后，我国已胜利开启全面建设社会主义现代化国家新征程，正在向着第二个百年奋斗目标进军，这标志着我国进入了一个新发展阶段。这个新阶段，既是社会主义初级阶段阶段性发展的客观要求，也是我国社会主义从初级阶段向更高阶段迈进的必然要求。经过10年不懈奋斗，我国高质量发展取得辉煌成就。经济总量由2012年的53.9万亿元跃升到2021年的114.4万亿元，占世界经济比重从11.3%上升到超过18%，我国全球创新指数排名从第34位提升到第12位。高技术产业营业收入从2012年的9.95万亿元，增长到2021年的19.91万亿元，规模翻了一番。人均国内生产总值超过1万美元，城镇化率超过60%，中等收入群体超过4亿人，城乡人均收入、就业、教育、医疗、社会保障等民生事业跃上新台阶。国家治理体系和治理能力现代化取得标志性成就，创造性形成全过程人民民主新经验，全面深化改革、全面依法治国成效显著。这些历史性成就归结到一点，就是经过党的十八大以来在理论和实践上的创新突破，成功推进和拓展了中国式现代化，深刻回答了建设什么样的社会主义现代化强国、怎样建设社会主义现代化强国的重大时代课题。中国式现代化必须走自己的路，坚定不移坚持党的基本理论、基本路线、基本方略，坚定不移坚持中国特色社会主义道路、理论、制度、文化，坚定不移坚持具有中国特色、符合中国实际的现代化建设正确方向。这就是：我国现代化是人口规模巨大的现代化，是全体人民共同富裕的现代化，是物质文明和精神文明相协调的现代化，是人与自然和谐共生的现代化，是走和平发展道路的现代化。中国式现代化道路的成功开辟，破解了人类社会发展的诸多难题，摒弃了西方以资本为中心的现代化、两极分化的现代化、物质主义膨胀的现代化、对外扩张掠夺的现代化老路，不仅在新中国社会主义现代化建设上具有划时代的里程碑意义，而且拓展了发展中国家走向现代化的途径，为人类对更好社会制度的探索提供了中国方案。中国式现代化道路的成功开辟，人类文明新形态的伟大创造，使全面建设社会主义现代化国家、全面推进中华民族伟大复兴成为不可逆转的大趋势。

最后看第三件大事：完成脱贫攻坚、全面建成小康社会的历史任务，实现第一个百年奋斗目标。 在中国共产党成立 100 周年时，全面建成小康社会，是中国共产党对全国人民的庄严承诺。党的十八大以来，以习近平同志为核心的党中央信守这一庄严承诺，经过接续奋斗，终于如期圆满实现了小康这个中华民族的千年梦想，打赢了人类历史上规模最大的脱贫攻坚战，历史性地解决了绝对贫困问题，为全球减贫事业作出了重大贡献。这是人民至上理念、新发展理念的伟大实践，也是实践的伟大胜利。习近平总书记反复强调，人民对美好生活的向往就是我们的奋斗目标，增进民生福祉是我们坚持立党为公、执政为民的本质要求，让老百姓过上好日子是我们一切工作的出发点和落脚点，补齐民生保障短板、解决好人民群众急难愁盼问题是社会建设的紧迫任务。要让人民群众切实感受到全面建成小康社会的成果。全面小康，覆盖的领域要全面，是"五位一体"全面进步，促进现代化建设各个环节、各个方面协调发展，不能长的很长、短的很短；覆盖的人口要全面，是惠及全体人民的小康，切实解决民生领域的突出短板，全力解决农村贫困人口脱贫这一最突出的短板。习近平总书记强调，小康不小康，关键看老乡；脱贫攻坚是全面建成小康社会的底线任务，只有打赢脱贫攻坚战，才能确保全面建成小康社会、实现第一个百年奋斗目标。党的十八大以来，以习近平同志为核心的党中央以最大决心，采取超常举措，组织实施人类历史上规模最大、力度最强的脱贫攻坚战，使全国832个贫困县全部摘帽，12.8万个贫困村全部出列，近1亿农村贫困人口实现脱贫，提前10年实现联合国2030年可持续发展议程减贫目标，历史性地解决了绝对贫困问题，创造了人类减贫史上的奇迹。

2021年7月1日，习近平总书记在庆祝中国共产党成立100周年大会上庄严宣告："经过全党全国各族人民持续奋斗，我们实现了第一个百年奋斗目标，在中华大地上全面建成了小康社会，历史性地解决了绝对贫困问题，正在意气风发向着全面建成社会主义现代化强国的第二个百年奋斗目标迈进。这是中华民族的伟大光荣！这是中国人民的伟大光荣！这是中国共产党的伟大光荣！"[1]如今，以习近平同志为核心的党

---

[1]《习近平谈治国理政》（第四卷），外文出版社2022年版，第3页。

中央带领全国人民已经胜利开启全面建设社会主义现代化国家新征程，没有任何力量能够阻止中国人民前进的步伐。

从党的十八大到二十大，是夺取中国特色社会主义伟大胜利的十年；是励精图治、锐意进取，采取一系列战略性举措、推进一系列变革性实践、实现一系列突破性进展、取得一系列标志性成果的十年；是经受住来自政治、经济、意识形态、自然界等方面的风险挑战考验，奋勇推进党和国家事业取得历史性成就、发生历史性变革，奋力推动我国迈上全面建设社会主义现代化国家新征程的十年。以上这三件大事，是新时代取得历史性成就、发生历史性变革的集中标志，标志着新时代的伟大变革在党史、新中国史、改革开放史、社会主义发展史、中华民族发展史上矗立起又一座新的里程碑，充分彰显了习近平新时代中国特色社会主义思想的思想伟力。

第二章

习近平新时代中国特色社会主义思想的创立

新时代的一个突出特点,是时代发展与思想引领相互促进、交相辉映。正是在奋力开创中国特色社会主义新时代的进程中,习近平新时代中国特色社会主义思想应运而生。

中国特色社会主义进入新时代的过程，也是习近平新时代中国特色社会主义思想在理论创新与实践创新的良性互动中创立发展的过程。没有对新时代的深刻把握，不可能创立习近平新时代中国特色社会主义思想；没有习近平新时代中国特色社会主义思想的科学指引，也不可能开创中国特色社会主义新时代。

习近平新时代中国特色社会主义思想继承和发扬马克思主义理论品质，以发现问题、解决问题为导向，将坚定信仰信念、鲜明人民立场、强烈历史担当、求真务实作风、勇于创新精神和科学方法论贯穿于发现问题、解决问题、指导实践的全过程之中，呈现出当代中国马克思主义实践第一的鲜明理论特色。在这期间展现的实践创新和理论创新的内在逻辑就是：新时代提出新课题，新课题催生新理论，新理论引领新实践。

不平凡的创立过程

新时代以来的伟大变革，党和国家各项事业之所以能开新局、谱新篇，根本原因就在于有习近平新时代中国特色社会主义思想的科学指引。

一、习近平新时代中国特色社会主义思想，是在全面从严治党、严惩腐败中创立的

习近平总书记坚持问题导向，以"得罪千百人、不负十三亿"的使命担当，正风肃纪反腐，挽狂澜于既倒，逆转了多年形成的"四风"惯性。全面从严治党从中央政治局立规矩开始，从落实中央八项规定精神破题，从"打虎""拍蝇"的反腐攻坚战率先突破，严明党的纪律，严肃党内政治生活，强化党内监督，解决"灯下黑"，打通"中梗阻"，破除体制机制障碍、冲破利益藩篱，果断查处周永康、薄熙来、郭伯雄、徐才厚、孙政才、令计划等严重违纪违法问题，铲除政治腐败和经济腐败相互交织的利益集团，有力维护了党中央权威和集中统一领导。新时代波澜壮阔的实践充分证明，把全面从严治党摆上战略布局英明正确，在实现伟大复兴的关键时刻，校正了党和国家事业前进的航向，使党经历了革命性锻造。

二、习近平新时代中国特色社会主义思想，是在正本清源、全面加强党的领导中创立的

党政军民学，东西南北中，党是领导一切的。中国特色社会主义最本质的特征是中国共产党领导，中国特色社会主义制度的最大优势是中国共产党领导。但是也要看到，很长时期以来，存在着党的领导被严重弱化、虚化的现象，甚至不敢理直气壮地讲坚持党的领导。党的十八大以来，习近平总书记在主持召开的一系列重要会议上，开宗明义就是旗帜鲜明地强调坚持党对一切工作的领导，无论哪个领域、哪个方面

工作，无一不是从加强党的领导抓起，最终落脚在强化党的建设上。通过这些有力的举措，澄清了模糊的认识，夺回了丢失的阵地，把走弯了的路调直，树立起党中央的权威，弱化党的领导的状况得到根本性扭转。

三、习近平新时代中国特色社会主义思想，是在形成"四个全面"战略布局中创立的

党的十八大以来，国内外形势变化和我国各项事业发展都给我们提出了一个重大时代课题，这就是必须从理论和实践的结合上系统回答新时代坚持和发展什么样的中国特色社会主义、怎样坚持和发展中国特色社会主义。从打通历史与现实、理论与实践、国内与国际的战略层面来说，破解这一重大时代课题的总枢纽，就在于如何统揽伟大斗争、伟大工程、伟大事业、伟大梦想，如何统筹推进"五位一体"总体布局。经过一段时期的实践探索创新，习近平总书记从坚持和发展中国特色社会主义全局出发，系统提出并形成了全面建成小康社会、全面深化改革、全面依法治国、全面从严治党的"四个全面"战略布局，并通过党的十八届三中、四中、五中、六中全会，形成了协调推进"四个全面"战略布局的时间表、路线图、任务书、军令状。"四个全面"战略布局，既有战略目标，也有战略举措，每一个"全面"都具有重大的战略意义。全面建成小康社会是我们的战略目标，全面深化改革、全面依法治国、全面从严治党是三大战略举措，形成了"四个全面"相辅相成、相互促进、相得益彰的治国理政新格局，使我们党的长期执政水平进入了一个新境界。与此同时，习近平总书记还提出坚持"四个自信"，为中国特色社会主义注入新的时代内涵，进一步增强坚持和发展

中国特色社会主义的政治定力，为实现党和国家的宏伟目标提供强大精神支撑。

四、习近平新时代中国特色社会主义思想，是在扎实推进"五位一体"总体布局中创立的

党的十八大以来，我国经济发展的显著特征就是进入新常态。增长速度要从高速转向中高速，发展方式要从规模速度型转向质量效率型，经济结构调整要从增量扩能为主转向调整存量、做优增量并举，发展动力要从主要依靠资源和低成本劳动力等要素投入转向创新驱动。这些变化，是我国经济向形态更高级、分工更优化、结构更合理的阶段演进的必经过程。能不能带领全党和全国人民实现如此广泛而深刻的转变，对党的治国理政能力是一个新的巨大挑战。

为了紧紧抓住并处理好适应、把握引领经济发展新常态这个贯穿发展全局和全过程的大逻辑，习近平总书记深刻总结我国和世界各国发展经验，提出了创新、协调、绿色、开放、共享的新发展理念，把它作为转换思想的新理念、推动工作的指挥棒，推动中国特色社会主义"五位一体"建设总体布局在顶住巨大风险压力、攻坚克难中上了新台阶，开创了稳中求进的新格局。

经济建设上，提出要坚持质量第一、效益优先，贯彻落实以人民为中心的发展思想，以供给侧结构性改革为主线，推动经济发展质量变革、效率变革、动力变革，提高全要素生产率，坚定实施科教兴国战略、人才强国战略、创新驱动发展战略、乡村振兴战略、区域协调发展战略、可持续发展战略、军民融合发展战略，突出抓重点、补短板、强弱项，坚决打好防范化解重大风险、精准脱贫、污染防治的攻

坚战。

政治建设上，提出坚持中国特色社会主义政治发展道路，发展社会主义协商民主，健全民主制度，丰富民主形式，拓宽民主渠道，保证人民当家作主落实到国家政治生活和社会生活之中。提出全面依法治国是中国特色社会主义的本质要求和重要保障。必须把党的领导贯彻落实到依法治国全过程和各方面，坚定不移走中国特色社会主义法治道路，完善以宪法为核心的中国特色社会主义法律体系，建设中国特色社会主义法治体系，建设社会主义法治国家。

文化建设上，提出要培育和践行社会主义核心价值观，牢牢掌握意识形态工作领导权，不断巩固马克思主义在意识形态领域的指导地位，巩固全党全国人民团结奋斗的共同思想基础。提出推动中华优秀传统文化创造性转化、创新性发展，继承革命文化，发展社会主义先进文化，提高国家文化软实力。

社会建设上，提出增进民生福祉是发展的根本目的。要在发展中补齐民生短板、促进社会公平正义，深入开展脱贫攻坚，保证全体人民在共建共享发展中有更多获得感，不断促进人的全面发展、全体人民共同富裕。加强和创新社会治理，维护社会和谐稳定，确保国家长治久安、人民安居乐业。

生态文明建设上，提出要坚持人与自然和谐共生。必须树立和践行绿水青山就是金山银山的理念，像对待生命一样对待生态环境，统筹山水林田湖草沙系统治理，实行最严格的生态环境保护制度，形成绿色发展方式和生活方式，坚定走生产发展、生活富裕、生态良好的文明发展道路，建设美丽中国，为全球生态安全作出贡献。

五、习近平新时代中国特色社会主义思想，是在国家安全得到全面加强，经受住来自政治、经济、意识形态、自然界等方面的风险挑战考验中创立的

党的十八大以来，习近平总书记从新时代坚持和发展中国特色社会主义的战略高度，把国家安全提高到前所未有的新高度，把马克思主义国家安全理论和当代中国安全实践、中华优秀传统战略文化结合起来，创造性提出了总体国家安全观，深刻回答了如何既解决好大国发展进程中面临的共性安全问题，又处理好中华民族伟大复兴关键阶段面临的特殊安全问题这个重大时代课题，推动中国特色国家安全理论和实践实现历史性飞跃，为发展马克思主义国家安全理论作出重大原创性贡献，为推进国家安全体系和能力现代化提供了根本遵循和行动指南。

推进国家治理体系和治理能力现代化，国家安全体系和能力现代化是重要内容。国泰民安是人民群众最基本、最普遍的愿望，维护国家安全是全国各族人民根本利益所在。党的十八大以来，坚持统筹发展和安全，办好发展和安全两件大事，书写了经济快速发展、社会长期稳定两大奇迹新篇章，为推动"中国之治"奠定了重要基石。

习近平总书记高度重视国家安全工作，突出强调保证国家安全是头等大事，亲自担任中央国家安全委员会主席，对国家安全作出战略擘画、全面部署，以超凡的政治智慧、非凡的斗争艺术、坚定的意志品质维护国家主权、安全、发展利益，推动国家安全领导体制和法治体系、战略体系、政策体系不断完善，国家安全得到全面加强，经受住了来自政治、经济、意识形态、自然界等方面的风险挑战考验，为党和国家兴旺发达、长治久安提供了有力保证。实践充分证明，正是因为有了习近平同志作为党中央的核心、全党的核心领航掌舵，维护国家安全才有了最可靠的主心骨。

特别是2020年以来，面对突如其来的新冠肺炎疫情，习近平总书记果断决策、亲自部署、亲自指挥，鲜明提出人民至上、生命至上，带领我们坚持外防输入、内防反弹，坚持动态清零不动摇，开展抗击疫情人民战争、总体战、阻击战，以最小代价最大限度保护了人民生命安全和身体健康。在以习近平同志为核心的党中央坚强领导下，14亿多中国人民风雨同舟、众志成城，构筑起疫情防控的坚固防线。这场历史大考充分彰显了国家安全工作归根结底是保障人民利益，人民是维护国家安全的基础性力量。

新时代在国家安全上的巨大变化，还体现在建设更高水平的平安中国上。以习近平同志为核心的党中央着眼于国家长治久安、人民安居乐业，推动平安中国建设迈向更高水平。2021年，人民群众对平安建设的满意度达98.62%。国际社会普遍认为，中国是世界上最安全的国家之一。

当前，世界百年未有之大变局加速演进，世界之变、时代之变、历史之变的特征更加明显，我国发展面临新的战略机遇、新的战略任务、新的战略阶段、新的战略要求、新的战略环境，需要应对的风险和挑战、需要解决的矛盾和问题比以往更加错综复杂，推进国家安全体系和能力现代化具有更加重大而深远的意义。国家安全是民族复兴的根基，社会稳定是国家强盛的前提。我国发展进入战略机遇和风险挑战并存、不确定难预料因素增多的时期，各种"黑天鹅""灰犀牛"事件随时可能发生，我们面临的风险考验越来越复杂，必须增强忧患意识，准备经受风高浪急甚至惊涛骇浪的重大考验。只有坚持底线思维、居安思危、未雨绸缪，发扬斗争精神，增强斗争本领，准确把握国家安全形势新变化新趋势，着力推进国家安全体系和能力现代化，才能有效防范化解重大安全风险，为全面建设社会主义现代化国家、全面推进中华民族伟大复兴提供坚强安全保障。

六、习近平新时代中国特色社会主义思想，是在全面准确推进"一国两制"实践，推动香港进入由乱到治走向由治及兴的新阶段，牢牢把握两岸关系主导权和主动权中创立的

"一国两制"作为一项前无古人的伟大事业，从科学构想变成生动现实，从全面付诸实施到不断丰富完善，历经风雨砥砺前行，战胜各种艰难险阻，取得举世公认的成功。进入新时代特别是党的十九大以来，在习近平总书记领航掌舵和党中央坚强领导下，香港局势实现由乱到治的重大转折，港澳工作取得一系列突破性进展、标志性成果，香港、澳门保持繁荣稳定良好态势，"一国两制"事业越走越稳、越走越好。

港澳回归以来的实践证明，"一国两制"是维护国家主权、安全、发展利益的好制度。港澳回归祖国，重新纳入国家治理体系，走上同祖国内地优势互补、共同发展的宽广道路。港澳发挥连接祖国内地同世界各地的重要桥梁和窗口作用，为祖国创造经济长期快速发展的奇迹作出了不可替代的贡献，在我国构建对外开放新格局中发挥着重要功能。同时，一个时期，受各种内外复杂因素影响，反中乱港活动猖獗，"修例风波"导致香港局势一度极为严峻。党中央审时度势、果断决策，全面准确、坚定不移贯彻"一国两制"方针，支持香港特别行政区依法止暴制乱、恢复秩序，制定实施香港国安法，修改完善香港选举制度，强化澳门特别行政区维护国家安全制度机制，落实"爱国者治港""爱国者治澳"原则等。这一系列标本兼治的重大举措，有力打击了反中乱港乱澳势力，一举终结了香港维护国家安全"不设防"的历史，彻底粉碎了港版"颜色革命"，确保特别行政区管治权牢牢掌握在爱国者手中，中央全面管治权得到有效落实，国家安全得到有力捍卫。

全面准确、坚定不移贯彻"一国两制"方针，是"一国两制"实践的总要求，是管根本的。"一国"就是中华人民共和国，社会主义制度是中华人民共和国的根本制度，中国共产党领导是中国特色社会主义最本质的特征，特别行政区所有居民应该自觉尊重和维护国家的根本制度。在牢牢守护"一国"原则的前提下，香港、澳门保持原有的资本主义制度和生活方式长期不变，享有高度自治权。全面准确贯彻"一国两制"方针，关键是把握好"一国"与"两制"的关系。"一国"是"两制"的前提和基础，"两制"从属和派生于"一国"。没有"一国"这个前提，"两制"就无从谈起。维护国家主权、安全、发展利益是"一国两制"方针的最高原则。"一国"原则愈坚固，"两制"优势愈彰显。只有维护好国家主权、安全、发展利益，港澳的繁荣稳定才能得到更好保障，港澳的优势特色才能得到更好发挥，港澳居民的切身权益才能得到更好维护。

落实中央全面管治权和保障特别行政区高度自治权相统一，是近年来"一国两制"成功实践得出的一条极为宝贵的经验。在"一国两制"下，要确保宪法和基本法规定的特别行政区制度有效运行，把特别行政区治理好，必须做到中央全面管治权与特别行政区高度自治权的统一衔接。只有维护和落实好中央全面管治权，特别行政区的高度自治权才能正确和有效行使。香港之所以实现由乱到治、重回正轨，很重要的一条就是用好中央全面管治权。抓住事关港澳长治久安的重大问题，把该管的坚决管起来，把该纠正的坚决纠正过来，把该立的规矩坚决立起来，确保"一国两制"实践始终沿着正确方向前行。

依法治港治澳，是全面依法治国的应有之义，是推进国家治理体系和治理能力现代化的必然要求，是全面准确贯彻"一国两制"方针的必由之路。港澳回归以来，中央始终坚决维护特别行政区法治，强化宪法和基本法权威，严格依照宪法和基本法办事，坚决维护宪法和基本法确定的特别行政区宪制秩序，不断完善同宪法和基本法实施相关的制度和机制。制定实施香港国安法、修改完善香港选举制度，就是中央坚持依法治港、保障香港居民基本权利的重要举措。只有坚持依法治港治澳，"一国两制"之路才能走对走稳。

支持港澳发展经济、改善民生、破解经济社会发展中的深层次矛盾和问题。港澳长期积累的经济结构失衡、发展动能不足、住房困难、贫富悬殊等经济民生深层次矛盾和问题凸显，这些都需要靠发展来解决。特别是面对世界百年未有之大变局，港澳面临的挑战日益增多，发展的任务更加艰巨紧迫。站在由治及兴的新起点上，港澳要实现什么样的发展、怎么样实现全面发展，这是必须回答的重大课题，必须探索新路径、拓展新空间、增添新动能，提升国际高端竞争力，充分释放社会蕴含的巨大活力，用更好的发展理念和办法解决深层次矛盾和问题，让发展成果更多、更公平惠及全体居民。

解决台湾问题、实现祖国完全统一，是党矢志不渝的历史任务，是全体中华儿女的共同愿望，是实现中华民族伟大复兴的必然要求。党把握两岸关系时代变化，丰富和发展国家统一理论和对台方针政策，推动两岸关系朝着正确方向发展。习近平总书记就对台工作提出一系列重要理念、重大政策主张，形成新时代党解决台湾问题的总体方略。推动实现一九四九年以来两岸领导人首次会晤、两岸领导人直接对话沟通。党秉持"两岸一家亲"理念，推动两岸关系和平发展，出台一系列惠及广大台胞的政策，加强两岸经济文化交流合作。2016年以来，台湾当局加紧进行"台独"分裂活动，致使两岸关系和平发展势头受到严重冲击。我们坚持一个中国原则和"九二共识"，坚决反对"台独"分裂行径，坚决反对外部势力干涉，牢牢把握两岸关系主导权和主动权。祖国完全统一的时和势始终在我们这一边。我们始终尊重、关爱、造福台湾同胞，继续致力于促进两岸经济文化交流合作，深化两岸各领域融合发展，完善增进台湾同胞福祉的制度和政策，推动两岸共同弘扬中华文化，促进两岸同胞心灵契合。

七、习近平新时代中国特色社会主义思想，是在构建中国特色大国外交、构建人类命运共同体中创立的

中国特色社会主义进入新时代以来，习近平总书记深刻把握人类社会历史经验和发展规律，汲取中华优秀传统文化的思想智慧，从统筹中华民族伟大复兴战略全局和世界百年未有之大变局的战略高度，创造性地提出并不断丰富发展构建人类命运共同体的重要思想，为人类社会实现共同发展、长治久安、持续繁荣指明了方向、绘制了蓝图。

"建设一个什么样的世界、如何建设这个世界"是人类社会永恒的命题。国家主席习近平在国际舞台上发表一系列重要讲话，强调各国携手构建合作共赢新伙伴，倡导各国共同构建人类命运共同体，坚持对话协商、共建共享、合作共赢、交流互鉴、绿色低碳，建设持久和平、普遍安全、共同繁荣、开放包容、清洁美丽的世界。在世界百年未有之大变局背景下，构建人类命运共同体重大倡议，深刻回答了世界向何处

去、人类应怎么办的重大命题，在历史转折关头彰显出璀璨的真理光芒，指引着中国和世界前进的正确方向。构建人类命运共同体，是习近平新时代中国特色社会主义思想特别是习近平外交思想的重要组成部分，不仅写入党章和宪法，而且多次写入联合国等国际组织文件。

推动构建人类命运共同体，是新时代中国特色大国外交的总目标。实现中华民族伟大复兴的中国梦，同各国人民的美好梦想息息相通。中国发展得越好，就越有能力同各国分享发展机遇，为国际社会作出更大贡献，同时外部环境的深刻变化也对我国发展与安全产生重要影响。中国特色大国外交要准确把握错综复杂的国际环境带来的新矛盾新挑战，紧紧围绕党和国家中心工作，为国内改革发展稳定营造和平安定的国际环境、睦邻友好的周边环境、开放包容的合作环境、稳定有序的安全环境、客观友善的舆论环境。我们把中国人民的利益和世界人民的利益统一起来，始终做世界和平的建设者，致力于促进世界多极化和国际关系民主化，成为维护世界和平的中坚力量；始终做全球发展的贡献者，坚持走共同发展道路，实施高水平对外开放，成为世界经济和全球发展的重要支撑；始终做国际秩序的维护者，深入参与全球治理体系改革和建设，推动共同应对各类全球性挑战，成为捍卫国际公平正义的有力保障。

推动构建人类命运共同体，必须坚决维护国家主权、安全、发展利益。独立自主是中华民族的精神之魂，是我们立党立国的重要原则。我们坚持把国家和民族发展放在自己力量的基点上，把中国发展进步的命运牢牢掌握在自己手中，这是促进人类发展进步、推动构建人类命运共同体的重要前提和根本保证。面对国际形势急剧变化，我们要保持战略定力，发扬斗争精神，展示不畏强权的坚定意志，在原则问题上寸步不让，在斗争中维护国家尊严和核心利益，牢牢掌握我国发展和安全的主动权。坚决反对"台独"分裂行径和外部势力干涉，坚定不移推进祖国统一。贯彻总体国家安全观，坚定维护国家政权安全、制度安全、意识形态安全，确保粮食、能源资源、重要产业链供应链安全，维护我国公民、法人在海外合法权益，维护海洋权益，坚定捍卫国家主权、安全、发展利益。着力提高防范化解重大风险的能力，全力战胜前进道路上各种困难和挑战，依靠顽强斗争打开事业发展新天地，为中华民族伟大复兴保驾护航，为世界和平与发展注入更多稳定性。

不断实现理论创新和实践创新良性互动

新时代的一个突出特点，就是时代发展与思想引领相互促进、交相辉映。这是一个需要理论而且一定能够产生理论的时代，也是一个能够展现思想伟力而且迫切需要以理论创造、理论引领打开新局面的时代。正是在奋力开创中国特色社会主义新时代的进程中，习近平新时代中国特色社会主义思想应运而生。同时，正因为有习近平新时代中国特色社会主义思想为指导，以习近平同志为核心的党中央团结带领全党、全军和全国各族人民，统揽伟大斗争、伟大工程、伟大事业、伟大梦想，推动中国特色社会主义进入了新时代。

以习近平同志为核心的党中央奋力推动中国特色社会主义进入新时代，创立习近平新时代中国特色社会主义思想，这两件具有重大历史意义和深远影响的大事，都是从时代和实践中来，又强有力地指导和推动党的十八大以来的伟大变革，使党和国家事业发展出现了崭新局面，取得了历史性成就、发生了历史性变革,为新时代坚持和发展中国特色社会主义、推进中华民族伟大复兴提供了基本遵循,为发展21世纪马克思主义、当代中国马克思主义作出了历史性贡献,充分显示了习近平新时代中国特色社会主义思想的科学性、时代性、真理性、实践性的高度统一。

习近平新时代中国特色社会主义思想,作为马克思主义中国化的新飞跃,不是偶然的。习近平新时代中国特色社会主义思想的创立过程深刻生动地说明,习近平总书记所指出的"要根据时代变化和实践发展,不断深化认识,不断总结经验,不断进行理论创新,坚持理论指导和实践探索辩证统一,实现理论创新和实践创新良性互动,在这种统一和互动中发展二十一世纪中国的马克思主义"①,实际上是对马克思主义中国化基本经验的深刻总结。

马克思主义中国化,立足点是马克思主义基本原理同中国实际相结合,同中华优秀传统文化相结合;取之不尽用之不竭的力量源泉是时代变化和实践发展;有效途径是"三个不断",即不断深化认识,不断总结经验,不断实现理论创新和实践创新良性互动;历史性成果是坚持和发展中国特色社会主义道路、理论体系、制度、文化,不断增强道路自信、理论自信、制度自信、文化自信。

不断深化认识,是理论创新的基本前提。 如果思想僵化了、停滞了,甚至偏离了正确政治方向,就会犯颠覆性的无可挽回的历史性错误。所以党的十九大报告告诫全党同志要"永不僵化、永不停滞"。

不断总结经验,是理论创新的根本途径。 总结经验的大忌有二:一

---

① 习近平:《论党的宣传思想工作》,中央文献出版社2020年版,第131页。

是浅尝辄止，浮于表面；二是虚夸浮夸，"工作干得好，不如总结搞得好"。总结好的经验，必须靠真抓实干，必须靠真正解决问题，必须靠实践创新。所以党的十九大报告告诫全党同志要"勇于变革、勇于创新"。

不断实现理论创新和实践创新良性互动，是理论创新的最佳状态和最高境界。时代是思想之母，实践是理论之源。我们要在迅速变化的时代中赢得主动，要在新的伟大斗争中赢得胜利，要在伟大实践中推进实践基础上的理论创新，就要在坚持马克思主义基本原理的基础上，以更宽广的视野、更长远的眼光来思考和把握国家未来发展面临的一系列重大战略问题，在理论上不断拓展新视野、作出新概括，不断推进理论创新、实践创新、制度创新、文化创新以及其他各方面创新。

我们要珍惜并自觉运用马克思主义中国化的上述基本经验，在理论创新和实践创新的统一和互动中发展21世纪中国的马克思主义，21世纪中国的马克思主义一定能够展现出更强大、更有说服力的真理力量。

不断实现理论创新和实践创新良性互动，就必须做好把马克思主义基本原理同中国具体实际相结合、同中华优秀传统文化相结合这篇大文章。

习近平总书记在庆祝中国共产党成立100周年大会上的讲话中指出："坚持把马克思主义基本原理同中国具体实际相结合、同中华优秀传统文化相结合，用马克思主义观察时代、把握时代、引领时代，继续发展当代中国马克思主义、21世纪马克思主义！"[①]这是站在历史与未来的契合点上，从中国共产党的百年奋斗中看清楚过去我们为什么能够成

---

① 习近平：《在庆祝中国共产党成立100周年大会上的讲话》（2021年7月1日），载《人民日报》2021年7月2日。

功、弄明白未来我们怎样才能继续成功的宏大视角,揭示出"马克思主义行"的根本规律。

党的二十大报告进一步指出:"实践告诉我们,中国共产党为什么能,中国特色社会主义为什么好,归根到底是马克思主义行,是中国化时代化的马克思主义行。"①

这是从中国共产党百年理论探索史中得出的最高结论。

1840年鸦片战争以后,中国逐步成为半殖民地半封建社会,国家蒙辱、人民蒙难、文明蒙尘,中华民族遭受了前所未有的劫难。从那时起,实现中华民族伟大复兴,就成为中国人民和中华民族最伟大的梦想。为了实现这一梦想,无数仁人志士苦苦探求,一切主义都试过了,一切方案都用过了,却始终未能改变国家、人民、民族的悲惨命运。俄国十月革命一声炮响,给我们送来了马克思列宁主义。在近代中国最危急的时刻,在先进的中国人寻求救国救民真理到了"山重水复疑无路"的时刻,中国共产党人找到了马克思列宁主义,使中华民族伟大复兴呈现"柳暗花明又一村"的光明前景。这是中国共产党以马克思列宁主义为指导、推进马克思主义中国化的历史原点和逻辑起点。

毛泽东思想的形成并确立为全党的指导思想,创造了新民主主义革命的伟大成就,创造了社会主义革命和建设的伟大成就,这是党的理论百年探索的第一个重大成果,为马克思主义中国化开辟了正确道路,也为实现中华民族伟大复兴创造了根本社会条件、奠定了根本政治前提和制度基础。在创立毛泽东思想的过程中,面临的最大问题和最大困难,就是要在一个农民占主体的东方大国进行无产阶级及其政党领导的反帝

---

① 《中国共产党第二十次全国代表大会文件汇编》,人民出版社2022年版,第14页。

反封建民主革命，消灭在中国延续几千年的封建剥削压迫制度，并领导这场革命稳步地走上社会主义道路，确立社会主义基本制度，推进社会主义建设。这是前无古人的伟大创举。这一历史性难题，马克思主义的创始人马克思、恩格斯没有遇到过。列宁在领导俄国十月革命取得胜利后，面对亚洲风起云涌的民族独立和民族解放运动，提出了殖民地国家民族独立和民族解放理论，并指导共产国际对包括中国在内的广大东方国家给予了积极指导。这对中国共产党的创建，对中国共产党的早期理论探索，起到了十分重要的推动作用。但在列宁逝世后不久，那种把马克思列宁主义教条化、把苏联经验和共产国际指示神圣化的错误倾向，逐渐影响到中国共产党内，给大革命后期到遵义会议之前中国共产党的理论探索带来了严重损害。正如第二个历史决议所指出的："主要在本世纪二十年代后期和三十年代前期在国际共产主义运动中和我们党内盛行的把马克思主义教条化、把共产国际决议和苏联经验神圣化的错误倾向，曾使中国革命几乎陷于绝境。毛泽东思想是在同这种错误倾向作斗争并深刻总结这方面的历史经验的过程中逐渐形成和发展起来的。"①

党的十一届三中全会前后，邓小平理论的创立，中国特色社会主义理论体系的形成与接续发展，成为党的理论百年探索的第二个标志性成果。当时面临的历史性课题，是既要从根本上纠正长期以来"左"倾指导思想错误，又要从根本上破除对苏联社会主义建设模式的迷信，破除传统社会主义观念的束缚，开辟在中国这样的经济文化落后的东方大国进行社会主义建设、实现社会主义现代化的正确道路。这同样是前无古人的伟大探索、伟大创造。正如习近平总书记所指出："改革开放是我

---

① 《三中全会以来重要文献选编》（下），中央文献出版社2011年版，第156页。

们党的一次伟大觉醒，正是这个伟大觉醒孕育了我们党从理论到实践的伟大创造。改革开放是中国人民和中华民族发展史上一次伟大革命，正是这个伟大革命推动了中国特色社会主义事业的伟大飞跃！"①在改革开放伟大社会改革推动下，实现了从高度集中的计划经济体制到充满活力的社会主义市场经济体制、从封闭半封闭到全方位开放的历史性转变，实现了从生产力相对落后的状况到经济总量跃居世界第二的历史性突破，实现了人民生活从温饱不足到总体小康、奔向全面小康的历史性跨越，为实现中华民族伟大复兴提供了充满新的活力的体制保证和快速发展的物质条件。从此，"中国特色社会主义"和"改革开放"成为时代靓丽的主题词，中国特色社会主义道路、中国特色社会主义理论体系、中国特色社会主义制度，成为改革开放和社会主义现代化建设伟大成就的集中体现。

1997年邓小平逝世后，中国特色社会主义理论体系沿着邓小平理论开辟的道路继续创新发展。在世纪之交，正是对什么是社会主义、怎样建设社会主义的科学解答和重大理论创新，推动着对改革开放和社会主义市场经济条件下建设什么样的党、怎样建设党的认识深化。这也是党的理论探索必须回答的重大问题。以江泽民同志为主要代表的中国共产党人，根据20世纪和21世纪之交世情、国情、党情的深刻变化，适时提出治国必先治党、治党务必从严，明确要努力解决"提高领导水平和执政水平、增强拒腐防变和抵御风险的能力"两大历史性课题，并在党的十五大明确新时期党的建设新的伟大工程的总目标。在此基础上，又系统总结治党治国新的宝贵经验，创立"三个代表"重要思想。"三个

---

① 习近平：《在庆祝改革开放40周年大会上的讲话》（2018年12月18日），载《人民日报》2018年12月19日。

代表"重要思想强调，中国共产党始终代表中国先进生产力的发展要求，代表中国先进文化的前进方向，代表中国最广大人民的根本利益，在对什么是社会主义、怎样建设社会主义和建设什么样的党、怎样建设党的一系列认识上，实现了对马克思列宁主义、毛泽东思想、邓小平理论的既一脉相承又与时俱进，把对共产党执政规律、社会主义建设规律、人类社会发展规律的认识推向了一个新境界。

进入21世纪后，特别是在党的十六大开启全面建设小康社会新征程后，经济与社会发展不平衡问题、城乡发展不平衡问题、沿海与内地区域发展不平衡问题、生态资源对发展的硬约束问题日益凸显。实现什么样的发展、怎样发展的问题，又成为坚持和发展中国特色社会主义必须着力解决的突出问题。以胡锦涛同志为主要代表的中国共产党人，及时提出科学发展观，实现了党的指导思想上又一次一脉相承和与时俱进，使我们对共产党执政规律、社会主义建设规律、人类社会发展规律的认识达到了一个新水平。

以党的十八大为标志，随着中国特色社会主义进入新时代，中华民族伟大复兴从站起来、富起来迎来强起来的新飞跃，党的理论创新发展和马克思主义中国化也进入一个新的发展阶段。以习近平同志为核心的党中央坚持和加强党的全面领导，统筹推进"五位一体"总体布局、协调推进"四个全面"战略布局，坚持和完善中国特色社会主义制度、推进国家治理体系和治理能力现代化，坚持依规治党、形成比较完善的党内法规体系，战胜一系列重大风险挑战，实现第一个百年奋斗目标，明确实现第二个百年奋斗目标的战略安排，使党和国家事业取得历史性成就、发生历史性变革，在中华大地上全面建成了小康社会，历史性地解决了绝对贫困问题，创造了新时代中国特色社会主义的伟大成就，正在意气风发向着全面建成社会主义现代化强国、实现第二个百年奋斗目标迈进，为实现中华民族伟大复兴提供了更为完善的制度保证、更为坚实的物质基础、更为主动的精神力量。

通过简要回顾中国共产党百年理论探索史，可以清晰地看到，始终坚持以马克思主义为指导，始终坚持把马克思主义基本原理同中国实际相结合，不断推进党的指导思想的与时俱进，不断推进理论创新和理论创造，是马克思主义中国化的主要线索、主导方面和决定因素。

马克思主义中国化进程还有另一个重要方面，这就是马克思主义基本原理同中华优秀传统文化相结合。

近代以来，造成中华民族沉沦的原因，不仅是社会制度的落伍，还包括精神文化的落伍。中华民族伟大复兴的实现，也包括实现民族文化自觉、文化自信。中国共产党自成立之日起，既把中华民族复兴使命担在肩上，也在实现民族文化复兴的进程中表现出自身日益强烈的文化自觉，在百年历程中将文化自觉深深地镌刻在中国共产党的精神世界之中。

中国共产党的成立，就是由五四新文化运动推动了马克思主义同中国工人运动相结合的结果。中国共产党自诞生之日起，就是既以打破一个旧世界、建立一个新世界的革命者的姿态屹立于世，又以中华民族优秀传统、优秀文化的最好继承者的姿态屹立于世。马克思主义中国化的过程，既是马克思主义基本原理同中国具体实际相结合的过程，也是马克思主义基本原理同中华优秀传统文化相结合的过程。在这一过程中，思想引领、文化传承、文化创新、文明发展交相辉映，推动民族的科学的大众的先进文化的培育与发展。毛泽东在向全党提出"马克思主义的中国化"的同时，也向全党发出号召："从孔夫子到孙中山，我们应当给以总结，承继这一份珍贵的遗产。"①由此将中国共产党的文化自觉推进到了一个新的高度。在新中国成立前夕，毛泽东庄严宣告："随着经济建设的高潮的到来，不可避免地将要出现一个文化建设的高潮。中国人被人认为不文明的时代已经过去了，我们将以一个具有高度文化的民族出现于世界。"②从此进入中国共产党以高度文化自觉推动社会主义文化建设的历史新时期。

党的十一届三中全会后，中国共产党的文化自觉发展到了一个新阶段，其标志就是社会主义精神文明的提出和中国特色社会主义文化纲领的形成。邓小平提出："我们要在建设高度物质文明的同时，提高全民族的科学文化水平，发展高尚的丰富多彩的文化生活，建设高度的社会主义精神文明。"③党的十五大报告提出："建设有中国特色社会主义的文化，就是以马克思主义为指导，以培育有理想、有道德、有文化、有纪律的公民为目标，发展面向现代化、面向世界、面向未来的，民族的科学的大众的社会主义文化。"④

中国特色社会主义进入新时代后，中国特色社会主义文化建设和改革同党和国家各方面事业一样，取得历史性成就、发生历史性变革，中国共产党的文化自觉开创新境界。其标志就是文化自信的提出，并与中国特色社会主义道路自信、理论自信、制度自信共同构成"四个自信"，成为中华民族伟大复兴真正从站起来、富起来到开始强起来的一个极其重要的新时代标志。正如习近平总书记指出："文化自信，是更基础、

---

① 《毛泽东选集》（第二卷），人民出版社1991年版，第534页。
② 《毛泽东文集》（第五卷），人民出版社1996年版，第345页。
③ 《邓小平文选》（第二卷），人民出版社1994年版，第208页。
④ 《十五大以来重要文献选编》（上），人民出版社2000年版，第19页。

更广泛、更深厚的自信。在5000多年文明发展中孕育的中华优秀传统文化，在党和人民伟大斗争中孕育的革命文化和社会主义先进文化，积淀着中华民族最深层的精神追求，代表着中华民族独特的精神标识。我们要弘扬社会主义核心价值观，弘扬以爱国主义为核心的民族精神和以改革创新为核心的时代精神，不断增强全党全国各族人民的精神力量。"①中国共产党走过坚守文化自觉、创造先进文化的百年历程，终于迎来文化自信的新时代。

在中国共产党的文化自觉创新发展上，党的十九大是一个重要的里程碑。在中华文化创新发展的"根"和"源"上，党的十九大报告指出："中国特色社会主义文化，源自于中华民族五千多年文明历史所孕育的中华优秀传统文化，熔铸于党领导人民在革命、建设、改革中创造的革命文化和社会主义先进文化，植根于中国特色社会主义伟大实践。"在对中华优秀传统文化的批判继承上，党的十九大报告提出，要推动中华优秀传统文化创造性转化、创新性发展，不断铸就中华文化新辉煌。在正确处理马克思主义指导与中华文化的关系上，党的十九大报告提出："发展中国特色社会主义文化，就是以马克思主义为指导，坚守中华文化立场，立足当代中国现实，结合当今时代条件，发展面向现代化、面向世界、面向未来的，民族的科学的大众的社会主义文化"，"不忘本来、吸收外来、面向未来"。这些带有原创性的重大理论观点和重大理论论断，表明中国共产党在对当代中华文化发展方向的认识上，已经在文化自觉的基础上进入文化自信的新境界，为扎实推进社会主义文化强国战略指明了方向。

---

① 习近平：《在庆祝中国共产党成立95周年大会上的讲话》（2016年7月1日），载《人民日报》2016年7月2日。

如今，中国共产党团结带领中国各族人民长期奋斗，创造了世所罕见的经济快速发展奇迹和社会长期稳定奇迹。在中华大地上全面建成小康社会，中国人民历史性地告别绝对贫困，中国经济实现从高速度增长向高质量发展的历史性转变，实现了社会主义现代化进程中新的历史性跨越，全面建设社会主义现代化国家新征程已经开启，正在加快构建以国内大循环为主体、国内国际双循环相互促进的新发展格局。在这一进程中，以习近平同志为核心的党中央推动物质文明、政治文明、精神文明、社会文明、生态文明协调发展，在创造中国式现代化新道路的同时，创造出人类文明新形态。

文化自信，是更基础、更广泛、更深厚的自信。文化自信的实现，靠的是把马克思主义基本原理同中华优秀传统文化相结合，靠的是以马克思主义为指导不断实现中华优秀传统文化的创造性转化、创新性发展。党的十九大报告指出："站立在九百六十多万平方公里的广袤土地上，吸吮着五千多年中华民族漫长奋斗积累的文化养分，拥有十三亿多中国人民聚合的磅礴之力，我们走中国特色社会主义道路，具有无比广阔的时代舞台，具有无比深厚的历史底蕴，具有无比强大的前进定力。"

马克思主义中国化的进程，就是把马克思主义基本原理同中国实际相结合、同中华优秀传统文化相结合的历程。对于马克思主义中国化来说，对于党的指导思想与时俱进、创新发展来说，这"两个相结合"缺一不可，相互作用、相互推动、相互补充，共同彰显着马克思主义的强大生命力。其中，马克思主义基本原理同中国实际相结合是基础、是关键，决定着马克思主义中国化的基本问题、根本方向和历史方位；马克思主义基本原理同中华优秀传统文化相结合，是前一个结合在文化层面的延伸、发展与深化，决定着马克思主义中国化深入人心、掌握群众、影响社会的程度，决定着马克思主义深刻改变中国命运、改变民族面貌的程度，同时又为在实践中充分发挥马克思主义思想伟力提供着深厚的、源源不断的文化支撑。

中国共产党的奋斗史、探索史，马克思主义中国化的历史都充分证明，一个没有高度理论自觉和理论自信的政党，是不可能站在时代前列，引领和推动社会历史发展的；一个没有高度文化自觉和文化自信的政党，是不可能站在文明制高点，引领和推动人类文明发展的。中国共产党创造的马克思主义基本原理同中国实际相结合的正确道路，不断推动理论传承、理论创新和理论创造，彰显出理论自觉和理论自信；中国共产党创造的马克思主义基本原理同中华优秀传统文化相结合的正确道路，不断推动文化传承、文化创新和文化创造，彰显出文化自觉和文化自信。正因为有了这"两个结合"，中国共产党才能在百年历程中不断创造人类发展奇迹，成为充满理论自觉和理论自信、文化自觉和文化自信的马克思主义先进政党，才能从开始屹立于世界民族之林、大踏步赶上时代到引领时代发展潮流，带领中华民族迎来从站起来、富起来到强起来的伟大历史飞跃。这既是"马克思主义行"的成功密码，也是"中国共产党能"的奥秘所在。

在马克思主义基本原理同中国实际相结合、同中华优秀传统文化相结合进程中，始终有一个如何正确处理普遍性与特殊性的关系问题。从一定意义上可以说，"马克思主义行"的关键在于普遍性与特殊性的结合。

把马克思主义基本原理同中国实际相结合、同中华优秀传统文化相结合，应当首先从中国的具体情况入手，从对特殊性的把握上升到对规律性的认识，不断实现由特殊到一般、又由一般到特殊这两个认识和发展真理过程的良性互动。可以说,《实践论》所确立的实践第一的原则,为一切从实际出发、实事求是思想路线奠定了认识论基础;《矛盾论》所确立的首先从矛盾特殊性入手的原则,又为一切从实际出发、实事求是思想路线奠定了方法论基础。

毛泽东思想所开创的中国革命正确道路,相对于马克思、恩格斯所探究的无产阶级革命来说,具有特殊性。因为,这种无产阶级革命,发生在资本主义相对发达的西方国家,是资本主义社会矛盾不可调和的产物。中国革命道路,相对于列宁所领导的俄国十月革命来说,也有很大的特殊性。因为,这种无产阶级革命,尽管同马克思、恩格斯所设想的无产阶级革命有很大的不同,是发生在资本主义相对落后、统治力量相对薄弱的沙皇俄国,但也是资本主义社会矛盾不可调和的产物。但是,如果换个角度观察问题,情况就有很大的不同。这是因为,人类进入20世纪之后,资本主义世界爆发了两次世界大战,一方面把资本主义制度不可调和的固有矛盾暴露得充分无遗,另一方面又激化了帝国主义宗主国同殖民地半殖民地国家的民族矛盾,其结果促成了广大亚非拉美国家民族民主革命风起云涌,促成了殖民体系的土崩瓦解。在这一背景下,中国革命作为世界民族民主革命的重要组成部分,又具有普遍性意义。正因为如此,中国革命胜利、中华人民共和国成立,极大地鼓舞了正在争取民族独立、人民解放的广大亚非拉美国家,也为这些国家走上独立自主发展道路树立了榜样。

邓小平理论所开创的改革开放成功道路,也是如此。一方面,它具有特殊性。这就是邓小平在党的十二大开幕词中说的:"把马克思主义的普遍真理同我国的具体实际结合起来,走自己的道路,建设有中国特色的社会主义,这就是我们总结长期历史经验得出的基本结论。"①也是他在会见第二次中日民间人士会议日方委员会代表团时说的:"马克思主义必须是同中国实际相结合的马克思主义,社会主义必须是切合中国实际的有中国特色的社会主义。"②另一方面,它又具有普遍意义。就坚定不移实行改革开放基本国策来说,苏联和东欧各国实行改革比中国早,基础也比中国好,积累的经验一度比中国丰富,但始终没能在理论上和实践上找到一条成功之路,最终由于党内高层在政治方向上出了问题,而走上不归之路。中国则从基本国情出发,提出社会主义初级阶段理论,制定了"一个中心、两个基本点"的基本路线,根绝了超越阶段的错误;继而实行农村改革、国企改革、教育改革、科技改革、流通领域改革等全方位改革,实行设立经济特区、沿海沿边沿江以及内陆城市的全方位对外开放,作出建立社会主义市场经济历史性决策,最终冲破高度集中的计划经济体制的严重束缚,冲破传统社会主义观念长期束缚,使中国特色社会主义走上了"海阔凭鱼跃,天高任鸟飞"的光明大道。正因为如此,在苏联解体、东欧剧变后,社会主义中国才能在世界社会主义进入低潮中巍然屹立,战胜来自各方面的风险挑战,开创、坚持、捍卫、发展中国特色社会主义。今天,我们完全有充分理由说,中国特色社会主义拯救了世界社会主义,在世界风云变幻中彰显了科学社会主义无比旺盛的生命力。

在习近平新时代中国特色社会主义思想指引下奋力开创的中国特色社会主义新时代,同样是普遍性与特殊性的高度统一。

习近平新时代中国特色社会主义思想首先是在回答新时代提出的中

---

① 《邓小平文选》(第三卷),人民出版社1993年版,第3页。
② 《邓小平文选》(第三卷),人民出版社1993年版,第63页。

国之问中创立的，是源于新时代、属于新时代、开创新时代、引领新时代的科学理论。党的十八大以后，中国处于近代以来最好的发展时期，发展站到了新的历史起点上，社会生产力水平总体上显著提高，具备过去难以想象的良好发展条件，与此同时也进入了社会主要矛盾的转换期、深化改革的攻坚期、各种矛盾的凸显期，以习近平同志为核心的党中央，以巨大的政治勇气和强烈的责任担当，提出一系列新理念新思想新战略，出台一系列重大方针政策，推出一系列重大举措，推进一系列重大工作，消除了党和国家内部存在的严重隐患，实现了管党治党从宽松软到严紧硬的深刻转变，解决了许多长期想解决而没有解决的难题，办成了许多过去想办而没有办成的大事，推动党和国家事业取得历史性成就、发生历史性变革。习近平新时代中国特色社会主义思想，正是在中华民族迎来从站起来、富起来到强起来的伟大飞跃中创立并不断丰富发展的，是在不断推进党的自我革命，实现党自我净化、自我完善、自我革新、自我提高的过程中创立并不断丰富发展的。

在解决中国问题的同时，习近平新时代中国特色社会主义思想也科学回答了世界之问，使中国由大踏步跟上时代迅速变为引领时代潮流，彰显了中国方案、中国智慧的普遍意义。当今世界正在经历百年未有之大变局。"世界怎么了""应该怎么办"成为国际社会普遍关注、亟待解答的重大问题。在这种大发展大变革大调整的背景下，以习近平同志为核心的党中央为解决世界经济、国际安全、全球治理等一系列重大问题提供了新的方向、新的方案、新的选择，中国发展理念、发展道路、发展模式的影响力、吸引力显著增强，中国日益发挥着世界和平建设者、全球发展贡献者、国际秩序维护者的重要作用。习近平新时代中国特色社会主义思想，正是在把握世界发展大势、应对全球共同挑战、维护人类共同利益的过程中创立并不断丰富发展的。新时代中国的成功,以不可辩驳的事实彰显了科学社会主义的鲜活生命力,使世界上正视和相信马克思主义和社会主义的人多了起来,使世界范围内两种意识形态、两种社会制度的历史演进及其较量,发生了有利于马克思主义、社会主义的深刻转变。习近平新时代中国特色社会主义思想,正是在对科学社会主义理论与实践的深邃思考、深刻总结,对坚持和发展中国特色社会主义的不懈探索、砥砺前行中创立并不断丰富发展的。

在决胜全面建成小康社会与开启全面建设社会主义现代化国家新征程的历史交汇期,以习近平同志为核心的党中央把握新发展阶段,贯彻新发展理念,构建新发展格局,推动物质文明、政治文明、精神文明、社会文明、生态文明协调发展,创造了中国式现代化新道路,创造了人类文明新形态,使中国特色社会主义的普遍意义进一步彰显。正是由于习近平新时代中国特色社会主义思想具有以上鲜明的普遍性与特殊性高度统一、融为一体的特点,在中华沃土上对马克思主义基本原理作出了许多原创性贡献,因此当之无愧地成为当代中国马克思主义、21世纪马克思主义。

综上所述,在推进马克思主义中国化进程中,在彰显马克思主义思想伟力的进程中,把握好、处理好普遍性与特殊性的关系,尤为重要。这是因为,中国共产党在为实现中华民族伟大复兴的奋斗历程中,开辟的伟大道路、创造的伟大事业、取得的伟大成就,团结带领中国人民进行的一切奋斗、一切牺牲、一切创造,都是前无古人的,也是无法从任何书本上寻找到现成答案的。这就要求中国共产党人辩证地处理好普遍性与特殊性的关系。马克思列宁主义、毛泽东思想一定不能丢,丢了就丧失根本。同时,一定要以我国改革开放和现代化建设的实际问题、以我们正在做的事情为中心，着眼于马克思主义理论的运用，着眼于对实际问题的理论思考，着眼于新的实践和新的发展。离开本国实际和时代发展来谈马克思主义，没有意义。静止地孤立地研究马克思主义，把马克思主义同它在现实生活中的生动发展割裂开来、对立起来，没有出路。这是始终保持"马克思主义行"的中国经验。

马克思主义深刻改变了中国，中国也极大丰富了马克思主义。如果说，中国共产党100年前开始肩负起为人民谋幸福、为民族谋复兴的初心使命之时所遇到的问题，大体上还是马克思列宁主义所指导回答的同时代问题的话，那么，当代中国所遇到的问题远远超出了那个时代，需要用更大的理论勇气和理论自信，以马克思列宁主义为指导来独立自主地寻找解决问题的答案。因此，"走自己的路，是党的全部理论和实践立足点，更是党百年奋斗得出的历史结论"[①]。

习近平新时代中国特色社会主义思想的决定性作用与决定性贡献

习近平总书记为新时代中国特色社会主义思想的创立作出了决定性的贡献。

党的十八大以来，习近平总书记以非凡的政治智慧、顽强的意志品质、强烈的历史担当，团结带领全党全国各族人民进行具有许多新的历史特点的伟大斗争，推动党和国家事业全面开创新局面、发生历史性变

---

① 习近平：《在庆祝中国共产党成立100周年大会上的讲话》（2021年7月1日），载《人民日报》2021年7月2日。

革，赢得全党全军全国各族人民高度评价和衷心爱戴，成为党中央的核心、全党的核心。在这一伟大实践中，习近平总书记以马克思主义政治家、理论家的深刻洞察力、敏锐判断力和战略定力，提出了一系列具有开创性意义的新理念新思想新战略，为新时代中国特色社会主义思想的创立发挥了决定性作用、作出了决定性贡献。

人民情怀、问题导向、坚强意志、文韬武略、战略谋划、踏石留印，是习近平总书记的领袖风范和意志品质。这些深深地印记在他所创立的习近平新时代中国特色社会主义思想之中，深深地印记在他带领全党全国各族人民共同开辟的中国特色社会主义新时代之中。

习近平总书记在开辟管党治党新境界中创立了习近平新时代中国特色社会主义思想。 党的十八大以来，习近平总书记明确中国特色社会主义最本质的特征是中国共产党领导，中国特色社会主义制度的最大优势是中国共产党领导，党是最高政治领导力量，提出党要管党、从严治党，把政治纪律和政治规矩挺在前面，突出政治建设在党的建设中的重要地位。在习近平新时代中国特色社会主义思想指导下，我们党坚持思想从严、管党从严、执纪从严、治吏从严、作风从严、反腐从严，管党治党实现从宽松软到严紧硬的深刻转变，消除了党和国家内部存在的严重隐患，党的创造力、凝聚力、战斗力和领导力、号召力显著增强，党在革命性锻造中更加坚强，焕发出新的强大生机活力。

习近平总书记在开辟治国理政新境界中创立了习近平新时代中国特色社会主义思想。 党的十八大以来，习近平总书记明确中国特色社会主义事业总体布局是"五位一体"、战略布局是"四个全面"，坚持稳中求进的工作总基调，强调坚定道路自信、理论自信、制度自信、文化自信；全面深化改革总目标是完善和发展中国特色社会主义制度、推进国家治理体系和治理能力现代化；全面推进依法治国总目标是建设中国特色社会主义法治体系、建设社会主义法治国家，形成治国理政新理念新思想新战略。我们党团结带领人民推动党和国家事业发生了全方位、开创性、深层次、根本性的历史性变革，解决了许多长期想解决而没有解决的难题，办成了许多过去想办而没有办成的大事，我国经济实力、科技实力、国防实力、综合国力、国际影响力和人民获得感显著提升，党的面貌、国家的面貌、人民的面貌、军队的面貌、中华民族的面貌发生了前所未有的变化。

习近平总书记在开辟中国特色社会主义新境界中创立了习近平新时代中国特色社会主义思想。 党的十八大以来，习近平总书记统揽伟大斗争、伟大工程、伟大事业、伟大梦想，明确坚持和发展中国特色社会主义，总任务是实现社会主义现代化和中华民族伟大复兴，在全面建成小康社会的基础上，开启全面建设社会主义现代化国家新征程。习近平新时代中国特色社会主义思想把中国特色社会主义和实现社会主义现代化、实现中华民族伟大复兴有机贯通起来，把富国与强军紧密结合起来，把坚持和平发展道路与构建人类命运共同体紧密结合起来，深刻回答了新时代坚持和发展中国特色社会主义的一系列重大问题，为中国特色社会主义注入了新的科学内涵。

习近平总书记在开辟马克思主义新境界中创立了习近平新时代中国特色社会主义思想。 党的十八大以来，习近平总书记提出一系列独创性理论，如充分发挥市场经济在资源配置中的决定性作用和更好发挥政府作用、经济发展新常态、新发展理念、以人民为中心的发展思想、社会主义协商民主、国家治理体系和治理能力现代化、构建人类命运共同体等，为发展马克思主义作出了中国的原创性贡献，开辟了马克思主义新境界。习近平新时代中国特色社会主义思想既坚持了老祖宗，又谱写了新篇章，是当代中国马克思主义、21世纪马克思主义，是中华文化和中国精神的时代精华，实现了马克思主义中国化新的飞跃。

任何一个理论要被人所信服，既要能够回答时代课题、指导推动实践，又要有独具特色的理论品质和富有感召的思想力量。习近平新时代中国特色社会主义思想，就是这样一种闪耀着理性光辉和人格魅力的科学理论，集中反映着当代中国共产党人的政治品格、价值追求、精神风范。

习近平新时代中国特色社会主义思想，是坚持和运用辩证唯物主义和历史唯物主义的光辉典范。解放思想、实事求是、与时俱进，是习近平新时代中国特色社会主义思想活的灵魂。其中蕴含着丰富的马克思主义思想方法和工作方法，既是世界观、历史观，也是认识论、方法论；既讲是什么、怎么看，又讲怎么办、怎么干；既部署"过河"的任务，又指导解决"桥或船"的问题，为推进党和国家事业发展提供了锐利思想武器。学习掌握这一思想，既要全面准确领会其中的丰富内涵、思想体系和实践要求，又要深刻把握贯穿其中的科学思想方法和工作方法，不断提高攻坚克难、化解矛盾、驾驭复杂局面的能力，在新时代更好地坚持和发展中国特色社会主义。

为人民谋幸福、为民族谋复兴、为世界谋大同，是深刻理解和把握习近平新时代中国特色社会主义思想的金钥匙。这其中，贯穿着"我将无我，不负人民"的崇高境界与博大情怀，形成了习近平新时代中国特色社会主义思想的理论品格。

这种理论品格，与马克思主义中国化的优良传统一脉相承，又注入了丰富的时代内涵与实践特色。这主要体现在：**第一，彰显着坚定理想**

信念。这一理论品格,体现了我们党在新时代继承优良传统、传承红色基因的高度自觉,体现了马克思主义的理论底色、共产党人的政治本色。**第二,展现着真挚人民情怀**。这一理论品格彰显了人民创造历史、人民是真正英雄的唯物史观,以人为本、人民至上的价值取向,立党为公、执政为民的执政理念,是写在亿万中国人民心中的科学理论。**第三,贯穿着高度自觉自信**。正是有了对传承中华民族5000多年文明的自觉自信,对发扬党的优良传统的自觉自信,对坚持和发展中国特色社会主义的自觉自信,对我们正在做的事情的自觉自信,对党和国家事业光明前景的自觉自信,这一思想才有这样的大气魄、大视野、大格局,才有这样的理论成熟、战略定力。**第四,体现着鲜明问题导向**。这一思想贯穿着强烈的问题意识、鲜明的问题导向,是在研究问题、解决问题中创立并不断发展完善的,体现了共产党人求真务实的科学态度,展现了马克思主义者勇于创新、奋发有为的精神风貌。**第五,充满着无畏担当精神**。习近平总书记曾说过:"我的执政理念,概括起来说就是:为人民服务,担当起该担当的责任。"[①]这一思想始终贯穿着对民族命运的担当、对人民幸福的担当、对管党治党的担当、对美好世界的担当。这种担当是一种现实的担当,扛起一代人应当扛起的责任;这种担当是一种无私的担当,以身许党许国、报党报国;这种担当是一种无畏的担当,党和人民需要的时候,毫不犹豫挺身而出。正因为有了这种担当,习近平新时代中国特色社会主义思想才具有强大之势、浩然之气。

回顾马克思主义中国化的百年历程,可以清晰地看到,中国共产党

[①]《习近平谈治国理政》(第一卷),外文出版社2018年版,第101页。

是靠思想立党、理论强党的马克思主义先进政党，是勇立时代潮头、引领时代发展的马克思主义政党。紧扣时代之问、实现创新发展，是中国共产党安身立命、永葆青春的理论品格。习近平新时代中国特色社会主义思想，既是新时代的时代坐标和行动指南，同时也是中国共产党百年历史经验与历史智慧的集大成，是马克思主义中国化全部创新理论成果的集大成。

第三章

习近平新时代中国特色社会主义思想的科学体系

在沿着中国式现代化实现强国梦的新时代，能够指导我们解决新时代重大课题、攻坚克难、从胜利走向新的胜利的，只有习近平新时代中国特色社会主义思想。

习近平总书记作为习近平新时代中国特色社会主义思想的主要创立者，对关系新时代党和国家事业发展的一系列重大理论和实践问题进行了深邃思考和科学判断，就新时代坚持和发展什么样的中国特色社会主义、怎样坚持和发展中国特色社会主义，建设什么样的社会主义现代化强国、怎样建设社会主义现代化强国，建设什么样的长期执政的马克思主义政党、怎样建设长期执政的马克思主义政党等重大时代课题，提出一系列原创性的治国理政新理念新思想新战略。习近平新时代中国特色社会主义思想是当代中国马克思主义、21世纪马克思主义，是中华文化和中国精神的时代精华，实现了马克思主义中国化新的飞跃。党确立习近平同志党中央的核心、全党的核心地位，确立习近平新时代中国特色社会主义思想的指导地位，反映了全党全军全国各族人民共同心愿，对新时代党和国家事业发展、对推进中华民族伟大复兴历史进程具有决定性意义。

　　中国共产党的历史，就是一部不断推进马克思主义中国化的历史，一部不断推进理论创新、进行理论创造的历史。马克思主义是我们立党立国、兴党兴国的根本指导思想。正如习近平总书记指出："实践告诉我们，中国共产党为什么能，中国特色社会主义为什么好，归根到底是马克思主义行，是中国化时代化的马克思主义行。拥有马克思主义科学理论指导是我们党坚定信仰信念、把握历史主动的根本所在。"①

中国特色社会主义新时代，是全面建设社会主义现代化国家的新时代，是全面推进中华民族伟大复兴的新时代，是沿着中国式现代化实现强国梦的新时代。能够指导我们解决新时代重大课题、攻坚克难、从胜利走向新的胜利的，只有习近平新时代中国特色社会主义思想。因此，必须全面、完整、准确把握习近平新时代中国特色社会主义思想的科学体系，武装全党、教育人民、指导实践。

那么，究竟有哪些内容构成了习近平新时代中国特色社会主义思想的科学体系呢？党的二十大报告明确指出："十九大、十九届六中全会提出的'十个明确'、'十四个坚持'、'十三个方面成就'概括了这一思想的主要内容，必须长期坚持并不断丰富发展。"②

下面，我们就依次阐述这些主要内容及其相互关系。

作为独创性成果的"十个明确"

"十个明确"是习近平新时代中国特色社会主义思想最为核心关键的组成部分，是支撑习近平新时代中国特色社会主义思想的四梁八柱。

从"八个明确"到"十个明确"，有一个发展过程。

首先对习近平新时代中国特色社会主义思想和这一思想中的原创性贡献作出完整概括的，是党的十九大报告。当时的概括是"八个明确"。

2017年10月，党的十九大报告指出："新时代中国特色社会主义思

---

①②《中国共产党第二十次全国代表大会文件汇编》，人民出版社2022年版，第14页。

想,明确坚持和发展中国特色社会主义,总任务是实现社会主义现代化和中华民族伟大复兴,在全面建成小康社会的基础上,分两步走在本世纪中叶建成富强民主文明和谐美丽的社会主义现代化强国;明确新时代我国社会主要矛盾是人民日益增长的美好生活需要和不平衡不充分的发展之间的矛盾,必须坚持以人民为中心的发展思想,不断促进人的全面发展、全体人民共同富裕;明确中国特色社会主义事业总体布局是'五位一体'、战略布局是'四个全面',强调坚定道路自信、理论自信、制度自信、文化自信;明确全面深化改革总目标是完善和发展中国特色社会主义制度、推进国家治理体系和治理能力现代化;明确全面推进依法治国总目标是建设中国特色社会主义法治体系、建设社会主义法治国家;明确党在新时代的强军目标是建设一支听党指挥、能打胜仗、作风优良的人民军队,把人民军队建设成为世界一流军队;明确中国特色大国外交要推动构建新型国际关系,推动构建人类命运共同体;明确中国特色社会主义最本质的特征是中国共产党领导,中国特色社会主义制度的最大优势是中国共产党领导,党是最高政治领导力量,提出新时代党的建设总要求,突出政治建设在党的建设中的重要地位。"[①]

四年之后,2021年11月,党的十九届六中全会通过的《中共中央关于党的百年奋斗重大成就和历史经验的决议》(以下简称"第三个历史决议"),站在中国共产党百年奋斗的历史高度,站在第一个百年奋斗目标圆满完成的历史节点,对新时代党的理论创新和理论创造再次作出概括。其最新成果集中体现为将"八个明确"发展为"十个明确"。

第三个历史决议指出:"以习近平同志为主要代表的中国共产党人,

[①]《习近平谈治国理政》(第三卷),外文出版社2020年版,第15—16页。

坚持把马克思主义基本原理同中国具体实际相结合、同中华优秀传统文化相结合，坚持毛泽东思想、邓小平理论、'三个代表'重要思想、科学发展观，深刻总结并充分运用党成立以来的历史经验，从新的实际出发，创立了习近平新时代中国特色社会主义思想，明确中国特色社会主义最本质的特征是中国共产党领导，中国特色社会主义制度的最大优势是中国共产党领导，中国共产党是最高政治领导力量，全党必须增强'四个意识'、坚定'四个自信'、做到'两个维护'；明确坚持和发展中国特色社会主义，总任务是实现社会主义现代化和中华民族伟大复兴，在全面建成小康社会的基础上，分两步走在本世纪中叶建成富强民主文明和谐美丽的社会主义现代化强国，以中国式现代化推进中华民族伟大复兴；明确新时代我国社会主要矛盾是人民日益增长的美好生活需要和不平衡不充分的发展之间的矛盾，必须坚持以人民为中心的发展思想，发展全过程人民民主，推动人的全面发展、全体人民共同富裕取得更为明显的实质性进展；明确中国特色社会主义事业总体布局是经济建设、政治建设、文化建设、社会建设、生态文明建设五位一体，战略布局是全面建设社会主义现代化国家、全面深化改革、全面依法治国、全面从严治党四个全面；明确全面深化改革总目标是完善和发展中国特色社会主义制度、推进国家治理体系和治理能力现代化；明确全面推进依法治国总目标是建设中国特色社会主义法治体系、建设社会主义法治国家；明确必须坚持和完善社会主义基本经济制度，使市场在资源配置中起决定性作用，更好发挥政府作用，把握新发展阶段，贯彻创新、协调、绿色、开放、共享的新发展理念，加快构建以国内大循环为主体、国内国际双循环相互促进的新发展格局，推动高质量发展，统筹发展和安全；明确党在新时代的强军目标是建设一支听党指挥、能打胜仗、作风优良的人民军队,把人民军队建设成为世界一流军队;明确中国特色大国外交要服务民族复兴、促进人类进步,推动建设新型国际关系,推动构建人类命运共同体;明确全面从严治党的战略方针,提出新时代党的建设总要求,全面推进党的政治建设、思想建设、组织建设、作风建设、纪律建设,把制度建设贯穿其中,深入推进反腐败斗争,落实管党治党政治责任,以伟大自我革命引领伟大社会革命。这些战略思想和创新理念,是党对中国特色社会主义建设规律认识深化和理论创新的重大成果。"①

从"八个明确"到"十个明确",不仅是内容上的完善和发展,也是对习近平新时代中国特色社会主义思想原创性贡献和历史地位的认识深化。习近平总书记谈到这些变化时指出:"将党的十九大报告概括的'八个明确'拓展为'十个明确'。将'中国共产党领导'列为第一个'明确';增加了第七个'明确':必须坚持和完善社会主义基本经济制度,使市场在资源配置中起决定性作用,更好发挥政府作用,把握新发展阶段,贯彻新发展理念,构建新发展格局等内容;第十个'明确':全面从严治党的战略方针,提出新时代党的建设总要求,以伟大自我革命引领伟大社会革命。此外,第二个'明确',增加了'以中国式现代化推进中华民族伟大复兴'的表述;第三个'明确'增加了'发展全过程人民民主'、'全体人民共同富裕取得更为明显的实质性进展'的表述。对这些新论断新表述,要深入学习领会,以利于更好认识和把握党

---

① 《中共中央关于党的百年奋斗重大成就和历史经验的决议》,人民出版社2021年版,第23—25页。

的百年奋斗重大成就和历史经验。"①

如何结合上述演变过程深化对"十个明确"的认识呢？

第一个明确："明确中国特色社会主义最本质的特征是中国共产党领导，中国特色社会主义制度的最大优势是中国共产党领导，中国共产党是最高政治领导力量，全党必须增强'四个意识'、坚定'四个自信'、做到'两个维护'"。

原先的第一个明确，是有关新时代坚持和发展中国特色社会主义的总任务及其实现途径的内容。现在的第一个明确，改为中国共产党对一切工作的全面领导。这是新时代最关紧要的创新发展，也是中国共产党百年奋斗最根本的成功经验。这个修改，是"十个明确"全部修改中最为重要的一条。对其意义给予怎样高的评价，都不为过。

具体的修改是：将原先第八个明确中的前半部分与后半部分分开，将前半部分内容"明确中国特色社会主义最本质的特征是中国共产党领导，中国特色社会主义制度的最大优势是中国共产党领导，党是最高政治领导力量"作为第一个明确，并补充了有关增强"四个意识"、做到"两个维护"的内容，还把原先第三个明确中有关坚定"四个自信"的内容移到第一个明确。

坚持中国共产党领导至关重要。党的领导是做好党和国家各项工作的根本保证，是战胜一切困难和风险的"定海神针"。坚持党对一切工作的领导，是党和国家的根本所在、命脉所在，是全国各族人民的利益所在、幸福所在。

坚持中国共产党领导，就必须增强政治意识、大局意识、核心意

---

① 习近平：《更好把握和运用党的百年奋斗历史经验》（2022年1月11日），载《求是》2022年第13期。

识、看齐意识,坚定道路自信、理论自信、制度自信、文化自信,坚决维护习近平同志党中央的核心、全党的核心地位,坚决维护党中央权威和集中统一领导,保证全党团结统一和行动一致,确保党始终总揽全局、协调各方。

中国共产党的领导地位不是自封的,是历史和人民选择的,是由党的性质决定的,是由我国宪法明文规定的。党的领导必须是全面的、系统的、整体的。国家治理体系是由众多子系统构成的复杂系统,这个系统的核心是中国共产党,人大、政府、政协、监委、法院、检察院、军队,各民主党派和无党派人士,各企事业单位,工会、共青团、妇联等群团组织,都要坚持中国共产党领导。

第二个明确:"明确坚持和发展中国特色社会主义,总任务是实现社会主义现代化和中华民族伟大复兴,在全面建成小康社会的基础上,分两步走在本世纪中叶建成富强民主文明和谐美丽的社会主义现代化强国,以中国式现代化推进中华民族伟大复兴"。

在原先的"八个明确"里,这是第一个明确的内容,现在成为第二个明确,并增加了"以中国式现代化推进中华民族伟大复兴"。这第二个明确,强调了在全面建成小康社会第一个百年奋斗目标实现后,新时代面临的总任务和全面建设社会主义现代化国家的战略安排;强调了中国式现代化在全面推进中华民族伟大复兴中的地位和作用。

党的二十大报告指出:"从现在起,中国共产党的中心任务就是团结带领全国各族人民全面建成社会主义现代化强国、实现第二个百年奋斗目标,以中国式现代化全面推进中华民族伟大复兴。"①

---

① 《中国共产党第二十次全国代表大会文件汇编》,人民出版社2022年版,第18页。

党的十九大作出了全面建成社会主义现代化强国的战略安排。党的二十大又作了重申:"全面建成社会主义现代化强国,总的战略安排是分两步走:从二〇二〇年到二〇三五年基本实现社会主义现代化;从二〇三五年到本世纪中叶把我国建成富强民主文明和谐美丽的社会主义现代化强国。"①

党的二十大还对全面建成社会主义现代化强国两步走战略安排的第一步,作了宏观展望:"到二〇三五年,我国发展的总体目标是:经济实力、科技实力、综合国力大幅跃升,人均国内生产总值迈上新的大台阶,达到中等发达国家水平;实现高水平科技自立自强,进入创新型国家前列;建成现代化经济体系,形成新发展格局,基本实现新型工业化、信息化、城镇化、农业现代化;基本实现国家治理体系和治理能力现代化,全过程人民民主制度更加健全,基本建成法治国家、法治政府、法治社会;建成教育强国、科技强国、人才强国、文化强国、体育强国、健康中国,国家文化软实力显著增强;人民生活更加幸福美好,居民人均可支配收入再上新台阶,中等收入群体比重明显提高,基本公共服务实现均等化,农村基本具备现代生活条件,社会保持长期稳定,人的全面发展、全体人民共同富裕取得更为明显的实质性进展;广泛形成绿色生产生活方式,碳排放达峰后稳中有降,生态环境根本好转,美丽中国目标基本实现;国家安全体系和能力全面加强,基本实现国防和军队现代化。""在基本实现现代化的基础上,我们要继续奋斗,到本世纪中叶,把我国建设成为综合国力和国际影响力领先的社会主义现代化

---

① 《中国共产党第二十次全国代表大会文件汇编》,人民出版社2022年版,第20页。

强国。"①

为了实现第二个百年奋斗目标，习近平总书记系统总结新中国成立以来中国共产党领导和探索社会主义现代化建设的成功经验，提出了"以中国式现代化全面推进中华民族伟大复兴"的战略思想，并把"成功推进和拓展了中国式现代化"作为党的十八大以来在理论和实践上的创新突破。

在党的二十大报告中，系统阐明了中国式现代化理论。

关于中国式现代化的本质。中国式现代化，是中国共产党领导的社会主义现代化，既有各国现代化的共同特征，更有基于自己国情的中国特色。

关于中国式现代化的本质要求。中国式现代化的本质要求是：坚持中国共产党领导，坚持中国特色社会主义，实现高质量发展，发展全过程人民民主，丰富人民精神世界，实现全体人民共同富裕，促进人与自然和谐共生，推动构建人类命运共同体，创造人类文明新形态。

关于中国式现代化的五大特征。

——中国式现代化是人口规模巨大的现代化。我国14亿多人口整体迈进现代化社会，规模超过现有发达国家人口的总和，艰巨性和复杂性前所未有，发展途径和推进方式也必然具有自己的特点。我们始终从国情出发想问题、作决策、办事情，既不好高骛远，也不因循守旧，保持历史耐心，坚持稳中求进、循序渐进、持续推进。

——中国式现代化是全体人民共同富裕的现代化。共同富裕是中国特色社会主义的本质要求，也是一个长期的历史过程。我们坚持把实现

---

① 《中国共产党第二十次全国代表大会文件汇编》，人民出版社2022年版，第20—21页。

人民对美好生活的向往作为现代化建设的出发点和落脚点，着力维护和促进社会公平正义，着力促进全体人民共同富裕，坚决防止两极分化。

——中国式现代化是物质文明和精神文明相协调的现代化。物质富足、精神富有是社会主义现代化的根本要求。物质贫困不是社会主义，精神贫乏也不是社会主义。我们不断厚植现代化的物质基础，不断夯实人民幸福生活的物质条件，同时大力发展社会主义先进文化，加强理想信念教育，传承中华文明，促进物的全面丰富和人的全面发展。

——中国式现代化是人与自然和谐共生的现代化。人与自然是生命共同体，无止境地向自然索取甚至破坏自然必然会遭到大自然的报复。我们坚持可持续发展，坚持节约优先、保护优先、自然恢复为主的方针，像保护眼睛一样保护自然和生态环境，坚定不移走生产发展、生活富裕、生态良好的文明发展道路，实现中华民族永续发展。

——中国式现代化是走和平发展道路的现代化。我国不走一些国家通过战争、殖民、掠夺等方式实现现代化的老路，那种损人利己、充满血腥罪恶的老路给广大发展中国家人民带来深重苦难。我们坚定站在历史正确的一边、站在人类文明进步的一边，高举和平、发展、合作、共赢旗帜，在坚定维护世界和平与发展中谋求自身发展，又以自身发展更好维护世界和平与发展。

第三个明确："明确新时代我国社会主要矛盾是人民日益增长的美好生活需要和不平衡不充分的发展之间的矛盾，必须坚持以人民为中心的发展思想，发展全过程人民民主，推动人的全面发展、全体人民共同富裕取得更为明显的实质性进展"。

在原先的"八个明确"里，这是第二个明确的内容，现在成为第三个明确，并根据党的十九大后的重大理论创新和实践创新，增加了两项内容。一是"发展全过程人民民主",二是将"不断促进人的全面发展、全体人民共同富裕"改为"推动人的全面发展、全体人民共同富裕取得更为明显的实质性进展"。这第三个明确,指明了新时代我国社会主要矛盾及其解决途径。

社会主要矛盾的深刻变化,是中国特色社会主义进入新时代的重要标志。

中国特色社会主义进入新时代,我国社会主要矛盾已经转化为人民日益增长的美好生活需要和不平衡不充分的发展之间的矛盾。我国稳定解决了十几亿人的温饱问题,全面建成小康社会,人民美好生活需要日益广泛,不仅对物质文化生活提出了更高要求,而且在民主、法治、公平、正义、安全、环境等方面的要求日益增长。同时,我国社会生产力水平总体上显著提高,社会生产能力在很多方面进入世界前列,更加突出的问题是发展不平衡不充分,这已经成为满足人民日益增长的美好生活需要的主要制约因素。

我国社会主要矛盾的变化,没有改变我们对我国社会主义所处历史阶段的判断,我国仍处于并将长期处于社会主义初级阶段的基本国情没有变,我国是世界最大发展中国家的国际地位没有变。全党要牢牢把握社会主义初级阶段这个基本国情,牢牢立足社会主义初级阶段这个最大实际,牢牢坚持党的基本路线这个党和国家的生命线、人民的幸福线,领导和团结全国各族人民,以经济建设为中心,坚持四项基本原则,坚持改革开放,自力更生,艰苦创业,为把我国建设成为富强民主文明和谐美丽的社会主义现代化强国而奋斗。

我国社会主要矛盾的变化是关系全局的历史性变化,对党和国家工作提出了许多新要求。我们要在继续推动发展的基础上,以推动高质量发展为主题，着力解决好发展不平衡不充分问题，更好满足人民在经济、政治、文化、社会、生态等方面日益增长的需要，坚持以人民为中心的发展思想，发展全过程人民民主，推动人的全面发展、全体人民共同富裕取得更为明显的实质性进展。

发展全过程人民民主，是新时代中国共产党人的伟大创造。民主是全人类的共同价值，是中国共产党和中国人民始终不渝坚持的重要理念。如何把民主价值和理念转化为科学有效的制度安排，转化为具体现实的民主实践，需要注重历史和现实、理论和实践、形式和内容有机统一，找到正确的体制机制和方式方法。

评价一个国家政治制度是不是民主的、有效的，主要看国家领导层能否依法有序更替，全体人民能否依法管理国家事务和社会事务、管理经济和文化事业，人民群众能否畅通表达利益要求，社会各方面能否有效参与国家政治生活，国家决策能否实现科学化、民主化，各方面人才能否通过公平竞争进入国家领导和管理体系，执政党能否依照宪法法律规定实现对国家事务的领导，权力运用能否得到有效制约和监督。

我国全过程人民民主不仅有完整的制度程序，而且有完整的参与实践。我国实行工人阶级领导的、以工农联盟为基础的人民民主专政的国体，实行人民代表大会制度的政体，实行中国共产党领导的多党合作和政治协商制度、民族区域自治制度、基层群众自治制度等基本政治制度，巩固和发展最广泛的爱国统一战线，形成了全面、广泛、有机衔接的人民当家作主制度体系，构建了多样、畅通、有序的民主渠道。全体人民依法实行民主选举、民主协商、民主决策、民主管理、民主监督，依法通过各种途径和形式管理国家事务，管理经济和文化事业，管理社会事务。我国全过程人民民主实现了过程民主和成果民主、程序民主和实质民主、直接民主和间接民主、人民民主和国家意志相统一，是全链条、全方位、全覆盖的民主，是最广泛、最真实、最管用的社会主义民主。我们要继续推进全过程人民民主建设，把人民当家作主具体地、现实地体现到党治国理政的政策措施上来，具体地、现实地体现到党和国家机关各个方面各个层级工作上来，具体地、现实地体现到实现人民对美好生活向往的工作上来。

推动全体人民共同富裕取得更为明显的实质性进展，是新时代"十四五"规划中提出的经济社会发展目标。

改革开放后，中国共产党深刻总结正反两方面历史经验，认识到贫穷不是社会主义，打破传统体制束缚，允许一部分人、一部分地区先富起来，推动解放和发展社会生产力。党的十八大以来，以习近平同志为核心的党中央把握发展阶段新变化，把逐步实现全体人民共同富裕摆在更加重要的位置上，推动区域协调发展，采取有力措施保障和改善民生，打赢脱贫攻坚战，全面建成小康社会，为促进共同富裕创造了良好条件。现在，已经到了扎实推动共同富裕的历史阶段。

适应新时代我国社会主要矛盾的变化，更好满足人民日益增长的美好生活需要，必须把促进全体人民共同富裕作为为人民谋幸福的着力点，不断夯实党长期执政基础。高质量发展需要高素质劳动者，只有促进共同富裕，提高城乡居民收入，提升人力资本，才能提高全要素生产率，夯实高质量发展的动力基础。共同富裕是社会主义的本质要求，是中国式现代化的重要特征。要深入研究不同阶段的目标，分阶段促进共同富裕。

我们的目标是：到"十四五"末，全体人民共同富裕迈出坚实步伐，居民收入和实际消费水平差距逐步缩小。到2035年，全体人民共同富裕取得更为明显的实质性进展，基本公共服务实现均等化。到本世纪中叶，全体人民共同富裕基本实现，居民收入和实际消费水平差距缩小到合理区间。

第四个明确："明确中国特色社会主义事业总体布局是经济建设、政治建设、文化建设、社会建设、生态文明建设五位一体，战略布局是全面建设社会主义现代化国家、全面深化改革、全面依法治国、全面从严治党四个全面"。

在原先的"八个明确"里，这是第三个明确的内容，现在成为第四个明确。鉴于原先的"四个全面"战略布局中的"全面建设小康社会"目标已经实现，"全面建设社会主义现代化国家"已成为"四个全面"战略布局的重要内容，因此第三个历史决议对"五位一体"总体布局和"四个全面"战略布局作了新的完整表述。同时，将原先有关"强调坚定道路自信、理论自信、制度自信、文化自信"的内容，归并到第一个明确。

强调中国特色社会主义总体布局，是因为中国特色社会主义是全面发展的社会主义。党的十一届三中全会以来，中国共产党对中国特色社会主义总体布局的认识，经历了一个不断发展完善的过程。从党的十二大提出"把我国建设成为高度文明、高度民主的社会主义国家"，到党的十三大提出"把我国建设成为富强、民主、文明的社会主义现代化国家"，党的十七大提出"建设富强民主文明和谐的社会主义现代化国家"，再到党的十九大提出"把我国建设成为富强民主文明和谐美丽的社会主义现代化强国"，标志着中国共产党对中国特色社会主义总体布局的认识，从物质文明建设和精神文明建设"两位一体"，到经济建设、政治建设、文化建设"三位一体"，到经济建设、政治建设、文化建设、社会建设"四位一体"，再到经济建设、政治建设、文化建设、社会建设、生态文明建设"五位一体",集中反映了中国共产党人在不断推进中国特色社会主义建设中的认识深化与发展。而这个深化发展过程,又是在改革发展中以问题为导向,不断发现问题、认识问题、研究问题、破解问题的过程。

党的十八大把生态文明建设纳入中国特色社会主义事业总体布局,使生态文明建设的战略地位更加明确,有利于把生态文明建设融入经济建设、政治建设、文化建设、社会建设各方面和全过程。这是中国共产党对社会主义建设规律在实践和认识上不断深化的重要成果。要按照这个总布局,促进现代化建设各方面相协调,促进生产关系与生产力、上层建筑与经济基础相协调。

战略问题是一个政党、一个国家的根本性问题。战略上判断得准确,战略上谋划得科学,战略上赢得主动,党和人民事业就大有希望。党的十八大以来,以习近平同志为核心的党中央从坚持和发展中国特色社会主义全局出发,立足中国发展实际,坚持问题导向,提出并形成了全面建成小康社会(党的二十大以来发展为"全面建设社会主义现代化国家")、全面深化改革、全面依法治国、全面从严治党的战略布局。

这"四个全面"是当前党和国家事业发展中必须解决好的主要矛盾。"四个全面"战略布局,既有战略目标,也有战略举措,每一个"全面"都具有重大战略意义。第一个百年奋斗目标实现之前,全面建成小康社会是我们的战略目标;第一个百年奋斗目标实现后,我们的战略目标则是全面建成社会主义现代化国家。全面深化改革、全面依法治国、全面从严治党是三大战略举措。这三大战略举措对实现"两个一百年"奋斗目标来说,一个都不能缺。要努力做到"四个全面"相辅相成、相互促进、相得益彰。

全面建成小康社会是第一个百年战略目标，也是实现中华民族伟大复兴中国梦的关键一步。要继续坚持以经济建设为中心，致力于建设改革发展成果真正惠及人民，经济、政治、文化、社会、生态文明全面发展的小康社会。全面建成小康社会目标的实现，使我们国家的发展水平迈上一个大台阶，为实现第二个百年奋斗目标打下了坚实基础。从2020年到2035年，在全面建成小康社会的基础上，再奋斗十五年，基本实现社会主义现代化；从2035年到本世纪中叶，在基本实现现代化的基础上，再奋斗十五年，把我国建成富强民主文明和谐美丽的社会主义现代化强国。

全面深化改革是贯穿于"两个一百年"奋斗目标的重大战略举措。不全面深化改革，发展就缺少动力，社会就没有活力。要坚定不移深化改革，坚持和完善社会主义市场经济，推进国家治理体系和治理能力现代化，推动经济社会持续健康发展。

全面依法治国同样是贯穿于"两个一百年"奋斗目标的重大战略举措。不全面依法治国，国家生活和社会生活就不能有序运行，就难以实现社会和谐稳定。没有全面依法治国，我们就治不好国、理不好政，我们的战略布局就会落空。要坚持依法治国、依法执政、依法行政共同推进，坚持法治国家、法治政府、法治社会一体建设，实现科学立法、严格执法、公正司法、全民守法。

全面从严治党永远在路上。不全面从严治党，党就做不到"打铁还需自身硬"，也就难以发挥好领导核心作用。要全面推进中国共产党自身建设，提高党的自我完善、自我革新、自我提高能力，保持对腐败零容忍的高压态势，完善体制机制建设，不断增强执政能力。

"四个全面"战略布局确立了新形势下治国理政的战略目标和战略举措，是中国在新的历史条件下的治国理政方略，也是实现中华民族伟大复兴中国梦的重要保障。

第五个明确："**明确全面深化改革总目标是完善和发展中国特色社会主义制度、推进国家治理体系和治理能力现代化**"。

在原先的"八个明确"里，这是第四个明确。内容上没有变化。

2013年11月12日，党的十八届三中全会通过了《中共中央关于全面深化改革若干重大问题的决定》，对新时代全面深化改革作出系统的顶层设计，成为中国特色社会主义进入新时代的时代标识。正如习近平总书记所说："党的十一届三中全会是划时代的，开启了改革开放和社会主义现代化建设历史新时期。党的十八届三中全会也是划时代的，开启了全面深化改革、系统整体设计推进改革的新时代，开创了我国改革开放的全新局面。"①

一是明确了全面深化改革的总目标和"六个紧紧围绕"，形成了全面深化改革的总体框架。

关于总目标，《中共中央关于全面深化改革若干重大问题的决定》指出："全面深化改革的总目标是完善和发展中国特色社会主义制度，推进国家治理体系和治理能力现代化。必须更加注重改革的系统性、整体性、协同性，加快发展社会主义市场经济、民主政治、先进文化、和谐社会、生态文明，让一切劳动、知识、技术、管理、资本的活力竞相迸发，让一切创造社会财富的源泉充分涌流，让发展成果更多更公平惠及全体人民。"②

关于"六个紧紧围绕"，《中共中央关于全面深化改革若干重大问题

---

① 《习近平主持召开中央全面深化改革委员会第六次会议强调 对标重要领域和关键环节改革 继续啃硬骨头确保干一件成一件》，载《人民日报》2019年1月24日。
② 《十八大以来重要文献选编》（上），中央文献出版社2014年版，第512页。

的决定》强调：（1）在经济体制改革方面，"紧紧围绕使市场在资源配置中起决定性作用深化经济体制改革，坚持和完善基本经济制度，加快完善现代市场体系、宏观调控体系、开放型经济体系，加快转变经济发展方式，加快建设创新型国家，推动经济更有效率、更加公平、更可持续发展"。（2）在政治体制改革方面，"紧紧围绕坚持党的领导、人民当家作主、依法治国有机统一深化政治体制改革，加快推进社会主义民主政治制度化、规范化、程序化，建设社会主义法治国家，发展更加广泛、更加充分、更加健全的人民民主"。（3）在文化体制改革方面，"紧紧围绕建设社会主义核心价值体系、社会主义文化强国深化文化体制改革，加快完善文化管理体制和文化生产经营机制，建立健全现代公共文化服务体系、现代文化市场体系，推动社会主义文化大发展大繁荣"。（4）在社会体制改革方面，"紧紧围绕更好保障和改善民生、促进社会公平正义深化社会体制改革，改革收入分配制度，促进共同富裕，推进社会领域制度创新，推进基本公共服务均等化，加快形成科学有效的社会治理体制，确保社会既充满活力又和谐有序"。（5）在生态文明体制改革方面，"紧紧围绕建设美丽中国深化生态文明体制改革，加快建立生态文明制度，健全国土空间开发、资源节约利用、生态环境保护的体制机制，推动形成人与自然和谐发展现代化建设新格局"。（6）在党的建设制度改革方面，"紧紧围绕提高科学执政、民主执政、依法执政水平深化党的建设制度改革，加强民主集中制建设，完善党的领导体制和执政方式，保持党的先进性和纯洁性，为改革开放和社会主义现代化建设提供坚强政治保证"。①

---

① 参见《十八大以来重要文献选编》（上），中央文献出版社2014年版，第512—513页。

二是明确了全面深化改革的路线图和时间表。路线图，即前面所说的"六个紧紧围绕"。时间表设计到2020年，按这个时间段提出改革任务，要求到2020年在重要领域和关键环节改革上取得决定性成果。这个目标在全面建成小康社会第一个百年奋斗目标实现之时已圆满达到。党的二十大报告又提出新的要求：在今后五年里"改革开放迈出新步伐，国家治理体系和治理能力现代化深入推进，社会主义市场经济体制更加完善，更高水平开放型经济新体制基本形成"；到2035年"建成现代化经济体系"，"基本实现国家治理体系和治理能力现代化"。①

三是在建立和完善社会主义市场经济的理论、实践、制度上实现重大突破。《中共中央关于全面深化改革若干重大问题的决定》提出，"使市场在资源配置中起决定性作用和更好发挥政府作用。市场决定资源配置是市场经济的一般规律，健全社会主义市场经济体制必须遵循这条规律，着力解决市场体系不完善、政府干预过多和监管不到位问题"②。

1992年，党的十四大提出了我国经济体制改革的目标是建立社会主义市场经济体制，提出要使市场在国家宏观调控下对资源配置起基础性作用。这一重大理论突破，对我国改革开放和经济社会发展发挥了极为重要的作用。

经过30多年实践，我国社会主义市场经济体制已经初步建立，但仍存在不少问题，主要是市场秩序不规范，以不正当手段谋取经济利益的现象广泛存在；生产要素市场发展滞后，要素闲置和大量有效需求得不到满足并存；市场规则不统一，部门保护主义和地方保护主义大量存

---

① 参见《中国共产党第二十次全国代表大会文件汇编》，人民出版社2022年版，第20、第21页。

②《十八大以来重要文献选编》（上），中央文献出版社2014年版，第513页。

在；市场竞争不充分，阻碍优胜劣汰和结构调整；等等。这些问题不解决好，完善的社会主义市场经济体制是难以形成的。

从党的十四大以来的30多年间，对政府和市场关系，党中央一直在根据实践拓展和认识深化寻找新的科学定位。党的十五大提出"使市场在国家宏观调控下对资源配置起基础性作用"[1]，党的十六大提出"在更大程度上发挥市场在资源配置中的基础性作用"[2]，党的十七大提出"从制度上更好发挥市场在资源配置中的基础性作用"[3]，党的十八大提出"更大程度更广范围发挥市场在资源配置中的基础性作用"[4]。

习近平总书记强调，进一步处理好政府和市场关系，实际上就是要处理好在资源配置中市场起决定性作用还是政府起决定性作用这个问题。经济发展就是要提高资源尤其是稀缺资源的配置效率，以尽可能少的资源投入生产尽可能多的产品、获得尽可能大的效益。理论和实践都证明，市场配置资源是最有效率的形式。市场决定资源配置是市场经济的一般规律，市场经济本质上就是市场决定资源配置的经济。健全社会主义市场经济体制必须遵循这条规律，着力解决市场体系不完善、政府干预过多和监管不到位问题。作出"使市场在资源配置中起决定性作用"的定位，有利于在全党全社会树立关于政府和市场关系的正确观念，有利于转变经济发展方式，有利于转变政府职能，有利于抑制消极腐败现象。

发展社会主义市场经济，既要发挥市场作用，也要发挥政府作用，

---

[1]《十五大以来重要文献选编》（上），中央文献出版社2000年版，第18页。
[2]《十六大以来重要文献选编》（上），中央文献出版社2005年版，第20页。
[3]《十七大以来重要文献选编》（上），中央文献出版社2009年版，第17页。
[4]《十八大以来重要文献选编》（上），中央文献出版社2014年版，第15页。

但市场作用和政府作用的职能是不同的。《中共中央关于全面深化改革若干重大问题的决定》对更好发挥政府作用提出了明确要求，强调科学的宏观调控、有效的政府治理，是发挥社会主义市场经济体制优势的内在要求。

四是首次提出国家治理体系和治理能力现代化。党的十八届三中全会提出的全面深化改革的总目标，是完善和发展中国特色社会主义制度、推进国家治理体系和治理能力现代化。这是坚持和发展中国特色社会主义的必然要求，也是实现社会主义现代化的应有之义。要完整理解和把握全面深化改革的总目标，这是两句话组成的一个整体，即完善和发展中国特色社会主义制度、推进国家治理体系和治理能力现代化。我们的方向就是中国特色社会主义道路。

一个国家选择什么样的治理体系，是由这个国家的历史传承、文化传统、经济社会发展水平决定的，是由这个国家的人民决定的。我国今天的国家治理体系，是在我国历史传承、文化传统、经济社会发展的基础上长期发展、渐进改进、内生性演化的结果。我国国家治理体系需要改进和完善，但怎么改、怎么完善，我们要有主张、有定力。中华民族是一个兼容并蓄、海纳百川的民族，在漫长历史进程中，不断学习他人的好东西，把他人的好东西化成我们自己的东西，这才形成我们的民族特色。没有坚定的制度自信就不可能有全面深化改革的勇气，同样，离开不断改革，制度自信也不可能彻底、不可能久远。我们全面深化改革，是要使中国特色社会主义制度更好；我们说坚定制度自信，不是要故步自封，而是要不断革除体制机制弊端，让我们的制度成熟而持久。

国家治理体系和治理能力是一个国家的制度和制度执行能力的集中体现，两者相辅相成。我们的国家治理体系和治理能力总体上是好的，是有独特优势的，是适应我国国情和发展要求的。同时，我们在国家治理体系和治理能力方面还有许多亟待改进的地方，在提高国家治理能力上需要下更大气力。只有以提高党的执政能力为重点，尽快把我们各级干部、各方面管理者的思想政治素质、科学文化素质、工作本领都提高起来，尽快把党和国家机关、企事业单位、人民团体、社会组织等的工作能力都提高起来，国家治理体系才能更加有效运转。

改革开放以来，我们党开始以全新的角度思考国家治理体系问题，强调领导制度、组织制度问题更带有根本性、全局性、稳定性和长期性。进入新时代，摆在党和国家面前的一项重大历史任务，就是推动中国特色社会主义制度更加成熟更加定型，为党和国家事业发展、为人民幸福安康、为社会和谐稳定、为国家长治久安提供一整套更完备、更稳定、更管用的制度体系。这项工程极为宏大，必须是全面的系统的改革和改进，是各领域改革和改进的联动和集成，在国家治理体系和治理能力现代化上形成总体效应、取得总体效果。

第六个明确："明确全面推进依法治国总目标是建设中国特色社会主义法治体系、建设社会主义法治国家"。

在原先的"八个明确"里，这是第五个明确。内容上没有变化。

2014年10月23日，党的十八届四中全会通过了《中共中央关于全面推进依法治国若干重大问题的决定》，标志着全面依法治国进入一个新阶段。

法律是治国之重器，法治是国家治理体系和治理能力的重要依托。依法治国，是坚持和发展中国特色社会主义的本质要求和重要保障，是实现国家治理体系和治理能力现代化的必然要求，事关我们党执政兴国，事关人民幸福安康，事关党和国家长治久安。全面建成小康社会、实现中华民族伟大复兴的中国梦，全面深化改革、完善和发展中国特色社会主义制度，提高党的执政能力和执政水平，必须全面推进依法治国。

改革开放以来，中国共产党一贯高度重视法治。党的十五大提出依法治国、建设社会主义法治国家，强调依法治国是党领导人民治理国家的基本方略。党的十六大提出，发展社会主义民主政治，最根本的是要把坚持党的领导、人民当家作主和依法治国有机统一起来。党的十七大提出，依法治国是社会主义民主政治的基本要求，强调要全面落实依法治国基本方略，加快建设社会主义法治国家。党的十八大强调，要更加注重发挥法治在国家治理和社会管理中的重要作用。

党的十八大以来，以习近平同志为核心的党中央高度重视依法治国，强调落实依法治国基本方略，加快建设社会主义法治国家，必须全面推进科学立法、严格执法、公正司法、全民守法进程；强调坚持党的领导，更加注重改进党的领导方式和执政方式；依法治国，首先是依宪治国；依法执政，关键是依宪执政；新形势下，我们党要履行好执政兴国的重大职责，必须依据党章从严治党、依据宪法治国理政；党领导人民制定宪法和法律，党领导人民执行宪法和法律，党自身必须在宪法和法律范围内活动，真正做到党领导立法、保证执法、带头守法。

党的十八届四中全会《中共中央关于全面推进依法治国若干重大问题的决定》在以下方面取得突破。

第一，明确党的领导和依法治国的关系。党和法治的关系是法治建设的核心问题。党的领导是中国特色社会主义最本质的特征，是社会主义法治最根本的保证。中国特色社会主义制度是中国特色社会主义法治体系的根本制度基础，是全面推进依法治国的根本制度保障。中国特色社会主义法治理论是中国特色社会主义法治体系的理论指导和学理支撑,是全面推进依法治国的行动指南。这三个方面实质上是中国特色社会主义法治道路的核心要义,规定和确保了中国特色社会主义法治体系的制度属性和前进方向。把坚持党的领导、人民当家作主、依法治国有机统一起来是我国社会主义法治建设的一条基本经验。要向干部群众讲清楚我国社会主义法治的本质特征,做到正本清源、以正视听。

第二,明确全面推进依法治国的总目标。《中共中央关于全面推进依法治国若干重大问题的决定》提出:"全面推进依法治国,总目标是建设中国特色社会主义法治体系,建设社会主义法治国家。"[①]提出这个总目标,既明确了全面推进依法治国的性质和方向,又突出了全面推进依法治国的总抓手和工作重点。全面推进依法治国涉及很多方面,在实际工作中必须有一个总揽全局、牵引各方的总抓手,这个总抓手就是建设中国特色社会主义法治体系。依法治国各项工作都要围绕这个总抓手来谋划、来推进。建设中国特色社会主义法治体系、建设社会主义法治国家是实现国家治理体系和治理能力现代化的必然要求,也是全面深化改革的必然要求,有利于在法治轨道上推进国家治理体系和治理能力现代化,有利于在全面深化改革总体框架内全面推进依法治国各项工作,有利于在法治轨道上不断深化改革。

第三,健全宪法实施和监督制度。宪法是国家的根本法。法治权威能不能树立起来,首先要看宪法有没有权威。《中共中央关于全面推进依法治国若干重大问题的决定》提出,完善全国人大及其常委会宪法监督制度,健全宪法解释程序机制;加强备案审查制度和能力建设,依法撤销和纠正违宪违法的规范性文件;将每年12月4日定为国家宪法日;

[①]《十八大以来重要文献选编》(中),中央文献出版社2016年版,第157页。

在全社会普遍开展宪法教育，弘扬宪法精神；建立宪法宣誓制度。《决定》规定："凡经人大及其常委会选举或者决定任命的国家工作人员正式就职时公开向宪法宣誓。"①这样做，有利于彰显宪法权威，增强公职人员宪法观念，激励公职人员忠于和维护宪法，也有利于在全社会增强宪法意识、树立宪法权威。

第四，完善立法体制。推进科学立法、民主立法，是提高立法质量的根本途径。科学立法的核心在于尊重和体现客观规律，民主立法的核心在于为了人民、依靠人民。要完善科学立法、民主立法机制，创新公众参与立法方式，广泛听取各方面意见和建议。《中共中央关于全面推进依法治国若干重大问题的决定》提出："明确立法权力边界，从体制机制和工作程序上有效防止部门利益和地方保护主义法律化。"②一是健全有立法权的人大主导立法工作的体制机制，发挥人大及其常委会在立法工作中的主导作用；建立由全国人大相关专门委员会、全国人大常委会法制工作委员会组织有关部门参与起草综合性、全局性、基础性等重要法律草案制度；增加有法治实践经验的专职常委比例；依法建立健全专门委员会、工作委员会立法专家顾问制度。二是加强和改进政府立法制度建设，完善行政法规、规章制定程序，完善公众参与政府立法机制；重要行政管理法律法规由政府法制机构组织起草；对部门间争议较大的重要立法事项，由决策机关引入第三方评估，不能久拖不决。三是明确地方立法权限和范围，禁止地方制发带有立法性质的文件。全面推进依法治国，还要努力形成国家法律法规和党内法规制度相辅相成、相互促进、相互保障的格局。

---

① 《十八大以来重要文献选编》（中），中央文献出版社2016年版，第160页。
② 《十八大以来重要文献选编》（中），中央文献出版社2016年版，第161页。

第五，加快建设法治政府。法律的生命力在于实施，法律的权威也在于实施。《中共中央关于全面推进依法治国若干重大问题的决定》提出："各级政府必须坚持在党的领导下、在法治轨道上开展工作，加快建设职能科学、权责法定、执法严明、公开公正、廉洁高效、守法诚信的法治政府。"①还提出了一些重要措施：一是推进机构、职能、权限、程序、责任法定化，规定行政机关不得法外设定权力，没有法律法规依据不得作出减损公民、法人和其他组织合法权益或者增加其义务的决定；推行政府权力清单制度，坚决消除权力设租寻租空间。二是建立行政机关内部重大决策合法性审查机制，积极推行政府法律顾问制度，保证法律顾问在制定重大行政决策、推进依法行政中发挥积极作用；建立重大决策终身责任追究制度及责任倒查机制。三是推进综合执法，理顺城管执法体制，完善执法程序，建立执法全过程记录制度，严格执行重大执法决定法制审核制度，全面落实行政执法责任制。四是加强对政府内部权力的制约，对财政资金分配使用、国有资产监管、政府投资、政府采购、公共资源转让、公共工程建设等权力集中的部门和岗位实行分事行权、分岗设权、分级授权，定期轮岗，强化内部流程控制，防止权力滥用。五是全面推进政务公开，推进决策公开、执行公开、管理公开、服务公开、结果公开，重点推进财政预算、公共资源配置、重大建设项目批准和实施、社会公益事业建设等领域的政府信息公开。

第六，提高司法公信力。司法是维护社会公平正义的最后一道防线。《中共中央关于全面推进依法治国若干重大问题的决定》指出："公正是法治的生命线。司法公正对社会公正具有重要引领作用，司法不公

---

① 《十八大以来重要文献选编》（中），中央文献出版社2016年版，第150页。

对社会公正具有致命破坏作用。"①为确保依法独立公正行使审判权和检察权,《决定》规定,建立领导干部干预司法活动、插手具体案件处理的记录、通报和责任追究制度;健全行政机关依法出庭应诉、支持法院受理行政案件、尊重并执行法院生效裁判的制度;等等。为保障人民群众参与司法,《决定》提出,完善人民陪审员制度,保障公民陪审权利,扩大参审范围,完善随机抽选方式;推进审判公开、检务公开、警务公开、狱务公开;建立生效法律文书统一上网和公开查询制度;等等。

第七个明确:"明确必须坚持和完善社会主义基本经济制度,使市场在资源配置中起决定性作用,更好发挥政府作用,把握新发展阶段,贯彻创新、协调、绿色、开放、共享的新发展理念,加快构建以国内大循环为主体、国内国际双循环相互促进的新发展格局,推动高质量发展,统筹发展和安全"。

第七个明确,是根据全面建成小康社会第一个百年奋斗目标实现、开启全面建设社会主义现代化国家新征程的战略部署新增加的主要内容,具有鲜明的时代特色。

第七个明确,首先强调了党的十八届三中全会在社会主义基本经济制度和社会主义市场经济体制上的创新。这部分内容,在第五个明确中已经作了详细阐述。

接着强调了把握新发展阶段、贯彻新发展理念、加快构建新发展格局的战略思想。这一思想是在主持制订"十四五"规划《建议》的过程中,由习近平总书记提出的。

新发展阶段是以习近平同志为核心的党中央对全面建成小康社会、

---

① 《十八大以来重要文献选编》(中),中央文献出版社2016年版,第168页。

实现第一个百年奋斗目标后，我国发展新的历史方位的最新判断。2020年10月召开的党的十九届五中全会提出，全面建成小康社会、实现第一个百年奋斗目标之后，我们要乘势而上开启全面建设社会主义现代化国家新征程、向第二个百年奋斗目标进军，这标志着我国进入了一个新发展阶段。

作出这样的战略判断，有着深刻的理论依据、历史依据和现实依据。就理论依据而言，今天我们所处的新发展阶段，就是社会主义初级阶段中的一个阶段，同时是其中经过几十年积累、站到了新的起点上的一个阶段。从历史依据来看，新发展阶段是我们党带领人民迎来从站起来、富起来到强起来历史性跨越的新阶段。就现实依据来讲，我们已经拥有开启新征程、实现新的更高目标的雄厚物质基础。特别是全面建成小康社会取得伟大历史成果，解决困扰中华民族几千年的绝对贫困问题取得历史性成就。这在我国社会主义现代化建设进程中具有里程碑意义，为我国进入新发展阶段、朝着第二个百年奋斗目标进军奠定了坚实基础。

新发展阶段的提出，是对社会主义初级阶段理论的重要补充。新发展阶段是我国社会主义发展进程中的一个重要阶段。社会主义初级阶段不是一个静态、一成不变、停滞不前的阶段，也不是一个自发、被动、不用费多大气力自然而然就可以跨过的阶段，而是一个动态、积极有为、始终洋溢着蓬勃生机活力的过程，是一个阶梯式递进、不断发展进步、日益接近质的飞跃的量的积累和发展变化的过程。全面建设社会主义现代化国家、基本实现社会主义现代化，既是社会主义初级阶段我国发展的要求，也是我国社会主义从初级阶段向更高阶段迈进的要求。

贯彻创新、协调、绿色、开放、共享的新发展理念，是习近平总书记在2015年10月为制订"十三五"规划《建议》而召开的党的十八届五中全会上提出的。

实践表明,发展是一个不断变化的进程,发展环境不会一成不变,发展条件不会一成不变,发展理念自然也不会一成不变。发展理念是否对头,从根本上决定着发展成效乃至成败。

党的十八大以来,以习近平同志为核心的党中央对经济形势进行科学判断,对发展理念和思路作出及时调整,对经济社会发展提出了许多重大理论和理念,其中新发展理念是最重要、最主要的。新发展理念是一个系统的理论体系,回答了关于发展的目的、动力、方式、路径等一系列理论和实践问题,阐明了我们党关于发展的政治立场、价值导向、发展模式、发展道路等重大政治问题。

完整、准确、全面贯彻新发展理念,需要从根本宗旨把握新发展理念。为人民谋幸福、为民族谋复兴,这既是我们党领导现代化建设的出发点和落脚点,也是新发展理念的"根"和"魂"。只有坚持以人民为中心的发展思想,坚持发展为了人民、发展依靠人民、发展成果由人民共享,才会有正确的发展观、现代化观。

完整、准确、全面贯彻新发展理念,需要从问题导向把握新发展理念。我国发展已经站在新的历史起点上,要根据新发展阶段的新要求,坚持问题导向,更加精准地贯彻新发展理念,切实解决好发展不平衡不充分的问题,推动高质量发展。比如,科技自立自强成为决定我国生存和发展的基础能力,存在诸多"卡脖子"问题。比如,我国城乡区域发展差距较大,而究竟怎样解决这个问题,有很多新的问题需要深入研究,尤其是区域板块分化重组、人口跨区域转移加快、农民落户城市意愿下降等问题要抓紧研究、明确思路。比如,加快推动经济社会发展全面绿色转型已经形成高度共识,而我国能源体系高度依赖煤炭等化石能源，生产和生活体系向绿色低碳转型的压力都很大，实现2030年前碳排放达峰、2060年前碳中和的目标任务极其艰巨。比如，随着经济全球化出现逆流，外部环境越来越复杂多变，大家认识到必须处理好自立自强和开放合作的关系，处理好积极参与国际分工和保障国家安全的关系，处理好利用外资和安全审查的关系，在确保安全前提下扩大开放。总之，进入新发展阶段，对新发展理念的理解要不断深化，举措要更加精准务实，真正实现高质量发展。

完整、准确、全面贯彻新发展理念，需要从忧患意识把握新发展理念。随着我国社会主要矛盾变化和国际力量对比深刻调整，我国发展面临的内外部风险空前上升，必须增强忧患意识、坚持底线思维，随时准备应对更加复杂困难的局面。要把安全问题摆在非常突出的位置，把安全发展贯穿国家发展各领域和全过程。如果安全这个基础不牢，发展的大厦就会地动山摇。宏观经济方面要防止大起大落，资本市场上要防止外资大进大出，粮食、能源、重要资源上要确保供给安全，要确保产业链供应链稳定安全，要防止资本无序扩张、野蛮生长，还要确保生态环境安全，坚决抓好安全生产。在社会领域，要防止大规模失业风险，加强公共卫生安全，有效化解各类群体性事件。

加快构建以国内大循环为主体、国内国际双循环相互促进的新发展格局，是党的十九届五中全会通过的"十四五"规划《建议》提出的一项关系我国发展全局的重大战略任务。早在2020年4月，习近平总书记就提出要建立以国内大循环为主体、国内国际双循环相互促进的新发展格局的思想。同年10月召开的党的十九届五中全会，对构建新发展格局作出全面部署。这是把握未来发展主动权的战略性布局和先手棋，是新发展阶段要着力推动完成的重大历史任务，也是贯彻新发展理念的重大举措。

在复杂多变的世界大变局中,只有立足自身,把国内大循环畅通起来,努力炼就百毒不侵、金刚不坏之身,才能任由国际风云变幻,始终充满朝气地生存和发展下去,没有任何人能打倒我们、卡死我们。加快构建新发展格局,就是要在各种可以预见和难以预见的狂风暴雨、惊涛骇浪中,增强我们的生存力、竞争力、发展力、持续力,确保中华民族伟大复兴进程不被迟滞甚至中断。

构建新发展格局的关键在于经济循环的畅通无阻。经济活动需要各种生产要素的组合在生产、分配、流通、消费各环节有机衔接,从而实现循环流转。在正常情况下,如果经济循环顺畅,物质产品会增加,社会财富会积聚,人民福祉会增进,国家实力会增强,从而形成一个螺旋式上升的发展过程。如果经济循环过程中出现堵点、断点,循环就会受阻,在宏观上就会表现为增长速度下降、失业增加、风险积累、国际收支失衡等情况,在微观上就会表现为产能过剩、企业效益下降、居民收入下降等问题。我们必须坚持深化供给侧结构性改革这条主线,继续完成"三去一降一补"的重要任务,全面优化升级产业结构,提升创新能力、竞争力和综合实力,增强供给体系的韧性,形成更高效率和更高质量的投入产出关系,实现经济在高水平上的动态平衡。

构建新发展格局最本质的特征是实现高水平的自立自强。当前,我国经济发展环境出现了变化,特别是生产要素相对优势出现了变化。劳动力成本在逐步上升,资源环境承载能力达到了瓶颈,旧的生产函数组合方式已经难以持续,科学技术的重要性全面上升。在这种情况下,我们必须更强调自主创新。因此,在"十四五"规划《建议》中,第一条重大举措就是科技创新,第二条就是突破产业瓶颈。我们必须把这个问题放在能不能生存和发展的高度加以认识，全面加强对科技创新的部署，集合优势资源，有力有序推进创新攻关的"揭榜挂帅"体制机制，加强创新链和产业链对接，明确路线图、时间表、责任制。

总之，进入新发展阶段、贯彻新发展理念、构建新发展格局，是由我国经济社会发展的理论逻辑、历史逻辑、现实逻辑决定的，三者紧密关联。进入新发展阶段明确了我国发展的历史方位，贯彻新发展理念明确了我国现代化建设的指导原则，构建新发展格局明确了我国经济现代化的路径选择。把握新发展阶段是贯彻新发展理念、构建新发展格局的现实依据，贯彻新发展理念为把握新发展阶段、构建新发展格局提供了行动指南，构建新发展格局则是应对新发展阶段机遇和挑战、贯彻新发展理念的战略选择。

第八个明确："明确党在新时代的强军目标是建设一支听党指挥、能打胜仗、作风优良的人民军队，把人民军队建设成为世界一流军队"。

在原先的"八个明确"里，这是第六个明确。内容上没有变化。

党的十八大以来，习近平总书记着眼于实现中华民族伟大复兴的中国梦，深刻把握强国对强军的战略需求，围绕新时代建设一支什么样的强大人民军队、怎样建设强大人民军队，深入进行理论探索和实践创造，创造性回答了新时代人民军队锚定什么目标奋进、扛起什么使命担当、沿着什么道路前行等带根本性、方向性、全局性的重大问题。

习近平总书记统一富国和强军两大目标，统筹发展和安全两件大事，把国防和军队现代化放在国家现代化进程中来运筹，把坚持党对人民军队的绝对领导上升为新时代坚持和发展中国特色社会主义的一条基本方略，把深化国防和军队改革纳入全面深化改革总盘子，把军事创新体系纳入国家创新体系，把我军人才工作纳入党和国家人才工作大盘子，把依法治军纳入全面依法治国总盘子，鲜明提出坚持政治建军、改革强军、科技强军、人才强军、依法治军，在强国复兴全局下形成了强军兴军的战略设计。

引领我军实现革命性锻造、整体性重塑。习近平总书记领导召开古田全军政治工作会议，开启新时代思想建党、政治建军新征程。重振我军政治纲纪，推动贯彻军委主席负责制运行，健全党领导军队的制度体系，构建新时代人民军队思想政治教育体系。坚决查处郭伯雄、徐才厚、房峰辉、张阳等严重违纪违法案件并彻底肃清其流毒影响。

领导开展新中国成立以来最为广泛、最为深刻的国防和军队改革，重构领导指挥体制、现代军事力量体系、军事政策制度，标定了大国军队、强国军队的样子。加快机械化信息化智能化融合发展，全速发动科技创新引擎，新型军事人才培养体系和新型军事科研体系逐步构建，现代军事物流体系、军队现代资产管理体系、武器装备现代化管理体系加快建设，国防和军队现代化进入"快车道"、按下"快进键"。经过长期努力，我军已基本实现机械化，信息化建设取得重大进展，建设水平和实战能力上了一个大台阶。

引领我军形成更强大能力、更可靠手段。从党的十八大到二十大，新时代锻造了慑敌制敌的战略利器。武器装备体系化、信息化、自主化、实战化发展加快推进，基本建成以第四代装备为骨干、第三代装备为主体的现代化武器装备体系。首艘国产航母交接入列、第三艘航母下水命名，新型核潜艇交接入列，歼-20战巡东海，运-20远程投送，"东风"系列日益壮大，各类无人作战系统快速发展，强军打赢的物质技术基础日益厚实。打造了合成多能的精兵劲旅。作战力量更加精干化、模块化、多能化，合成旅、空中突击旅、海军陆战队、空降兵军、联勤保障旅等部队相继调整组建,信息作战、电子对抗等为代表的新型作战力量不断壮大,我军以精锐作战力量为主体的联合作战力量体系加速构建。

第九个明确:"明确中国特色大国外交要服务民族复兴、促进人类进步,推动建设新型国际关系,推动构建人类命运共同体"。

在原先的"八个明确"里,这是第七个明确。内容上增加了"中国特色大国外交要服务民族复兴、促进人类进步"。这是中国特色大国外交的主题。

习近平总书记针对世界大变局加速向纵深发展,世界进入新的动荡变革期,指出世界之变、时代之变、历史之变正以前所未有的方式展开,给人类提出了必须严肃对待的挑战,各国要顺应和平、发展、合作、共赢的时代潮流,向着构建人类命运共同体的正确方向,携手迎接挑战、合作开创未来。当前和今后一个时期,将是中华民族伟大复兴持续推进和世界大变局深入演变的关键阶段,国际形势中各种新问题新挑战会出现可以预见和难以预见的复杂变化,但危与机总是并存共生,关键是如何把握机遇,善于化危为机。

我国推动构建人类命运共同体,反映了世界各国人心所向,代表了历史演进正确方向,是引领世界大变局发展走向的重要动力。我们要把思想和行动统一到习近平总书记重大论断和党中央决策部署上来,牢固树立正确的历史观、大局观、角色观,透过现象看本质,透过当前看长远。要坚持把握正确方向和坚定战略自信,准确认识和把握主要矛盾和中心任务,高度重视战略策略问题,发扬斗争精神,敢于斗争、善于斗争,在危机中育新机、于变局中开新局。

第一,统筹国内国际两个大局,加强对外工作全局系统谋划。坚持以元首外交为战略引领，精心谋划做好各方向各领域对外工作，服务党和国家中心任务。全力推动习近平总书记重大理念重大倡议的实施，坚定推进国际团结合作、维护世界和平稳定、促进共同发展繁荣。排除一切外部干扰，防范化解各种涉外突发因素和风险挑战，全力确保国内发展稳定大局。

第二，坚持统筹发展和安全，更好服务国家发展和民族复兴。坚决维护好国家尊严、制度安全和意识形态安全，确保我国政治和社会大局稳定。在涉台、涉港、涉疆、涉藏、涉海等问题上坚定捍卫国家核心重大利益，坚决挫败任何损害我国领土主权、干涉我国内政的图谋。与地区国家共同维护亚太和平稳定，防范各类风险挑战，推动高质量共建"一带一路"走稳走实。

第三，推进和完善对外工作布局，巩固全球伙伴关系网络。深化大国协调与合作，促进国际格局总体稳定、均衡发展。坚持推进中俄新时代全面战略协作伙伴关系。敦促美方同中方相向而行，坚持相互尊重、和平共处、合作共赢，妥善管控分歧，坚决回应美方任何遏制打压中国的图谋和言行。加强沟通、增进互信、着眼长远，推动中欧坚持打造和平、增长、改革、文明四大伙伴关系。大力推进周边命运共同体建设，不断巩固与周边国家政治互信和利益交融，坚持高质量实施《区域全面经济伙伴关系协定》，同东盟国家推进"南海行为准则"磋商和海上对话合作，坚决反对一些人在亚太周边地区蓄意挑动对抗、传播虚假信息、破坏发展合作的行径。不断巩固与发展中国家的团结合作，维护好发展中国家共同利益，扩大深化同有关地区组织的友好合作关系。在乌克兰危机、朝鲜半岛核、伊朗核、阿富汗等热点问题上，坚持原则立场，维护公平正义，发挥建设性作用。

第四，积极参与和引领全球治理体系改革和建设，倡导和践行真正的多边主义。坚持推动构建人类命运共同体、构建新型国际关系，坚定维护以联合国为核心的国际体系，坚决反对任何带有冷战思维和意识形态偏见的"小圈子"，推动国际秩序向更加公正合理方向发展。积极支持上海合作组织、金砖国家务实合作和机制建设不断打开新局面、实现新发展，支持二十国集团、亚太经合组织等多边机制发挥应有作用。推动全球发展倡议、全球安全倡议更好落地落实，推进构建人类卫生健康共同体，积极参与气候变化及网络、深海、极地、外空等领域国际治理。

习近平总书记指出："当前，世界之变、时代之变、历史之变加速演进，各国都在思考未来之路，中共二十大给出了中国答案，那就是：对内坚持中国特色社会主义道路，坚持以人民为中心的发展思想，坚持深化改革开放；对外坚定奉行独立自主的和平外交政策，坚持维护世界和平、促进共同发展的外交宗旨，致力于推动构建人类命运共同体。中国的发展是世界和平力量的增长，中国永远不称霸、永远不搞扩张。这是中国共产党的庄严政治承诺，反映了14亿多中国人民的意志。我们有信心有能力以自身制度的稳定、治理的稳定、政策的稳定、发展的稳定，不断为国际社会注入宝贵的确定性稳定性。"[1]

这段重要论述，揭示了新时代中国内政与外交的高度一致性和协调性，揭示了中国以自身和平发展促进世界和平与共同发展的力量和决心，揭示了中国永远不称霸、永远不搞扩张同推动构建人类命运共同体的内在历史逻辑、思想逻辑、时代逻辑。

第十个明确："明确全面从严治党的战略方针，提出新时代党的建

---

[1]《习近平同欧洲理事会主席米歇尔举行会谈》，载《人民日报》2022年12月2日。

设总要求，全面推进党的政治建设、思想建设、组织建设、作风建设、纪律建设，把制度建设贯穿其中，深入推进反腐败斗争，落实管党治党政治责任，以伟大自我革命引领伟大社会革命"。

在原先的"八个明确"里，这是第八个明确的后半部分内容。增加了"全面从严治党的战略方针""以伟大自我革命引领伟大社会革命""全面推进党的政治建设、思想建设、组织建设、作风建设、纪律建设，把制度建设贯穿其中，深入推进反腐败斗争，落实管党治党政治责任"等重要内容。

十年磨一剑。党的十八大以来，以习近平同志为核心的党中央把全面从严治党纳入"四个全面"战略布局，以前所未有的勇气和定力推进党风廉政建设和反腐败斗争，刹住了一些多年未刹住的歪风邪气，解决了许多长期没有解决的顽瘴痼疾，清除了党、国家、军队内部存在的严重隐患，管党治党宽松软状况得到根本扭转，探索出依靠党的自我革命跳出历史周期率的成功路径。全面从严治党取得了历史性、开创性成就，产生了全方位、深层次影响，必须长期坚持、不断前进。

新时代管党治党最大的成果，就是系统形成了全面从严治党战略思想。全面从严治党是新时代党的自我革命的伟大实践，开辟了百年大党自我革命的新境界。

全面从严治党战略思想，有着丰富的内涵，具体来说，集中体现在以下这"六个必须"上。在政治建设上，必须坚持以党的政治建设为统领，坚守自我革命根本政治方向；在思想建设上，必须坚持把思想建设作为党的基础性建设，淬炼自我革命锐利思想武器；在纪律建设上，必须坚决落实中央八项规定精神、以严明纪律整饬作风，丰富自我革命有效途径；在反腐败斗争上，必须坚持以雷霆之势反腐惩恶，打好自我革命攻坚战、持久战；在组织建设上，必须坚持增强党组织政治功能和组织力凝聚力，锻造敢于善于斗争、勇于自我革命的干部队伍；在制度建设上，必须坚持构建自我净化、自我完善、自我革新、自我提高的制度规范体系，为推进伟大自我革命提供制度保障。这"六个必须"，还揭示了自我革命的根本政治方向、锐利思想武器、有效途径、攻坚战和持久战、组织保障、制度保障，揭示了全面从严治党与自我革命的关系。

全面从严治党战略思想，极大地丰富和发展了中国化马克思主义党建理论体系。党的十八大以来，以习近平同志为核心的党中央继承和发展马克思主义建党学说，总结运用党的百年奋斗历史经验，深入推进管党治党实践创新、理论创新、制度创新，对建设什么样的长期执政的马克思主义政党、怎样建设长期执政的马克思主义政党的规律性认识达到新的高度。其理论贡献是以下"九个坚持"：坚持党中央集中统一领导；坚持党要管党、全面从严治党；坚持以党的政治建设为统领；坚持严的主基调不动摇；坚持发扬钉钉子精神加强作风建设；坚持以零容忍态度惩治腐败；坚持纠正一切损害群众利益的腐败和不正之风；坚持抓住"关键少数"以上率下；坚持完善党和国家监督制度，形成全面覆盖、常态长效的监督合力。

以上"十个明确"，概括了习近平新时代中国特色社会主义思想的核心内容。正如第三个历史决议所说："这些战略思想和创新理念，是党对中国特色社会主义建设规律认识深化和理论创新的重大成果。"[①]

[①]《中共中央关于党的百年奋斗重大成就和历史经验的决议》，人民出版社2021年版，第25页。

作为基本方略的"十四个坚持"

"十四个坚持"作为新时代坚持和发展中国特色社会主义的基本方略，涵盖坚持党的领导和"五位一体"总体布局、"四个全面"战略布局，涵盖国防和军队建设、维护国家安全、对外战略，是对党的治国理政重大方针、原则的最新概括，是实现"两个一百年"奋斗目标、实现中华民族伟大复兴中国梦的"路线图"和"方法论"。

党的十九大报告中对"十四个坚持"作出了阐述。

第一，坚持党对一切工作的领导。党政军民学，东西南北中，党是领导一切的。必须增强政治意识、大局意识、核心意识、看齐意识，自觉维护党中央权威和集中统一领导，自觉在思想上政治上行动上同党中央保持高度一致，完善坚持党的领导的体制机制，坚持稳中求进工作总基调，统筹推进"五位一体"总体布局，协调推进"四个全面"战略布局，提高党把方向、谋大局、定政策、促改革的能力和定力，确保党始终总揽全局、协调各方。

第二，坚持以人民为中心。人民是历史的创造者，是决定党和国家前途命运的根本力量。必须坚持人民主体地位，坚持立党为公、执政为民，践行全心全意为人民服务的根本宗旨，把党的群众路线贯彻到治国理政全部活动之中，把人民对美好生活的向往作为奋斗目标，依靠人民创造历史伟业。

第三，坚持全面深化改革。只有社会主义才能救中国，只有改革开放才能发展中国、发展社会主义、发展马克思主义。必须坚持和完善中国特色社会主义制度，不断推进国家治理体系和治理能力现代化，坚决破除一切不合时宜的思想观念和体制机制弊端，突破利益固化的藩篱，吸收人类文明有益成果，构建系统完备、科学规范、运行有效的制度体系，充分发挥我国社会主义制度优越性。

第四，坚持新发展理念。发展是解决我国一切问题的基础和关键，发展必须是科学发展，必须坚定不移贯彻创新、协调、绿色、开放、共享的发展理念。必须坚持和完善我国社会主义基本经济制度和分配制度，毫不动摇巩固和发展公有制经济，毫不动摇鼓励、支持、引导非公有制经济发展，使市场在资源配置中起决定性作用，更好发挥政府作用，推动新型工业化、信息化、城镇化、农业现代化同步发展，主动参与和推动经济全球化进程，发展更高层次的开放型经济，不断壮大我国经济实力和综合国力。

第五，坚持人民当家作主。坚持党的领导、人民当家作主、依法治国有机统一是社会主义政治发展的必然要求。必须坚持中国特色社会主义政治发展道路，坚持和完善人民代表大会制度、中国共产党领导的多党合作和政治协商制度、民族区域自治制度、基层群众自治制度，巩固和发展最广泛的爱国统一战线，发展社会主义协商民主，健全民主制度，丰富民主形式，拓宽民主渠道，保证人民当家作主落实到国家政治生活和社会生活之中。

第六，坚持全面依法治国。全面依法治国是中国特色社会主义的本质要求和重要保障。必须把党的领导贯彻落实到依法治国全过程和各方面，坚定不移走中国特色社会主义法治道路，完善以宪法为核心的中国特色社会主义法律体系，建设中国特色社会主义法治体系，建设社会主义法治国家，发展中国特色社会主义法治理论，坚持依法治国、依法执政、依法行政共同推进,坚持法治国家、法治政府、法治社会一体建设,坚持依法治国和以德治国相结合,依法治国和依规治党有机统一,深化司法体制改革,提高全民族法治素养和道德素质。

第七,坚持社会主义核心价值体系。文化自信是一个国家、一个民族发展中更基本、更深沉、更持久的力量。必须坚持马克思主义,牢固树立共产主义远大理想和中国特色社会主义共同理想,培育和践行社会主义核心价值观,不断增强意识形态领域主导权和话语权,推动中华优秀传统文化创造性转化、创新性发展,继承革命文化,发展社会主义先进文化,不忘本来、吸收外来、面向未来,更好构筑中国精神、中国价值、中国力量,为人民提供精神指引。

第八,坚持在发展中保障和改善民生。增进民生福祉是发展的根本目的。必须多谋民生之利、多解民生之忧,在发展中补齐民生短板、促进社会公平正义,在幼有所育、学有所教、劳有所得、病有所医、老有所养、住有所居、弱有所扶上不断取得新进展,深入开展脱贫攻坚,保证全体人民在共建共享发展中有更多获得感,不断促进人的全面发展、全体人民共同富裕。建设平安中国,加强和创新社会治理,维护社会和谐稳定,确保国家长治久安、人民安居乐业。

第九,坚持人与自然和谐共生。建设生态文明是中华民族永续发展的千年大计。必须树立和践行绿水青山就是金山银山的理念,坚持节约资源和保护环境的基本国策,像对待生命一样对待生态环境,统筹山水林田湖草系统治理,实行最严格的生态环境保护制度,形成绿色发展方式和生活方式,坚定走生产发展、生活富裕、生态良好的文明发展道路,建设美丽中国,为人民创造良好生产生活环境,为全球生态安全作出贡献。

第十，坚持总体国家安全观。 统筹发展和安全，增强忧患意识，做到居安思危，是我们党治国理政的一个重大原则。必须坚持国家利益至上，以人民安全为宗旨，以政治安全为根本，统筹外部安全和内部安全、国土安全和国民安全、传统安全和非传统安全、自身安全和共同安全，完善国家安全制度体系，加强国家安全能力建设，坚决维护国家主权、安全、发展利益。

第十一，坚持党对人民军队的绝对领导。 建设一支听党指挥、能打胜仗、作风优良的人民军队，是实现"两个一百年"奋斗目标、实现中华民族伟大复兴的战略支撑。必须全面贯彻党领导人民军队的一系列根本原则和制度，确立新时代党的强军思想在国防和军队建设中的指导地位，坚持政治建军、改革强军、科技兴军、依法治军，更加注重聚焦实战，更加注重创新驱动，更加注重体系建设，更加注重集约高效，更加注重军民融合，实现党在新时代的强军目标。

第十二，坚持"一国两制"和推进祖国统一。 保持香港、澳门长期繁荣稳定，实现祖国完全统一，是实现中华民族伟大复兴的必然要求。必须把维护中央对香港、澳门特别行政区全面管治权和保障特别行政区高度自治权有机结合起来，确保"一国两制"方针不会变、不动摇，确保"一国两制"实践不变形、不走样。必须坚持一个中国原则，坚持"九二共识"，推动两岸关系和平发展，深化两岸经济合作和文化往来，推动两岸同胞共同反对一切分裂国家的活动，共同为实现中华民族伟大复兴而奋斗。

第十三，坚持推动构建人类命运共同体。 中国人民的梦想同各国人民的梦想息息相通，实现中国梦离不开和平的国际环境和稳定的国际秩序。必须统筹国内国际两个大局，始终不渝走和平发展道路、奉行互利共赢的开放战略，坚持正确义利观，树立共同、综合、合作、可持续的新安全观，谋求开放创新、包容互惠的发展前景，促进和而不同、兼收并蓄的文明交流，构筑尊崇自然、绿色发展的生态体系，始终做世界和平的建设者、全球发展的贡献者、国际秩序的维护者。

第十四，坚持全面从严治党。 勇于自我革命，从严管党治党，是我们党最鲜明的品格。必须以党章为根本遵循，把党的政治建设摆在首位，思想建党和制度治党同向发力，统筹推进党的各项建设，抓住"关键少数"，坚持"三严三实"，坚持民主集中制，严肃党内政治生活，严明党的纪律，强化党内监督，发展积极健康的党内政治文化，全面净化党内政治生态，坚决纠正各种不正之风，以零容忍态度惩治腐败，不断增强党自我净化、自我完善、自我革新、自我提高的能力，始终保持党同人民群众的血肉联系。

以上这"十四个坚持"，既是新时代治党治军治国的成功经验，也是贯穿于中国共产党全部历史的基本经验，作为新时代坚持和发展中国特色社会主义的基本方略，从"坚持党对一切工作的领导"开始，以"坚持全面从严治党"结束，涵盖了治党治军治国、内政外交国防、"一国两制"和港澳台工作等党和国家工作的方方面面。

"十四个坚持"有以下几个特点：一是以党的全面领导和全面从严治党贯穿始终，充分体现关键在党的思想（第一个坚持和第十四个坚持）；二是充分体现以人民为中心的发展思想（第二个坚持）；三是充分体现"五位一体"总体布局（第四个坚持、第五个坚持、第七个坚持、第八个坚持、第九个坚持）；四是充分体现"四位一体"战略布局（第三个坚持、第六个坚持、第十四个坚持）；五是突出了总体国家安全观、强军战略、"一国两制"、构建人类命运共同体这几个关系全局的战略重点（第十个坚持、第十一个坚持、第十二个坚持、第十三个坚持）。

完整准确全面理解习近平新时代中国特色社会主义思想科学体系，需要把握好"十个明确"和"十四个坚持"的关系。

"十个明确"和"十四个坚持"既紧密联系，又各有侧重。从紧密联系来说，两者都是习近平新时代中国特色社会主义思想科学体系的组成部分，不能割裂。从各有侧重来说，"十个明确"概括了习近平新时代中国特色社会主义思想的核心内容，强调这一思想的原创性贡献。"十四个坚持"强调的是习近平新时代中国特色社会主义思想对实践创新和制度创新的指导作用，强调的是"十四个坚持"作为新时代坚持和发展中国特色社会主义基本方略的意义和作用。

从回答的时代课题看，"十个明确"侧重于从理论上回答新时代坚持和发展什么样的中国特色社会主义、建设什么样的社会主义现代化强国、建设什么样的长期执政的马克思主义政党的重大时代课题，"十四个坚持"侧重于从实践上回答新时代怎样坚持和发展中国特色社会主义、怎样建设社会主义现代化强国、怎样建设长期执政的马克思主义政党的重大时代课题。两者共同体现了怎么看与怎样干的统一。

从指导思想层面与行动纲领层面看，习近平新时代中国特色社会主义思想中的"十个明确"，是指导思想层面的表述。"十四个坚持"则是行动纲领层面的表述，称之为中国特色社会主义基本方略。要全面贯彻党的基本理论、基本路线、基本方略，更好引领党和人民事业发展。

从理论创新与实践创新的关系看，"十个明确"偏重于理论层面的高度概括和凝练，每一个"明确"都是具有原创性的新思想新观点，集中反映着我们党对科学社会主义在当今时代的理论思考和理论贡献。"十四个坚持"偏重于实践层面、方略层面的展开，从结构和逻辑看，

第一条是"坚持党对一切工作的领导",最后一条是"坚持全面从严治党",体现着坚持和加强党的全面领导这一当代中国的最高政治原则,贯穿着以自我革命引领社会革命的内在逻辑。

总之,"十个明确"和"十四个坚持"有机融合、有机统一,都凝结着我们党坚持和发展中国特色社会主义的经验总结,特别是凝结着以习近平同志为核心的党中央对中国特色社会主义规律性认识的深化、拓展、升华,体现了理论与实际相结合、战略和战术相一致、认识论和方法论相统一的理论特色。

"十三个方面"成就中的思想内涵

"十三个方面"成就,是党的十九届六中全会通过的第三个历史决议概括提出的。决议指出:"党的十八大以来,以习近平同志为核心的党中央领导全党全军全国各族人民砥砺前行,全面建成小康社会目标如期实现,党和国家事业取得历史性成就、发生历史性变革,彰显了中国特色社会主义的强大生机活力,党心军心民心空前凝聚振奋,为实现中华民族伟大复兴提供了更为完善的制度保证、更为坚实的物质基础、更为主动的精神力量。中国共产党和中国人民以英勇顽强的奋斗向世界庄严宣告,中华民族迎来了从站起来、富起来到强起来的伟大飞跃。"[1]

以上,系统展示了第三个历史决议"十三个方面"成就中的思想内涵。习近平总书记指出:"党的十八大以来,我们党领导人民自信自强、

---

[1]《中共中央关于党的百年奋斗重大成就和历史经验的决议》,人民出版社2021年版,第61—62页。

守正创新，取得了一系列重大理论成果、实践成果、制度成果。这些重要成果，体现在《决议》概括的'十个明确'上，体现在《决议》作出的新时代党和国家事业十三个方面重大成就的重要论述上，也体现在《决议》对中国共产党百年奋斗的历史意义、中国共产党百年奋斗的历史经验、新时代的中国共产党的阐述上。要贯通起来领会把握，不断提高政治判断力、政治领悟力、政治执行力，在新时代更好坚持和发展中国特色社会主义。"①

他还指出："《决议》概括的'十个坚持'的历史经验是相互贯通、相辅相成的整体，是百年来党领导人民艰辛探索、接续奋斗理论和实践的科学总结，必须倍加珍惜，毫不动摇坚持，与时俱进发展。要把这'十个坚持'同我在庆祝中国共产党成立一百周年大会上的讲话提出的'九个必须'等结合起来，一体学习理解、一体贯彻落实。"②

只有把以上这些重要概括、重要论断，即"十个明确"和"十三个方面"、"十个坚持"③和"九个必须"④，以及中国共产党百年奋斗的

---

①② 习近平：《以史为鉴、开创未来 埋头苦干、勇毅前行》（2021年11月11日），载《求是》2022年第1期。

③ 第三个历史决议对中国共产党百年奋斗的历史经验的总结是"十个坚持"：（一）坚持党的领导；（二）坚持人民至上；（三）坚持理论创新；（四）坚持独立自主；（五）坚持中国道路；（六）坚持胸怀天下；（七）坚持开拓创新；（八）坚持敢于斗争；（九）坚持统一战线；（十）坚持自我革命。

④ 习近平总书记在庆祝中国共产党成立100周年大会上的讲话中概括提出的"以史为鉴、开创未来"的"九个必须"是：必须坚持中国共产党坚强领导；必须团结带领中国人民不断为美好生活而奋斗；必须继续推进马克思主义中国化；必须坚持和发展中国特色社会主义；必须加快国防和军队现代化；必须不断推动构建人类命运共同体；必须进行具有许多新的历史特点的伟大斗争；必须加强中华儿女大团结；必须不断推进党的建设新的伟大工程。

历史意义①、"新时代的中国共产党"②等，融会贯通地学，紧密结合地学，才能真正做到一体学习领会、一体贯彻落实。

习近平新时代中国特色社会主义思想，既有思想伟力，又有实践伟力。思想伟力，指的是习近平新时代中国特色社会主义思想所蕴含的当代中国马克思主义、21世纪马克思主义的真理力量。实践伟力，指的是这一思想为全党全军全国人民所掌握，就会焕发出创造历史、创造奇迹的强大物质力量。思想伟力与实践伟力是紧密结合、相互促进的。而

---

① 第三个历史决议对中国共产党百年奋斗的历史意义概括了五点：（一）党的百年奋斗从根本上改变了中国人民的前途命运；（二）党的百年奋斗开辟了实现中华民族伟大复兴的正确道路；（三）党的百年奋斗展示了马克思主义的强大生命力；（四）党的百年奋斗深刻影响了世界历史进程；（五）党的百年奋斗锻造了走在时代前列的中国共产党。

② 第三个历史决议在最后一部分"新时代的中国共产党"，围绕踏上实现第二个百年奋斗目标新的赶考之路、一定要继续考出好成绩、在新时代新征程上展现新气象新作为，强调指出：全党必须清醒认识到，中华民族伟大复兴绝不是轻轻松松、敲锣打鼓就能实现的，前进道路上仍然存在可以预料和难以预料的各种风险挑战；必须清醒认识到，我国仍处于并将长期处于社会主义初级阶段，我国仍然是世界最大的发展中国家，社会主要矛盾是人民日益增长的美好生活需要和不平衡不充分的发展之间的矛盾；全党必须坚持马克思列宁主义、毛泽东思想、邓小平理论、"三个代表"重要思想、科学发展观，全面贯彻习近平新时代中国特色社会主义思想，用马克思主义的立场、观点、方法观察时代、把握时代、引领时代，不断深化对共产党执政规律、社会主义建设规律、人类社会发展规律的认识；全党必须永远保持同人民群众的血肉联系，站稳人民立场，坚持人民主体地位，尊重人民首创精神，践行以人民为中心的发展思想，维护社会公平正义，着力解决发展不平衡不充分问题和人民群众急难愁盼问题，不断实现好、维护好、发展好最广大人民根本利益，团结带领全国各族人民不断为美好生活而奋斗；全党必须铭记生于忧患、死于安乐，常怀远虑、居安思危，继续推进新时代党的建设新的伟大工程，坚持全面从严治党，坚定不移推进党风廉政建设和反腐败斗争，勇敢面对党面临的长期执政考验、改革开放考验、市场经济考验、外部环境考验，坚决战胜精神懈怠的危险、能力不足的危险、脱离群众的危险、消极腐败的危险；必须保持越是艰险越向前的英雄气概，敢于斗争、善于斗争，逢山开道、遇水架桥，做到难不住、压不垮，推动中国特色社会主义事业航船劈波斩浪、一往无前；必须抓好后继有人这个根本大计。

"十三个方面"成就，则通过新时代发生的伟大变革，集中揭示了习近平新时代中国特色社会主义思想的思想伟力和实践伟力，集中揭示了这两者的互动关系。

通过"十三个方面"成就的总结概括，我们可以更加深入地把握习近平新时代中国特色社会主义思想科学体系的丰富内涵，及其在党和国家各方面工作中的展开；可以更加深刻地领悟习近平新时代中国特色社会主义思想的思想伟力和实践伟力。

为了更加清晰地领悟习近平新时代中国特色社会主义思想在"十三个方面"的理论展开，这里对第三个历史决议有关"十三个方面"在实践方面的内容做了适当的压缩。

一、关于坚持党的全面领导

（一）理论论断

以习近平同志为核心的党中央旗帜鲜明提出，党的领导是党和国家的根本所在、命脉所在，是全国各族人民的利益所系、命运所系，全党必须自觉在思想上政治上行动上同党中央保持高度一致，提高科学执政、民主执政、依法执政水平，提高把方向、谋大局、定政策、促改革的能力，确保充分发挥党总揽全局、协调各方的领导核心作用。

党明确提出，党的领导是全面的、系统的、整体的，保证党的团结统一是党的生命；党中央集中统一领导是党的领导的最高原则，加强和维护党中央集中统一领导是全党共同的政治责任，坚持党的领导首先要旗帜鲜明讲政治，保证全党服从中央。

（二）重大举措

党的十八届六中全会通过《关于新形势下党内政治生活的若干准

则》，党中央出台中央政治局加强和维护党中央集中统一领导的若干规定，严明党的政治纪律和政治规矩，防止和反对个人主义、分散主义、自由主义、本位主义、好人主义等，发展积极健康的党内政治文化，推动营造风清气正的良好政治生态。

党中央要求党的领导干部提高政治判断力、政治领悟力、政治执行力，胸怀"国之大者"，对党忠诚、听党指挥、为党尽责。

党健全党的领导制度体系，完善党领导人大、政府、政协、监察机关、审判机关、检察机关、武装力量、人民团体、企事业单位、基层群众性自治组织、社会组织等制度，确保党在各种组织中发挥领导作用。

党坚持民主集中制，建立健全党对重大工作的领导体制，强化党中央决策议事协调机构职能作用，完善推动党中央重大决策落实机制，严格执行向党中央请示报告制度，强化政治监督，深化政治巡视，查处违背党的路线方针政策、破坏党的集中统一领导问题，清除"两面人"，保证全党在政治立场、政治方向、政治原则、政治道路上同党中央保持高度一致。

（三）实践检验

党的十八大以来，党中央权威和集中统一领导得到有力保证，党的领导制度体系不断完善，党的领导方式更加科学，全党思想上更加统一、政治上更加团结、行动上更加一致，党的政治领导力、思想引领力、群众组织力、社会号召力显著增强。

二、关于全面从严治党

（一）理论论断

习近平同志强调，打铁必须自身硬，办好中国的事情，关键在党，关键在党要管党、全面从严治党。必须以加强党的长期执政能力建设、先进性和纯洁性建设为主线，以党的政治建设为统领，以坚定理想信念宗旨为根基，以调动全党积极性、主动性、创造性为着力点，不断提高党的建设质量，把党建设成为始终走在时代前列、人民衷心拥护、勇于自我革命、经得起各种风浪考验、朝气蓬勃的马克思主义执政党。

党中央强调，我们党来自人民、植根人民、服务人民，一旦脱离群众就会失去生命力，全面从严治党必须从人民群众反映强烈的作风问题抓起。

党历来强调，全党必须做到理想信念坚定、组织体系严密、纪律规矩严明。马克思主义信仰、共产主义远大理想、中国特色社会主义共同理想，是中国共产党人的精神支柱和政治灵魂，也是保持党的团结统一的思想基础。党中央强调，理想信念是共产党人精神上的"钙"，共产党人如果没有理想信念，精神上就会"缺钙"，就会得"软骨病"，必然导致政治上变质、经济上贪婪、道德上堕落、生活上腐化。

党中央强调，腐败是党长期执政的最大威胁，反腐败是一场输不起也决不能输的重大政治斗争，不得罪成百上千的腐败分子，就要得罪14亿人民，必须把权力关进制度的笼子里，依纪依法设定权力、规范权力、制约权力、监督权力。

（二）重大举措

党以永远在路上的清醒和坚定，坚持严的主基调，突出抓住"关键少数"，落实主体责任和监督责任，强化监督执纪问责，把全面从严治党贯穿于党的建设各方面。党中央召开各领域党建工作会议并作出有力部署，推动党的建设全面进步。

党中央从制定和落实中央八项规定破题，坚持从中央政治局做起、从领导干部抓起，以上率下改进工作作风。中央政治局每年召开民主生活会，听取贯彻执行八项规定情况汇报，开展批评和自我批评。

党中央发扬钉钉子精神，持之以恒纠治"四风"，反对特权思想和特权现象，狠刹公款送礼、公款吃喝、公款旅游、奢侈浪费等不正之风，解决群众反映强烈、损害群众利益的突出问题，推进基层减负，倡导勤俭节约、反对铺张浪费，刹住了一些过去被认为不可能刹住的歪风，纠治了一些多年未除的顽瘴痼疾，党风政风和社会风气为之一新。

党坚持思想建党和制度治党同向发力，先后开展党的群众路线教育实践活动、"严以修身、严以用权、严以律己，谋事要实、创业要实、做人要实"专题教育、"学党章党规、学系列讲话，做合格党员"学习教育、"不忘初心、牢记使命"主题教育、党史学习教育等，用党的创新理论武装全党，推进学习型政党建设，教育引导广大党员、干部特别是领导干部从思想上正本清源、固本培元，筑牢信仰之基、补足精神之钙、把稳思想之舵，保持共产党人政治本色，挺起共产党人精神脊梁。

党提出和贯彻新时代党的组织路线，明确信念坚定、为民服务、勤政务实、敢于担当、清正廉洁的新时代好干部标准，突出政治素质要求、树立正确用人导向，坚持德才兼备、以德为先，坚持五湖四海、任人唯贤，坚持事业为上、公道正派，坚持不唯票、不唯分、不唯生产总值、不唯年龄，不搞"海推""海选"，强化党组织领导和把关作用，纠正选人用人上的不正之风。

党要求各级领导干部解决好世界观、人生观、价值观这个"总开关"问题，珍惜权力、管好权力、慎用权力，自觉接受各方面监督，时刻想着为党分忧、为国奉献、为民造福。

党坚持党管人才原则，实行更加积极、更加开放、更加有效的人才政策，深入实施新时代人才强国战略，加快建设世界重要人才中心和创新高地，聚天下英才而用之。

党不断健全组织体系，以提升组织力为重点，增强党组织政治功能和组织功能，树立大抓基层的鲜明导向，推动党的组织和党的工作全覆盖。

党坚持纪严于法、执纪执法贯通，用好监督执纪"四种形态"，强化政治纪律和组织纪律，带动各项纪律全面严起来。党坚持依规治党，严格遵守党章，形成比较完善的党内法规体系，严格制度执行，党的建设科学化、制度化、规范化水平明显提高。

党坚持不敢腐、不能腐、不想腐一体推进，惩治震慑、制度约束、提高觉悟一体发力，确保党和人民赋予的权力始终用来为人民谋幸福。坚持无禁区、全覆盖、零容忍，坚持重遏制、强高压、长震慑，坚持受贿行贿一起查，坚持有案必查、有腐必惩，以猛药去疴、重典治乱的决心，以刮骨疗毒、壮士断腕的勇气，坚定不移"打虎""拍蝇""猎狐"。坚决整治群众身边腐败问题，深入开展国际追逃追赃，清除一切腐败分子。

党聚焦政治问题和经济问题交织的腐败案件，防止党内形成利益集团，查处周永康、薄熙来、孙政才、令计划等严重违纪违法案件。

党领导完善党和国家监督体系，推动设立国家监察委员会和地方各级监察委员会，构建巡视巡察上下联动格局，构建以党内监督为主导、各类监督贯通协调的机制，加强对权力运行的制约和监督。

（三）实践检验

党的十八大以来，经过坚决斗争，全面从严治党的政治引领和政治保障作用充分发挥，党的自我净化、自我完善、自我革新、自我提高能力显著增强，管党治党宽松软状况得到根本扭转，反腐败斗争取得压倒性胜利并全面巩固，消除了党、国家、军队内部存在的严重隐患，党在革命性锻造中更加坚强。

三、关于经济建设

（一）理论论断

党中央提出，我国经济发展进入新常态，已由高速增长阶段转向高质量发展阶段，面临增长速度换挡期、结构调整阵痛期、前期刺激政策消化期"三期叠加"的复杂局面，传统发展模式难以为继。党中央强调，贯彻新发展理念是关系我国发展全局的一场深刻变革，不能简单以生产总值增长率论英雄，必须实现创新成为第一动力、协调成为内生特点、绿色成为普遍形态、开放成为必由之路、共享成为根本目的的高质量发展，推动经济发展质量变革、效率变革、动力变革。

（二）重大举措

党加强对经济工作的战略谋划和统一领导，完善党领导经济工作体制机制。党的十八届五中全会、党的十九大、党的十九届五中全会和历次中央经济工作会议集中对我国发展作出部署，作出坚持以高质量发展为主题、以供给侧结构性改革为主线、建设现代化经济体系、把握扩大内需战略基点，打好防范化解重大风险、精准脱贫、污染防治三大攻坚战等重大决策。

党毫不动摇巩固和发展公有制经济，毫不动摇鼓励、支持、引导非公有制经济发展，支持国有资本和国有企业做强做优做大，建立中国特色现代企业制度，增强国有经济竞争力、创新力、控制力、影响力、抗风险能力；构建亲清政商关系，促进非公有制经济健康发展和非公有制经济人士健康成长。

牢牢把握高质量发展这个首要任务，因地制宜发展新质生产力。面对新一轮科技革命和产业变革，抢抓机遇，加大创新力度，培育壮大新兴产业，超前布局建设未来产业，完善现代化产业体系。发展新质生产力不是忽视、放弃传统产业，要防止一哄而上、泡沫化，也不要搞一种模式。坚持从实际出发，先立后破、因地制宜、分类指导，根据本地的资源禀赋、产业基础、科研条件等，有选择地推动新产业、新模式、新动能发展，用新技术改造提升传统产业，积极促进产业高端化、智能化、绿色化。

党坚持实施创新驱动发展战略，把科技自立自强作为国家发展的战略支撑，健全新型举国体制，强化国家战略科技力量，加快建设创新型国家和世界科技强国。

全面实施供给侧结构性改革，推进去产能、去库存、去杠杆、降成本、补短板，落实巩固、增强、提升、畅通要求，推进制造强国建设，加快发展现代产业体系，壮大实体经济，发展数字经济。

实施积极的财政政策和稳健的货币政策，坚持推进简政放权、放管结合、优化服务，保障粮食安全、能源资源安全、产业链供应链安全，坚持金融为实体经济服务，全面加强金融监管，防范化解经济金融领域风险，强化市场监管和反垄断规制，防止资本无序扩张，维护市场秩序，激发各类市场主体特别是中小微企业活力，保护广大劳动者和消费者权益。

党实施区域协调发展战略，促进京津冀协同发展、长江经济带发展、粤港澳大湾区建设、长三角一体化发展、黄河流域生态保护和高质量发展，高标准高质量建设雄安新区，推动西部大开发形成新格局，推动东北振兴取得新突破，推动中部地区高质量发展，鼓励东部地区加快推进现代化，支持革命老区、民族地区、边疆地区、贫困地区改善生产生活条件。

推进以人为核心的新型城镇化，加强城市规划、建设、管理。

党始终把解决好"三农"问题作为全党工作重中之重，实施乡村振兴战略，加快推进农业农村现代化，坚持藏粮于地、藏粮于技，实行最严格的耕地保护制度，推动种业科技自立自强、种源自主可控，确保把中国人的饭碗牢牢端在自己手中。

（三）实践检验

党的十八大以来，我国经济发展平衡性、协调性、可持续性明显增强，2023年全年国内生产总值达126万亿元人民币，人均国内生产总值达8.9万元人民币，国家经济实力、科技实力、综合国力跃上新台阶，我国经济迈上更高质量、更有效率、更加公平、更可持续、更为安全的发展之路。

四、关于全面深化改革开放

（一）理论论断

党中央深刻认识到，实践发展永无止境，解放思想永无止境，改革开放也永无止境，改革只有进行时，没有完成时，停顿和倒退没有出路，必须以更大的政治勇气和智慧推进全面深化改革，敢于啃硬骨头，敢于涉险滩，突出制度建设，注重改革关联性和耦合性，真枪真刀推进改革，有效破除各方面体制机制弊端。

党的十一届三中全会是划时代的，开启了改革开放和社会主义现代化建设新时期。党的十八届三中全会也是划时代的，实现改革由局部探索、破冰突围到系统集成、全面深化的转变，开创了我国改革开放新局面。

党坚持改革正确方向，以促进社会公平正义、增进人民福祉为出发点和落脚点，突出问题导向，聚焦进一步解放思想、解放和发展社会生产力、解放和增强社会活力，加强顶层设计和整体谋划，增强改革的系统性、整体性、协同性，激发人民首创精神，推动重要领域和关键环节改革走实走深。

党中央深刻认识到，开放带来进步，封闭必然落后；我国发展要赢得优势、赢得主动、赢得未来，必须顺应经济全球化，依托我国超大规模市场优势，实行更加积极主动的开放战略。

（二）重大举措

党推动改革全面发力、多点突破、蹄疾步稳、纵深推进，从夯基垒台、立柱架梁到全面推进、积厚成势，再到系统集成、协同高效，各领域基础性制度框架基本确立，许多领域实现历史性变革、系统性重塑、整体性重构。

我国坚持共商共建共享，推动共建"一带一路"高质量发展，建设和平之路、繁荣之路、开放之路、绿色之路、创新之路、文明之路，使共建"一带一路"成为当今世界深受欢迎的国际公共产品和国际合作平台。

我国坚持对内对外开放相互促进、"引进来"和"走出去"更好结合，推动贸易和投资自由化便利化，构建面向全球的高标准自由贸易区网络，建设自由贸易试验区和海南自由贸易港，推动规则、规制、管理、标准等制度型开放，形成更大范围、更宽领域、更深层次对外开放格局，构建互利共赢、多元平衡、安全高效的开放型经济体系。

（三）实践检验

党的十八大以来，党不断推动全面深化改革向广度和深度进军，中国特色社会主义制度更加成熟更加定型，国家治理体系和治理能力现代化水平不断提高，党和国家事业焕发出新的生机活力。

五、关于政治建设

（一）理论论断

党从国内外政治发展成败得失中深刻认识到，坚定中国特色社会主义制度自信首先要坚定对中国特色社会主义政治制度的自信，建设社会主义民主政治，发展社会主义政治文明，必须使中国特色社会主义政治制度深深扎根于中国社会土壤，照抄照搬他国政治制度行不通，甚至会把国家前途命运葬送掉。必须坚持党的领导、人民当家作主、依法治国有机统一，积极发展全过程人民民主，健全全面、广泛、有机衔接的人民当家作主制度体系，构建多样、畅通、有序的民主渠道，丰富民主形式，从各层次各领域扩大人民有序政治参与，使各方面制度和国家治理更好体现人民意志、保障人民权益、激发人民创造。必须警惕和防范西方所谓"宪政"、多党轮流执政、"三权鼎立"等政治思潮的侵蚀影响。

（二）重大举措

党坚持和完善人民代表大会制度，支持和保证人民通过人民代表大会行使国家权力，支持和保证人大依法行使立法权、监督权、决定权、任免权，果断查处拉票贿选案，维护人民代表大会制度权威和尊严，发挥人民代表大会制度的根本政治制度作用。

党坚持和完善中国共产党领导的多党合作和政治协商制度，完善民主党派中央对重大决策部署贯彻落实情况实施专项监督、直接向中共中央提出建议等制度，加强人民政协专门协商机构制度建设，推进社会主义协商民主广泛多层制度化发展，形成中国特色协商民主体系。

党坚持巩固基层政权，完善基层民主制度，完善办事公开制度，保障人民知情权、参与权、表达权、监督权。

按照坚持党的全面领导、坚持以人民为中心、坚持优化协同高效、坚持全面依法治国的原则，全面深化党和国家机构改革，党和国家机构职能实现系统性、整体性重构。

党坚持和完善民族区域自治制度，坚定不移走中国特色解决民族问题的正确道路，坚持把铸牢中华民族共同体意识作为党的民族工作主线，确立新时代党的治藏方略、治疆方略，巩固和发展平等团结互助和谐的社会主义民族关系，促进各民族共同团结奋斗、共同繁荣发展。

党坚持党的宗教工作基本方针，坚持我国宗教的中国化方向，积极引导宗教与社会主义社会相适应。

党完善大统战工作格局，努力寻求最大公约数、画出最大同心圆，汇聚实现中华民族伟大复兴的磅礴力量。

（三）实践检验

党的十八大以来，我国社会主义民主政治制度化、规范化、程序化全面推进，中国特色社会主义政治制度优越性得到更好发挥，生动活泼、安定团结的政治局面得到巩固和发展。

六、关于全面依法治国

（一）理论论断

党深刻认识到，权力是一把"双刃剑"，依法依规行使可以造福人民，违法违规行使必然祸害国家和人民。党中央强调，法治兴则国家兴，法治衰则国家乱；全面依法治国是中国特色社会主义的本质要求和重要保障，是国家治理的一场深刻革命；坚持依法治国首先要坚持依宪治国，坚持依法执政首先要坚持依宪执政。

必须坚持中国特色社会主义法治道路，贯彻中国特色社会主义法治理论，坚持依法治国、依法执政、依法行政共同推进，坚持法治国家、法治政府、法治社会一体建设，全面增强全社会尊法学法守法用法意识和能力。

党强调，全面依法治国最广泛、最深厚的基础是人民，必须把体现人民利益、反映人民愿望、维护人民权益、增进人民福祉落实到全面依法治国各领域全过程，保障和促进社会公平正义，努力让人民群众在每一项法律制度、每一个执法决定、每一宗司法案件中都感受到公平正义。

（二）重大举措

党领导健全保证宪法全面实施的体制机制，确立宪法宣誓制度，弘扬社会主义法治精神，提高国家机构依法履职能力，提高各级领导干部运用法治思维和法治方式解决问题、推动发展的能力，增强全社会法治意识。

通过宪法修正案，制定民法典、外商投资法、国家安全法、监察法等法律，修改立法法、国防法、环境保护法等法律，加强重点领域、新兴领域、涉外领域立法，加快完善以宪法为核心的中国特色社会主义法律体系。

党领导深化以司法责任制为重点的司法体制改革，推进政法领域全面深化改革，加强对执法司法活动的监督制约，开展政法队伍教育整顿，依法纠正冤错案件，严厉惩治执法司法腐败，确保执法司法公正廉洁高效权威。

(三) 实践检验

党的十八大以来，中国特色社会主义法治体系不断健全，法治中国建设迈出坚实步伐，法治固根本、稳预期、利长远的保障作用进一步发挥，党运用法治方式领导和治理国家的能力显著增强。

七、关于文化建设

(一) 理论论断

党准确把握世界范围内思想文化相互激荡、我国社会思想观念深刻变化的趋势，强调意识形态工作是为国家立心、为民族立魂的工作，文化自信是更基础、更广泛、更深厚的自信，是一个国家、一个民族发展中最基本、最深沉、最持久的力量，没有高度文化自信、没有文化繁荣兴盛就没有中华民族伟大复兴。必须坚持以人民为中心的工作导向，举旗帜、聚民心、育新人、兴文化、展形象，牢牢掌握意识形态工作领导权，建设具有强大凝聚力和引领力的社会主义意识形态，建设社会主义文化强国，激发全民族文化创新创造活力，更好构筑中国精神、中国价值、中国力量，巩固全党全国各族人民团结奋斗的共同思想基础。

党中央强调，中华优秀传统文化是中华民族的突出优势，是我们在世界文化激荡中站稳脚跟的根基，必须结合新的时代条件传承和弘扬好。

(二) 重大举措

确立和坚持马克思主义在意识形态领域指导地位的根本制度，健全意识形态工作责任制，推动全党动手抓宣传思想工作，守土有责、守土负责、守土尽责，敢抓敢管、敢于斗争，旗帜鲜明反对和抵制各种错误观点。

党从正本清源入手加强宣传思想工作，召开全国宣传思想工作会议，分别召开文艺工作、党的新闻舆论工作、网络安全和信息化工作、哲学社会科学工作座谈会和全国高校思想政治工作会议，就一系列根本性问题阐明原则立场，廓清理论是非，校正工作导向，思想文化领域向上向好态势不断发展。

推动用党的创新理论武装全党、教育人民、指导实践，深化马克思主义理论研究和建设，推进中国特色哲学社会科学学科体系、学术体系、话语体系建设。

高度重视传播手段建设和创新，推动媒体融合发展，提高新闻舆论传播力、引导力、影响力、公信力。党高度重视互联网这个意识形态斗争的主阵地、主战场、最前沿，健全互联网领导和管理体制，坚持依法管网治网，营造清朗的网络空间。

党坚持以社会主义核心价值观引领文化建设，注重用社会主义先进文化、革命文化、中华优秀传统文化培根铸魂。建立健全党和国家功勋荣誉表彰制度，设立烈士纪念日。

党坚持把社会效益放在首位、社会效益和经济效益相统一，推进文化事业和文化产业全面发展，繁荣文艺创作，完善公共文化服务体系，为人民提供更多更好的精神食粮。

实施中华优秀传统文化传承发展工程，推动中华优秀传统文化创造性转化、创新性发展，增强全社会文物保护意识，加大文化遗产保护力度。

加快国际传播能力建设，向世界讲好中国故事、中国共产党故事，传播好中国声音，促进人类文明交流互鉴，国家文化软实力、中华文化影响力明显提升。

(三) 实践检验

党的十八大以来，我国意识形态领域形势发生全局性、根本性转变，全党全国各族人民文化自信明显增强，全社会凝聚力和向心力极大提升，为新时代开创党和国家事业新局面提供了坚强思想保证和强大精神力量。

八、关于社会建设

(一) 理论论断

党中央强调，人民对美好生活的向往就是我们的奋斗目标，增进民生福祉是我们坚持立党为公、执政为民的本质要求，让老百姓过上好日子是我们一切工作的出发点和落脚点，补齐民生保障短板、解决好人民群众急难愁盼问题是社会建设的紧迫任务。必须以保障和改善民生为重点加强社会建设，尽力而为、量力而行，一件事情接着一件事情办，一年接着一年干，在幼有所育、学有所教、劳有所得、病有所医、老有所养、住有所居、弱有所扶上持续用力，加强和创新社会治理，使人民获得感、幸福感、安全感更加充实、更有保障、更可持续。

党深刻认识到，小康不小康，关键看老乡；脱贫攻坚是全面建成小康社会的底线任务，只有打赢脱贫攻坚战，才能确保全面建成小康社会、实现第一个百年奋斗目标；必须以更大决心、更精准思路、更有力措施，采取超常举措，实施脱贫攻坚工程。

(二) 重大举措

至2020年，我国提前10年实现联合国2030年可持续发展议程减贫目标，历史性地解决了绝对贫困问题，创造了人类减贫史上的奇迹。

党按照坚守底线、突出重点、完善制度、引导预期的思路，在收入分配、就业、教育、社会保障、医疗卫生、住房保障等方面推出一系列重大举措，注重加强普惠性、基础性、兜底性民生建设，推进基本公共服务均等化。

努力建设体现效率、促进公平的收入分配体系，调节过高收入，取缔非法收入，增加低收入者收入，稳步扩大中等收入群体，推动形成橄榄型分配格局，居民收入增长与经济增长基本同步，农村居民收入增速快于城镇居民。

实施就业优先政策，推动实现更加充分、更高质量就业。

全面贯彻党的教育方针，优先发展教育事业，明确教育的根本任务是立德树人，培养德智体美劳全面发展的社会主义建设者和接班人，积极发展职业教育，推动高等教育内涵式发展，推进教育强国建设，办好人民满意的教育。

全面推进健康中国建设，深化医药卫生体制改革，及时推动完善重大疫情防控体制机制、健全国家公共卫生应急管理体系，促进中医药传承创新发展，健全遍及城乡的公共卫生服务体系。

加快体育强国建设。加强人口发展战略研究，加快建设养老服务体系，调整优化生育政策，促进人口长期均衡发展。

坚持房子是用来住的、不是用来炒的定位，加快建立多主体供给、多渠道保障、租购并举的住房制度，加大保障房建设投入力度，城乡居民住房条件明显改善。

建设更高水平的平安中国，完善社会治理体系，健全党组织领导的自治、法治、德治相结合的城乡基层治理体系，推动社会治理重心向基层下移，建设共建共治共享的社会治理制度，建设人人有责、人人尽责、人人享有的社会治理共同体。

坚持和发展新时代"枫桥经验",坚持系统治理、依法治理、综合治理、源头治理,完善信访制度,健全社会矛盾纠纷多元预防调处化解综合机制,加强社会治安综合治理,开展扫黑除恶专项斗争。

(三)实践检验

党的十八大以来,我国社会建设全面加强,人民生活全方位改善,社会治理社会化、法治化、智能化、专业化水平大幅度提升,发展了人民安居乐业、社会安定有序的良好局面,续写了社会长期稳定奇迹。

九、关于生态文明建设

(一)理论论断

党中央强调,生态文明建设是关乎中华民族永续发展的根本大计,保护生态环境就是保护生产力,改善生态环境就是发展生产力,决不以牺牲环境为代价换取一时的经济增长。必须坚持绿水青山就是金山银山的理念,坚持山水林田湖草沙一体化保护和系统治理,像保护眼睛一样保护生态环境,像对待生命一样对待生态环境,更加自觉地推进绿色发展、循环发展、低碳发展,坚持走生产发展、生活富裕、生态良好的文明发展道路。

(二)重大举措

党组织实施主体功能区战略,建立健全自然资源资产产权制度、国土空间开发保护制度、生态文明建设目标评价考核制度和责任追究制度、生态补偿制度、河湖长制、林长制、环境保护"党政同责"和"一岗双责"等制度,制定修订相关法律法规。

优化国土空间开发保护格局,建立以国家公园为主体的自然保护地体系,持续开展大规模国土绿化行动,加强大江大河和重要湖泊湿地及海岸带生态保护和系统治理，加大生态系统保护和修复力度，加强生物多样性保护，推动形成节约资源和保护环境的空间格局、产业结构、生产方式、生活方式。

党领导着力打赢污染防治攻坚战，深入实施大气、水、土壤污染防治三大行动计划，打好蓝天、碧水、净土保卫战，开展农村人居环境整治，全面禁止进口"洋垃圾"。

开展中央生态环境保护督察，坚决查处一批破坏生态环境的重大典型案件、解决一批人民群众反映强烈的突出环境问题。

我国积极参与全球环境与气候治理，作出力争2030年前实现碳达峰、2060年前实现碳中和的庄严承诺。

（三）实践检验

党的十八大以来，党中央以前所未有的力度抓生态文明建设，全党全国推动绿色发展的自觉性和主动性显著增强，美丽中国建设迈出重大步伐，我国生态环境保护发生历史性、转折性、全局性变化。

十、关于国防和军队建设

（一）理论论断

党中央强调，强国必须强军、军强才能国安，必须建设同我国国际地位相称、同国家安全和发展利益相适应的巩固国防和强大人民军队。

党提出新时代的强军目标，确立新时代军事战略方针，推进政治建军、改革强军、科技强军、人才强军、依法治军，加快军事理论现代化、军队组织形态现代化、军事人员现代化、武器装备现代化，加快机械化信息化智能化融合发展，全面加强练兵备战，坚持走中国特色强军之路。

（二）重大举措

坚持人民军队最高领导权和指挥权属于党中央和中央军委，全面深入贯彻军委主席负责制。

党中央和中央军委狠抓全面从严治军，果断决策整肃人民军队政治纲纪，全面加强军队党的领导和党的建设，深入推进军队党风廉政建设和反腐败斗争，坚决查处郭伯雄、徐才厚、房峰辉、张阳等严重违纪违法案件并彻底肃清其流毒影响，推动人民军队政治生态根本好转。

党提出改革强军战略，领导开展新中国成立以来最为广泛、最为深刻的国防和军队改革，重构人民军队领导指挥体制、现代军事力量体系、军事政策制度，形成了军委管总、战区主战、军种主建新格局。

实施科技强军战略，建设创新型人民军队，建设强大的现代化后勤，国防科技和武器装备建设取得重大进展。

实施人才强军战略，培养有灵魂、有本事、有血性、有品德的新时代革命军人，锻造具有铁一般信仰、铁一般信念、铁一般纪律、铁一般担当的过硬部队。

贯彻依法治军战略，构建中国特色军事法治体系，加快治军方式根本性转变。推进军人荣誉体系建设。

人民军队紧紧扭住战斗力这个唯一的根本的标准，扭住能打仗、打胜仗这个根本指向，壮大战略力量和新域新质作战力量，加强联合作战指挥体系和能力建设，大力纠治"和平积弊"，大抓实战化军事训练。

建设强大稳固的现代边海空防，坚定灵活开展军事斗争，有效应对外部军事挑衅，震慑"台独"分裂行径，遂行边防斗争、海上维权、反恐维稳、抢险救灾、抗击疫情、维和护航、人道主义救援和国际军事合作等重大任务。

（三）实践检验

党的十八大以来，在党的坚强领导下，人民军队实现整体性革命性重塑、重整行装再出发，国防实力和经济实力同步提升，一体化国家战略体系和能力加快构建，建立健全退役军人管理保障体制，国防动员更加高效，军政军民团结更加巩固。人民军队坚决履行新时代使命任务，以顽强斗争精神和实际行动捍卫了国家主权、安全、发展利益。

十一、关于维护国家安全

（一）理论论断

党中央强调，国泰民安是人民群众最基本、最普遍的愿望。必须坚持底线思维、居安思危、未雨绸缪，坚持国家利益至上，以人民安全为宗旨，以政治安全为根本，以经济安全为基础，以军事、科技、文化、社会安全为保障，以促进国际安全为依托，统筹发展和安全，统筹开放和安全，统筹传统安全和非传统安全，统筹自身安全和共同安全，统筹维护国家安全和塑造国家安全。

习近平同志强调保证国家安全是头等大事，提出总体国家安全观，涵盖政治、军事、国土、经济、文化、社会、科技、网络、生态、资源、核、海外利益、太空、深海、极地、生物等诸多领域，要求全党增强斗争精神、提高斗争本领，落实防范化解各种风险的领导责任和工作责任。党中央深刻认识到，面对来自外部的各种围堵、打压、捣乱、颠覆活动，必须发扬不信邪、不怕鬼的精神，同企图颠覆中国共产党领导和我国社会主义制度、企图迟滞甚至阻断中华民族伟大复兴进程的一切势力斗争到底，一味退让只能换来得寸进尺的霸凌，委曲求全只能招致更为屈辱的境况。

(二)重大举措

党着力推进国家安全体系和能力建设,设立中央国家安全委员会,完善集中统一、高效权威的国家安全领导体制,完善国家安全法治体系、战略体系和政策体系,建立国家安全工作协调机制和应急管理机制。

党把安全发展贯穿国家发展各领域全过程,注重防范化解影响我国现代化进程的重大风险,坚定维护国家政权安全、制度安全、意识形态安全。

严密防范和严厉打击敌对势力渗透、破坏、颠覆、分裂活动,顶住和反击外部极端打压遏制,开展涉港、涉台、涉疆、涉藏、涉海等斗争,加快建设海洋强国,有效维护国家安全。

(三)实践检验

党的十八大以来,国家安全得到全面加强,经受住了来自政治、经济、意识形态、自然界等方面的风险挑战考验,为党和国家兴旺发达、长治久安提供了有力保证。

十二、关于坚持"一国两制"和推进祖国统一

(一)理论论断

党中央强调,必须全面准确、坚定不移贯彻"一国两制"方针,坚持和完善"一国两制"制度体系,坚持依法治港治澳,维护宪法和基本法确定的特别行政区宪制秩序,落实中央对特别行政区全面管治权,坚定落实"爱国者治港""爱国者治澳"。

党把握两岸关系时代变化,丰富和发展国家统一理论和对台方针政策,推动两岸关系朝着正确方向发展。习近平同志就对台工作提出一系列重要理念、重大政策主张,形成新时代党解决台湾问题的总体方略。

（二）重大举措

党中央审时度势，作出健全中央依照宪法和基本法对特别行政区行使全面管治权、完善特别行政区同宪法和基本法实施相关制度机制的重大决策，推动建立健全特别行政区维护国家安全的法律制度和执行机制、制定《中华人民共和国香港特别行政区维护国家安全法》、完善香港特别行政区选举制度，落实"爱国者治港"原则，支持特别行政区完善公职人员宣誓制度。

中央人民政府依法设立驻香港特别行政区维护国家安全公署，香港特别行政区依法设立维护国家安全委员会。中央坚定支持香港特别行政区依法止暴制乱、恢复秩序，支持行政长官和特别行政区政府依法施政，坚决防范和遏制外部势力干预港澳事务，严厉打击分裂、颠覆、渗透、破坏活动。推动香港局势实现由乱到治的重大转折，为推进依法治港治澳、促进"一国两制"实践行稳致远打下了坚实基础。

2016年以来，台湾当局加紧进行"台独"分裂活动，致使两岸关系和平发展势头受到严重冲击。我们坚持一个中国原则和"九二共识"，坚决反对"台独"分裂行径，坚决反对外部势力干涉，牢牢把握两岸关系主导权和主动权。祖国完全统一的时和势始终在我们这一边。

（三）实践检验

实践证明，有中国共产党的坚强领导，有伟大祖国的坚强支撑，有全国各族人民包括香港特别行政区同胞、澳门特别行政区同胞和台湾同胞的同心协力，香港、澳门长期繁荣稳定一定能够保持，祖国完全统一一定能够实现。

十三、关于外交工作

(一) 理论论断

党中央强调,面对复杂严峻的国际形势和前所未有的外部风险挑战,必须统筹国内国际两个大局,健全党对外事工作领导体制机制,加强对外工作顶层设计,对中国特色大国外交作出战略谋划,推动建设新型国际关系,推动构建人类命运共同体,弘扬和平、发展、公平、正义、民主、自由的全人类共同价值,引领人类进步潮流。

党把握新时代外交工作大局,紧扣服务民族复兴、促进人类进步这条主线,高举和平、发展、合作、共赢的旗帜,推进和完善全方位、多层次、立体化的外交布局,积极发展全球伙伴关系。

(二) 重大举措

运筹大国关系,推进大国协调和合作。按照亲诚惠容理念和与邻为善、以邻为伴的周边外交方针深化同周边国家关系,稳定周边战略依托,打造周边命运共同体。秉持正确义利观和真实亲诚理念加强同广大发展中国家团结合作,整体合作机制实现全覆盖。

党同世界上五百多个政党和政治组织保持经常性联系,深化政党交流合作。

适应"走出去"日益扩大的新形势,不断完善海外利益保护体系,有力应对了一系列海外利益风险挑战。

我国积极参与全球治理体系改革和建设,维护和践行真正的多边主义,坚决反对单边主义、保护主义、霸权主义、强权政治,积极推动经济全球化朝着更加开放、包容、普惠、平衡、共赢的方向发展。

我国建设性参与国际和地区热点问题政治解决,在气候变化、减贫、反恐、网络安全和维护地区安全等领域发挥积极作用。

（三）实践检验

经过持续努力，中国特色大国外交全面推进，构建人类命运共同体成为引领时代潮流和人类前进方向的鲜明旗帜，我国外交在世界大变局中开创新局、在世界乱局中化危为机，我国国际影响力、感召力、塑造力显著提升。[1]

重大领域的行动指南

从党的十九大起，在把习近平新时代中国特色社会主义思想确立为党的指导思想的同时，还相继概括提出习近平强军思想、习近平新时代中国特色社会主义经济思想、习近平生态文明思想、习近平外交思想、习近平法治思想、习近平文化思想，对指导和推动中国特色社会主义理论创新和实践创新起到重要作用。完整准确全面把握习近平新时代中国特色社会主义思想科学体系，还必须认真领会这些思想，认真领悟这些思想在习近平新时代中国特色社会主义思想科学体系中的地位和作用。

习近平强军思想，是在2017年10月党的十九大报告中正式提出的。习近平强军思想坚守马克思主义的思想精髓，汲取中华优秀军事传统文化的精神特质，植根强军兴军的生动实践，以系统思维丰富发展了党的军事指导理论，以全新视野深化了对国防和军队建设规律、军事斗争准备规律、战争指导规律的认识。

---

[1] 以上"十三个方面"内容参见《中共中央关于党的百年奋斗重大成就和历史经验的决议》，人民出版社2021年版，第27—61页。

习近平新时代中国特色社会主义经济思想，是2017年12月18日习近平总书记在中央经济工作会议讲话里正式提出的。在制订"十四五"规划《建议》中，2020年8月24日，习近平总书记在经济社会领域专家座谈会上的讲话里，根据全面建成小康社会任务即将完成、全面建设社会主义现代化国家新征程即将启动的新情况，提出一系列新思想新论断新举措，进一步发展了习近平新时代中国特色社会主义经济思想。对上述思想，习近平总书记在2020年10月召开的党的十九届五中全会上的讲话中，2021年1月11日在省部级主要领导干部学习贯彻党的十九届五中全会精神专题研讨班开班式上的讲话中，又作了进一步的阐发。

习近平生态文明思想，是习近平总书记在2018年5月18日全国生态环境保护大会上的讲话中正式提出的。党的十八大以来，以习近平同志为核心的党中央深刻回答了为什么建设生态文明、建设什么样的生态文明、怎样建设生态文明的重大理论和实践问题，提出了一系列新理念新思想新战略，形成习近平生态文明思想。

习近平外交思想，是习近平总书记在2018年6月22日中央外事工作会议上正式提出的。习近平外交思想是习近平新时代中国特色社会主义思想的重要组成部分，是以习近平同志为核心的党中央治国理政思想在外交领域的重大理论成果，是新时代我国对外工作的根本遵循和行动指南。

习近平法治思想，是习近平总书记在2020年11月16日中央全面依法治国工作会议上的讲话中正式提出的。党的十八大以来，党中央明确提出全面依法治国，并将其纳入"四个全面"战略布局予以有力推进。党的十八届四中全会专门进行研究，审议通过《中共中央关于全面推进依法治国若干重大问题的决定》。党的十九大召开后，党中央组建中央全面依法治国委员会，从全局和战略高度对全面依法治国又作出一系列重大决策部署，推动我国社会主义法治建设发生历史性变革、取得历史性成就。这方面的最大成果，就是创立了习近平法治思想。

习近平文化思想，是在2023年10月7日至8日召开的全国宣传思想文化工作会议上明确提出的。党的十八大以来，党中央从全局和战略高度，对宣传思想文化工作作出系统谋划和部署，推动新时代宣传思想文化事业取得历史性成就，意识形态领域形势发生全局性、根本性转变，全党全国各族人民文化自信明显增强、精神面貌更加奋发昂扬。习近平总书记在这次会议召开前夕对宣传思想文化工作作出的重要指示中指出，要坚持以新时代中国特色社会主义思想为指导，全面贯彻党的二十大精神，聚焦用党的创新理论武装全党、教育人民这个首要政治任务，围绕在新的历史起点上继续推动文化繁荣、建设文化强国、建设中华民族现代文明这一新的文化使命，坚定文化自信，秉持开放包容，坚持守正创新，着力加强党对宣传思想文化工作的领导，着力建设具有强大凝聚力和引领力的社会主义意识形态，着力培育和践行社会主义核心价值观，着力提升新闻舆论传播力引导力影响力公信力，着力赓续中华文脉、推动中华优秀传统文化创造性转化和创新性发展，着力推动文化事业和文化产业繁荣发展，着力加强国际传播能力建设、促进文明交流互鉴，充分激发全民族文化创新创造活力，不断巩固全党全国各族人民团结奋斗的共同思想基础，不断提升国家文化软实力和中华文化影响力，为全面建设社会主义现代化国家、全面推进中华民族伟大复兴提供坚强思想保证、强大精神力量、有利文化条件。全国宣传思想文化工作会议指出，习近平总书记在新时代文化建设方面的新思想新观点新论断，内涵十分丰富、论述极为深刻，是新时代党领导文化建设实践经验的理论总结，丰富和发展了马克思主义文化理论，构成了习近平新时代中国特色社会主义思想的文化篇，形成了习近平文化思想。习近平文化思想既有文化理论观点上的创新和突破，又有文化工作布局上的部署要求，明体达用、体用贯通，明确了新时代文化建设的路线图和任务书，标志着我们党对中国特色社会主义文化建设规律的认识达到了新高度，表明我们党的历史自信、文化自信达到了新高度，并在我国社会主义文化建设中展现出了强大伟力，为做好新时代新征程宣传思想文化工作、担负起新的文化使命提供了强大思想武器和科学行动指南。

第四章

习近平新时代中国特色社会主义思想的世界观和方法论

我们党的理论之所以得到亿万人民拥护,就在于始终秉持人民立场、坚持人民至上,是来自人民、为了人民、造福人民的理论,是人民利益、人民心声的集中表达。

推进马克思主义中国化时代化是一个追求真理、揭示真理、笃行真理的过程。这个过程从马克思主义在中国的广泛传播、催生了马克思主义同中国工人运动紧密结合、创建了中国共产党开启，毛泽东思想开辟了马克思主义中国化时代化的正确途径，并推动了第一次飞跃；中国特色社会主义理论体系是又一次飞跃；如今习近平新时代中国特色社会主义思想，实现了马克思主义中国化新的飞跃。

实践没有止境，理论创新也没有止境。马克思主义中国化时代化是一个开放的、不断发展的过程。在这一过程中，中国共产党人深刻认识到，只有把马克思主义基本原理同中国具体实际相结合、同中华优秀传统文化相结合，坚持运用辩证唯物主义和历史唯物主义，才能正确回答时代和实践提出的重大问题，才能始终保持马克思主义的蓬勃生机和旺盛活力。也正因为如此，牢牢把握蕴涵在党的创新理论中的世界观和方法论尤为重要。

党的二十大报告指出："不断谱写马克思主义中国化时代化新篇章，是当代中国共产党人的庄严历史责任。继续推进实践基础上的理论创新，首先要把握好新时代中国特色社会主义思想的世界观和方法论，坚持好、运用好贯穿其中的立场观点方法。"①

贯穿于习近平新时代中国特色社会主义思想的世界观和方法论有哪些？应当如何科学认识和把握这些世界观和方法论？

坚持人民至上

马克思主义是人民的理论。坚持人民至上，这是坚持和运用马克思主义唯物史观得出的必然结论。党的二十大报告指出："必须坚持人民至上。人民性是马克思主义的本质属性，党的理论是来自人民、为了人民、造福人民的理论，人民的创造性实践是理论创新的不竭源泉。一切脱离人民的理论都是苍白无力的，一切不为人民造福的理论都是没有生命力的。我们要站稳人民立场、把握人民愿望、尊重人民创造、集中人民智慧，形成为人民所喜爱、所认同、所拥有的理论，使之成为指导人民认识世界和改造世界的强大思想武器。"②

一要坚守人民立场。中国共产党的初心是为人民谋幸福、为民族谋复兴。党的唯一宗旨是全心全意为人民服务。党的根基在人民、血脉在人民、力量在人民，人民是党执政兴国的最大底气。党的最大政治优势是密切联系群众，党执政后的最大危险是脱离群众。党代表中国最广大人民根本利益，与人民休戚与共、生死相依，没有任何自己特殊的利益，从来不代表任何利益集团、任何权势团体、任何特权阶层的利益，这是党立于不败之地的根本所在。民心是最大的政治，正义是最强的力

---

①②《中国共产党第二十次全国代表大会文件汇编》，人民出版社2022年版，第16页。

量。只要我们始终坚持全心全意为人民服务的根本宗旨，坚持党的群众路线，始终牢记江山就是人民、人民就是江山，打江山、守江山，守的是人民的心，坚持一切为了人民、一切依靠人民，坚持为人民执政、靠人民执政，坚持发展为了人民、发展依靠人民、发展成果由人民共享，坚定不移走全体人民共同富裕道路，就一定能够领导人民夺取中国特色社会主义新的更大胜利，任何想把中国共产党同中国人民分割开来、对立起来的企图都永远不会得逞。

二要依靠人民力量。如何认识人民群众在历史上的作用，是社会历史观的重大问题。同历史唯心主义英雄史观相对立，历史唯物主义群众史观第一次彻底解决了这个重大问题，提出人民是历史的创造者，是真正的英雄。遵循历史唯物主义这一观点，我们党提出了群众路线，并把它作为党的生命线和根本工作路线。改革开放的历程表明，许多改革都是由基层群众自发推动、自下而上形成的，广大人民群众是推动改革的重要力量。在新时代，全面深化改革，依然要充分发挥人民主体作用。为了人民而改革，改革才有意义；依靠人民而改革，改革才有动力。相信谁、为了谁、依靠谁，是否始终站在最广大人民的立场上，是衡量一种思想理论先进性的根本尺度。一切脱离人民的理论都是苍白无力的，一切不为人民造福的理论都是没有生命力的。我们党的理论之所以得到亿万人民拥护，就在于始终秉持人民立场、坚持人民至上，是来自人民、为了人民、造福人民的理论，是人民利益、人民心声的集中表达。

三要为了人民幸福。新的征程上，我们必须紧紧依靠人民创造历史，坚持全心全意为人民服务的根本宗旨，站稳人民立场，贯彻党的群众路线，尊重人民首创精神，践行以人民为中心的发展思想，发展全过程人民民主，维护社会公平正义，着力解决发展不平衡不充分问题和人民群众急难愁盼问题，推动人的全面发展、全体人民共同富裕取得更为明显的实质性进展。

"我将无我，不负人民"①。坚持人民至上，是贯穿习近平新时代中国特色社会主义思想的一条红线。党的十八大以来，全部的顶层设计和决策部署、全部的理论创新和实践创新，都充分展现了习近平新时代中国特色社会主义思想"人民至上"的鲜明本色和根本立场。

在全面建设社会主义现代化国家的新征程上，继续推进实践基础上的理论创新，需要牢牢把握"人民至上"在习近平新时代中国特色社会主义思想中的根本性意义，始终坚持人民至上这一根本价值取向。牢记江山就是人民、人民就是江山，站稳人民立场、把握人民愿望，把人民放在心中最高位置，把增进人民福祉、促进人的全面发展和全体人民共同富裕作为出发点和落脚点，确保我们党的理论和路线方针政策符合最广大人民根本利益。人民的创造性实践是理论创新的不竭源泉，要深深植根于亿万人民的生动实践，向人民学习、拜人民为师，尊重人民创造、集中人民智慧，及时概括提炼人民群众的新鲜经验，形成为人民所喜爱、所认同、所拥有的理论，使之成为指导人民认识世界和改造世界的强大思想武器。

坚持自信自立

马克思主义是自信自强的理论。坚持自信自立，这是中国共产党人

---

① 《习近平谈治国理政》（第三卷），外文出版社2020年版，第144页。

能够创造性地开辟马克思主义中国化时代化的根本立足点。党的二十大报告指出："必须坚持自信自立。中国人民和中华民族从近代以后的深重苦难走向伟大复兴的光明前景，从来就没有教科书，更没有现成答案。党的百年奋斗成功道路是党领导人民独立自主探索开辟出来的，马克思主义的中国篇章是中国共产党人依靠自身力量实践出来的，贯穿其中的一个基本点就是中国的问题必须从中国基本国情出发，由中国人自己来解答。我们要坚持对马克思主义的坚定信仰、对中国特色社会主义的坚定信念，坚定道路自信、理论自信、制度自信、文化自信，以更加积极的历史担当和创造精神为发展马克思主义作出新的贡献，既不能刻舟求剑、封闭僵化，也不能照抄照搬、食洋不化。"[①]

一要坚持独立自主。独立自主是中华民族精神之魂，是立党立国的重要原则。走自己的路，是党的全部理论和实践的立足点，更是党百年奋斗得出的历史结论。党历来坚持独立自主开拓前进道路，坚持把国家和民族发展放在自己力量的基点上，坚持中国的事情必须由中国人民自己作主张、自己来处理。人类历史上没有一个民族、一个国家可以通过依赖外部力量、照搬外国模式、跟在他人后面亦步亦趋实现强大和振兴。那样做的结果，不是必然遭遇失败，就是必然成为他人的附庸。只要坚持独立自主、自力更生，既虚心学习借鉴国外的有益经验，又坚定民族自尊心和自信心，不信邪、不怕压，就一定能够把中国发展进步的命运始终牢牢掌握在自己手中。

二要坚持中国道路。方向决定道路，道路决定命运。党在百年奋斗中始终坚持从我国国情出发，探索并形成符合中国实际的正确道路。中

[①]《中国共产党第二十次全国代表大会文件汇编》，人民出版社2022年版，第16—17页。

国特色社会主义道路是创造人民美好生活、实现中华民族伟大复兴的康庄大道。中国特色社会主义是党和人民历经千辛万苦、付出巨大代价取得的根本成就。我们坚持和发展中国特色社会主义，推动物质文明、政治文明、精神文明、社会文明、生态文明协调发展，创造了中国式现代化新道路，创造了人类文明新形态。脚踏中华大地，传承中华文明，走符合中国国情的正确道路，党和人民就具有无比广阔的舞台，具有无比深厚的历史底蕴，具有无比强大的前进定力。只要我们既不走封闭僵化的老路，也不走改旗易帜的邪路，坚定不移走中国特色社会主义道路，就一定能够把我国建设成为富强民主文明和谐美丽的社会主义现代化强国。

三要坚持"四个自信"。信仰信念任何时候都至关重要。在新时代，坚定信仰信念，最重要的就是要坚定中国特色社会主义道路自信、理论自信、制度自信、文化自信。党的百年奋斗历程和伟大成就是我们增强"四个自信"最坚实的基础。当今世界，要说哪个政党、哪个国家、哪个民族能够自信的话，中国共产党、中华人民共和国、中华民族是最有理由自信的。经过一百年的奋斗，中国共产党团结带领人民在一个有着几千年封建社会历史的国家实现了最广泛的人民民主，人民真正成为国家、社会和自己命运的主人；我国在一穷二白的基础上创造了经济社会快速发展奇迹，用几十年时间走完了发达国家几百年走过的工业化历程，跃升为世界第二大经济体，综合国力、科技实力、国防实力、文化影响力、国际影响力显著提升；我国人民生活由温饱不足到全面小康，整体上彻底摆脱了绝对贫困，成为世界上中等收入人口最多的国家；我国长期保持社会和谐稳定、人民安居乐业，成为国际社会公认的最有安全感的国家之一。

中华民族拥有在5000多年历史演进中形成的灿烂文明，中国共产党拥有百年奋斗实践和70多年执政兴国经验，我们积极学习借鉴人类文明的一切有益成果，欢迎一切有益的建议和善意的批评，但我们绝不接受"教师爷"般颐指气使的说教。中国共产党和中国人民将在自己选择的道路上昂首阔步走下去，把中国发展进步的命运牢牢掌握在自己手中。

独立自主，是中国共产党全部理论和实践的立足点，也是党和人民事业不断从胜利走向胜利的根本所在。无论是新民主主义革命、社会主义革命和建设，还是改革开放和社会主义现代化建设及中国特色社会主义新时代，中国共产党走的都是前人没有走过的路，遇到的都是前人没有遇到过的理论难题和实践难题，只能独立自主地思考，独立自主地探索，既没有"教师爷"，更没有"救世主"，只能自己靠自己。党的百年奋斗成功道路是党领导人民独立自主探索开辟出来的，马克思主义的中国篇章是中国共产党人依靠自身力量实践出来的，贯穿其中的一个基本点就是中国的问题必须从中国基本国情出发，由中国人自己来解答。这既是贯穿于马克思主义中国化时代化全部历史的一条红线，也是贯穿于习近平新时代中国特色社会主义思想的一条红线。

习近平新时代中国特色社会主义思想生动体现着独立自主的探索和实践精神，贯穿着坚持走自己的路的坚定决心和信心。习近平总书记反复强调要坚持共产主义理想和社会主义信念，坚定中国特色社会主义道路自信、理论自信、制度自信、文化自信，坚定历史自信、增强历史主动。这种自信自立，根源于中华民族光辉灿烂的5000多年文明发展史，来自于中国共产党100多年奋斗历程和70多年执政兴国经验，彰显于新时代中国特色社会主义伟大实践，已经成为中国人民和中华民族的内在气质和精神风貌。

在全面建设社会主义现代化国家新征程上，我们要坚持对马克思主义的坚定信仰、对中国特色社会主义的坚定信念，坚持党的基本理论、基本路线、基本方略，增强民族自尊心和自信心，在重大政治问题上有定力、有主见，不信邪、不怕鬼、不怕压，任何时候任何情况下都坚定"四个自信"，把中国发展进步的命运牢牢掌握在自己手中。

坚持守正创新

马克思主义是不断发展的开放的理论。坚持守正创新，这是坚持马克思主义、发展马克思主义的科学态度。党的二十大报告指出："必须坚持守正创新。我们从事的是前无古人的伟大事业，守正才能不迷失方向、不犯颠覆性错误，创新才能把握时代、引领时代。我们要以科学的态度对待科学、以真理的精神追求真理，坚持马克思主义基本原理不动摇，坚持党的全面领导不动摇，坚持中国特色社会主义不动摇，紧跟时代步伐，顺应实践发展，以满腔热忱对待一切新生事物，不断拓展认识的广度和深度，敢于说前人没有说过的新话，敢于干前人没有干过的事情，以新的理论指导新的实践。"[①]

一要以科学态度对待马克思主义。实践发展永无止境，推进马克思主义中国化时代化也永无止境。对待马克思主义，不能采取教条主义的态度，也不能采取实用主义的态度，而是应该以科学的态度对待科学、

[①]《中国共产党第二十次全国代表大会文件汇编》，人民出版社2022年版，第17页。

以真理的精神追求真理。面对快速变化的世界和中国，如果墨守成规、思想僵化，没有理论创新的勇气，不能科学回答中国之问、世界之问、人民之问、时代之问，不仅党和国家事业无法继续前进，马克思主义也会失去生命力、说服力。

二要把握好马克思主义指导和中国化时代化双向互动的辩证关系。马克思主义深刻改变了中国，中国也极大丰富了马克思主义。马克思主义是中国共产党立党立国、兴党兴国的根本指导思想。马克思主义的命运早已同中国共产党的命运、中国人民的命运、中华民族的命运紧紧连在一起，它的科学性和真理性在中国得到了充分检验，它的人民性和实践性在中国得到了充分贯彻，它的开放性和时代性在中国得到了充分彰显。中国共产党为什么能，中国特色社会主义为什么好，归根到底是马克思主义行，是中国化时代化的马克思主义行。在马克思主义中国化时代化的进程中，马克思主义的科学性和真理性在中国得到充分检验，马克思主义的人民性和实践性在中国得到充分贯彻，马克思主义的开放性和时代性在中国得到充分彰显。马克思主义中国化时代化不断取得成功，使马克思主义以崭新形象展现在世界上，使世界范围内社会主义和资本主义两种意识形态、两种社会制度的历史演进及其较量发生了有利于社会主义的重大转变。

三要把握好守正与创新的辩证关系。我们信仰的是科学真理，守正才能不迷失方向、不犯颠覆性错误。我们处在百年未有之大变局中，从事的是前无古人的伟大事业，创新才能把握时代、引领时代。守正与创新相辅相成，体现了"变"与"不变"、继承与发展、原则性与创造性的辩证统一。守正创新，既与中华民族几千年来恪守正道、革故鼎新的文化传统相承袭，又与我们党一贯坚持的解放思想、实事求是、与时俱进、求真务实的品格相贯通，是贯彻党的思想路线的内在要求。

守正创新是中国特色社会主义新时代的鲜明气象，也是习近平新时代中国特色社会主义思想的显著标识。

党的十八大以来，以习近平同志为核心的党中央全面审视国际国内新的形势，从理论和实践结合上系统回答了新时代坚持和发展什么样的中国特色社会主义、怎样坚持和发展中国特色社会主义，建设什么样的社会主义现代化强国、怎样建设社会主义现代化强国，建设什么样的长期执政的马克思主义政党、怎样建设长期执政的马克思主义政党等重大时代课题，为推动党和国家事业取得历史性成就、发生历史性变革提供了科学理论指导。我们提出推进中国式现代化，提出我国经济发展进入新常态，提出立足新发展阶段、贯彻新发展理念、构建新发展格局，提出推动高质量发展，提出使市场在资源配置中起决定性作用、更好发挥政府作用，提出决战脱贫攻坚、决胜全面建成小康社会，提出发展全过程人民民主、推进全面依法治国、推进国家治理体系和治理能力现代化，提出推动人的全面发展、促进全体人民共同富裕，提出统筹发展和安全，提出新时代强军目标和战略，提出维护和落实中央对香港、澳门的全面管治权，提出构建人类文明新形态，提出共建"一带一路"，提出推进中国特色大国外交、推动建设新型国际关系、推动构建人类命运共同体，提出坚持和加强党的全面领导、贯彻全面从严治党的战略方针、以伟大自我革命引领伟大社会革命，等等，都是从当代中国和当今世界发展变化出发，经过审时度势、科学判断、深入思考提出来的，为新时代坚持和发展中国特色社会主义提供了科学理论指导，以全新的视野深化了对共产党执政规律、社会主义建设规律、人类社会发展规律的认识，为发展马克思主义作出了原创性贡献，实现了马克思主义中国化时代化新的飞跃。

新时代新阶段的中国正在经历人类历史上最为宏大而独特的实践创新，改革发展稳定任务之重、矛盾风险挑战之多、治国理政考验之大都前所未有，世界百年未有之大变局深刻变化前所未有，提出了大量亟待回答的理论和实践课题。推进马克思主义中国化时代化的任务不是轻了，而是更重了。我们要准确把握时代大势，勇于站在人类发展前沿，聆听人民心声，回应现实需要，坚持解放思想、实事求是、守正创新，更好把坚持马克思主义和发展马克思主义统一起来，坚持用马克思主义之"矢"去射新时代中国之"的"，继续推进马克思主义基本原理同中国具体实际相结合、同中华优秀传统文化相结合，使马克思主义呈现出更多中国特色、中国风格、中国气派，续写马克思主义中国化时代化新篇章。

我们要实事求是分析变和不变，与时俱进审视我们的理论，该坚持的坚持，该调整的调整，该创新的创新，决不能守株待兔、刻舟求剑。常说现在领导干部有个"本领恐慌"问题，其中最根本的本领不足是理论素养不够。要坚持党的理论的基本原理、基本原则、基本观点，同时某一特定时期的具体理论论点也不可能一成不变，由其产生的具体方针政策也不可能一成不变。过去长期困扰我们的一些矛盾不存在了，但新的矛盾不断产生，其中很多是我们没有遇到、没有处理过的。如果守着我们对过去中国实际的认识不动，守株待兔，刻舟求剑，我们就难以前进。党提出了新发展理念，提出了推动高质量发展，就是因为发展是一个不断变化的进程，发展环境不会一成不变，发展条件不会一成不变，发展理念自然也不会一成不变。全党要以新发展理念和高质量发展的部署和要求来思考、谋划、推进发展工作，不要偏离，不要动摇。

坚持问题导向

马克思主义是实践的理论。坚持问题导向，是马克思主义的鲜明特点。马克思主义中国化时代化的创新理论，也是在不断回答时代课题中创新发展的。党的二十大报告指出："必须坚持问题导向。问题是时代的声音，回答并指导解决问题是理论的根本任务。今天我们所面临问题的复杂程度、解决问题的艰巨程度明显加大，给理论创新提出了全新要求。我们要增强问题意识，聚焦实践遇到的新问题、改革发展稳定存在的深层次问题、人民群众急难愁盼问题、国际变局中的重大问题、党的建设面临的突出问题，不断提出真正解决问题的新理念新思路新办法。"[1]

一要紧扣问题推进工作。人类认识世界、改造世界的过程，就是一个发现问题、解决问题的过程。问题就是事物的矛盾。哪里有尚未解决的矛盾，哪里就有问题。抓住问题就找到了实践前进的突破点，也就找到了理论创新的生长点。中国共产党人干革命、搞建设、抓改革，从来都是为了解决中国的现实问题，党的理论也是在不断回答时代课题中创新发展的。每个时代总有属于它自己的问题，只要科学地认识、准确地把握、正确地解决这些问题，就能够把我们的社会不断推向前进。

二要敢于面对新问题、解决新矛盾。矛盾是普遍存在的，矛盾是事物联系的实质内容和事物发展的根本动力，人的认识活动和实践活动，

---

[1]《中国共产党第二十次全国代表大会文件汇编》，人民出版社2022年版，第17页。

从根本上说就是不断认识矛盾、不断解决矛盾的过程。问题是事物矛盾的表现形式，强调增强问题意识、坚持问题导向，就是承认矛盾的普遍性、客观性，就是要善于把认识和化解矛盾作为打开工作局面的突破口。当前，我国已经进入发展关键期、改革攻坚期、矛盾凸显期，我们面临的矛盾更加复杂，既有过去长期积累而成的矛盾，也有在解决旧矛盾过程中新产生的矛盾，大量的还是随着形势环境变化新出现的矛盾。这些矛盾大多是这个发展阶段必然出现的，是躲不开也绕不过去的。矛盾积累到一定程度就会发生质的突变。如果对矛盾熟视无睹，甚至回避、掩饰矛盾，在矛盾面前畏缩不前，坐看矛盾恶性转化，那就会积重难返，最后势必造成无法弥补的损失。对待矛盾的正确态度，应该是直面矛盾，并运用矛盾相辅相成的特性，在解决矛盾的过程中推动事物发展。党的十八大之后，强调不能简单以生产总值增长率论英雄，提出加快转变经济发展方式、调整经济结构，提出化解产能过剩，提出全面深化改革、全面依法治国，提出加强生态文明建设，等等，都是针对一些牵动面广、耦合性强的深层次矛盾去的。如果不迎难而上、因势利导，逢山开路、遇水架桥，这些矛盾不断积累，就有可能进一步向不利方面转化，最后成为干扰因素甚至破坏性力量。

三要注意把握好主要矛盾和次要矛盾、矛盾的主要方面和次要方面的关系。面对复杂形势和繁重任务，首先要有全局观，对各种矛盾做到心中有数，同时又要优先解决主要矛盾和矛盾的主要方面，以此带动其他矛盾的解决。党的十八大以来，提出要协调推进全面建成小康社会、全面深化改革、全面依法治国、全面从严治党。在推进这"四个全面"过程中，既要注重总体谋划，又要注重牵住"牛鼻子"。比如，我们既对全面建成小康社会作出全面部署，又强调"小康不小康，关键看老乡";既对全面深化改革作出顶层设计,又强调突出抓好重要领域和关键环节的改革;既对全面推进依法治国作出系统部署,又强调以中国特色社会主义法治体系为总目标和总抓手;既对全面从严治党提出系列要求,又把党风廉政建设作为突破口,着力解决人民群众反映强烈的"四风"问题,着力解决不敢腐、不能腐、不想腐的问题。在任何工作中,我们既要讲两点论,又要讲重点论,没有主次,不加区别,眉毛胡子一把抓,是做不好工作的。

坚持问题导向,是党的十八大以来党治国理政的突出特点,也是习近平新时代中国特色社会主义思想的鲜明风格。以习近平同志为核心的党中央啃硬骨头、涉险滩,推动全面深化改革,持之以恒纠治"四风"、以零容忍态度惩治腐败,打赢蓝天碧水净土保卫战,着力防范和化解重大风险,等等,都是聚焦重大理论和实践问题,把问题作为研究制定政策的出发点,把化解矛盾、破解难题作为打开局面的突破口。这些都充分彰显了鲜明的问题意识、问题导向,彰显了强烈的担当精神、斗争精神。

在全面建设社会主义现代化国家新征程上,所面临问题的复杂程度、解决问题的艰巨程度明显加大,给理论创新提出了全新要求。只有聆听时代声音,回应时代呼唤,认真研究解决重大而紧迫的问题,才能真正把握住历史脉络、找到发展规律,推动理论创新。要增强问题意识,时刻保持清醒头脑和敏锐眼光,敢于正视问题、善于发现问题,不回避、不躲闪,瞄着问题去、迎着问题上。要聚焦实践遇到的新问题、改革发展稳定存在的深层次问题、人民群众急难愁盼问题、国际变局中的重大问题、党的建设面临的突出问题,不断提出真正解决问题的新理念新思路新办法,不断开创事业发展的新局面。

坚持系统观念

马克思主义是深刻揭示自然界发展规律、人类社会发展规律、人类思维发展规律的科学。系统观念是辩证唯物主义的重要认识论和方法论，是中国共产党人认识规律、把握规律、运用规律的具有基础性的思想和工作方法。党的二十大报告指出："必须坚持系统观念。万事万物是相互联系、相互依存的。只有用普遍联系的、全面系统的、发展变化的观点观察事物，才能把握事物发展规律。我国是一个发展中大国，仍处于社会主义初级阶段，正在经历广泛而深刻的社会变革，推进改革发展、调整利益关系往往牵一发而动全身。我们要善于通过历史看现实、透过现象看本质，把握好全局和局部、当前和长远、宏观和微观、主要矛盾和次要矛盾、特殊和一般的关系，不断提高战略思维、历史思维、辩证思维、系统思维、创新思维、法治思维、底线思维能力，为前瞻性思考、全局性谋划、整体性推进党和国家各项事业提供科学思想方法。"[①]

一要用普遍联系的观点看问题。唯物辩证法认为，事物是普遍联系的，事物及事物各要素相互影响、相互制约，整个世界是相互联系的整体，也是相互作用的系统。坚持唯物辩证法，就要从客观事物的内在联系去把握事物，去认识问题、处理问题。只有坚持系统观念，用普遍联系的、全面系统的、发展变化的观点观察事物，才能把握事物发展规

[①]《中国共产党第二十次全国代表大会文件汇编》，人民出版社2022年版，第17—18页。

律。我国是一个发展中大国，仍处于社会主义初级阶段，正在经历广泛而深刻的社会变革，推进改革发展、调整利益关系往往牵一发而动全身，尤其需要坚持和运用系统观念处理好各方面关系、统筹好各方面利益、调动好各方面积极性。

二要增强辩证思维能力。我们的事业越是向纵深发展，就越要不断增强辩证思维能力，提高驾驭复杂局面、处理复杂问题的本领。当前，我国社会各种利益关系十分复杂，这就要求我们善于处理局部和全局、当前和长远、重点和非重点的关系，在权衡利弊中趋利避害，作出最为有利的战略抉择。我们全面深化改革，不能东一榔头西一棒子，而是要突出改革的系统性、整体性、协同性。同时，在推进改革中，我们要充分考虑不同地区、不同行业、不同群体的利益诉求，准确把握各方利益的交汇点和结合点，使改革成果更多更公平惠及全体人民。

三要增强统筹兼顾的能力。在坚持和发展中国特色社会主义进程中，社会主义现代化建设中，治国理政中，有许多大系统和子系统，必须学会统筹兼顾的方法，才能避免"单打一"，避免主观上的片面性，避免决策和工作中的失误。党的十八大以来，以习近平同志为核心的党中央提出要统筹推进"五位一体"总体布局、协调推进"四个全面"战略布局，这就是一个治国理政的大格局、大系统。在全面深化改革中，形成总目标和"六个紧紧围绕"的大系统。在判断历史方位和作出全局性、战略性部署时，强调要统筹把握中华民族伟大复兴战略全局和世界百年未有之大变局。这些都对治国理政能力和智慧提出了很高的要求，要求各级领导干部不断提高战略思维、历史思维、辩证思维、系统思维、创新思维、法治思维、底线思维能力，整体推进各项事业和各项工作。

中国共产党在带领人民建设社会主义的长期实践中，形成了许多关于协调发展的理念和战略。新中国成立前后，毛泽东同志就提出了统筹兼顾、"弹钢琴"等思想方法和工作方法。《论十大关系》是毛泽东同志运用普遍联系观点阐述社会主义建设规律的典范。在《关于正确处理人民内部矛盾的问题》一文中，毛泽东同志进一步提出了"统筹兼顾、适当安排"①的方针。改革开放后，中国共产党对协调发展认识的不断深化，体现了唯物辩证法在解决我国发展问题上的方法论意义。

进入新时代，协调发展具有一些新特点。比如，协调既是发展手段，又是发展目标，同时还是评价发展的标准和尺度。再比如，协调是发展两点论和重点论的统一，一个国家、一个地区乃至一个行业在其特定发展时期既有发展优势，也存在制约因素，在发展思路上既要着力破解难题、补齐短板，又要考虑巩固和厚植原有优势，两方面相辅相成、相得益彰，才能实现高水平发展。又比如，协调是发展平衡和不平衡的统一，由平衡到不平衡再到新的平衡是事物发展的基本规律。平衡是相对的，不平衡是绝对的。强调协调发展不是搞平均主义，而是更注重发展机会公平，更注重资源配置均衡。还比如，协调是发展短板和潜力的统一，我国正处于由中等收入国家向高收入国家迈进的阶段，国际经验表明，这个阶段是各种矛盾集中爆发的时期，发展不协调、存在诸多短板也是难免的。协调发展，就要找出短板，在补齐短板上多用力，通过补齐短板挖掘发展潜力、增强发展后劲。

在领导推进各领域事业的过程中，习近平总书记始终坚持系统思维、全局谋划，强调经济社会发展是一个系统工程，必须综合考虑政治

---

① 《毛泽东文集》（第七卷），人民出版社1999年版，第227页。

和经济、当前和长远、物质和文化、发展和民生、资源和生态、国内和国际等多方面因素；强调全面深化改革需要加强顶层设计和整体谋划，做到全局和局部相配套、治标和治本相结合、渐进和突破相衔接，实现整体推进和重点突破相统一；强调全面推进依法治国必须统筹兼顾、把握重点、整体谋划，在共同推进上着力，在一体建设上用劲；强调统筹疫情防控和经济社会发展，做到疫情要防住、经济要稳住、发展要安全；等等。所有这些，都体现了洞悉时势、总揽全局的系统谋划和战略擘画，为应对复杂局面、推动事业发展提供了科学遵循。

在全面建设社会主义现代化国家新征程上，我们将面对更加深刻复杂变化的发展环境，面对更多两难、多难问题，必须更加自觉地坚持和运用系统观念观察形势、分析问题、推动工作。要善于通过历史看现实、透过现象看本质，把握好全局和局部、当前和长远、宏观和微观、主要矛盾和次要矛盾、特殊和一般的关系，前瞻性思考、全局性谋划、整体性推进党和国家各项事业。要掌握科学的思想方法和工作方法，不断提高战略思维、历史思维、辩证思维、系统思维、创新思维、法治思维、底线思维能力，更好地驾驭复杂局面、应对风险挑战，增强工作的原则性、系统性、预见性、创造性。

坚持胸怀天下

马克思主义是为人类谋幸福、为世界求大同的理论。马克思主义关于世界历史的思想，蕴含着世界眼光、天下情怀。中国共产党人在推进马克思主义中国化时代化的进程中，也始终把中国立场和世界胸怀紧密结合在一起。党的二十大报告指出:"必须坚持胸怀天下。中国共产党是为中国人民谋幸福、为中华民族谋复兴的党,也是为人类谋进步、为世界谋大同的党。我们要拓展世界眼光,深刻洞察人类发展进步潮流,积极回应各国人民普遍关切,为解决人类面临的共同问题作出贡献,以海纳百川的宽阔胸襟借鉴吸收人类一切优秀文明成果,推动建设更加美好的世界。"①

一要从人类发展大潮流、世界变化大格局、中国发展大历史的高度正确认识和处理同外部世界的关系。中国共产党是立足于中国又胸怀世界的马克思主义政党,始终以世界眼光关注人类前途命运,从人类发展大潮流、世界变化大格局、中国发展大历史的高度正确认识和处理同外部世界的关系,坚持开放、不搞封闭,坚持互利共赢、不搞零和博弈,坚持主持公道、伸张正义,站在历史正确的一边,站在人类进步的一边。只要我们坚持和平发展道路,既通过维护世界和平发展自己,又通过自身发展维护世界和平,同世界上一切进步力量携手前进,不依附别人,不掠夺别人,永远不称霸,就一定能够不断为人类文明进步贡献智慧和力量,同世界各国人民一道,推动历史车轮向着光明的前途前进。

二要弘扬和平、发展、公平、正义、民主、自由的全人类共同价值。和平、和睦、和谐是中华民族5000多年来一直追求和传承的理念,中华民族的血液中没有侵略他人、称王称霸的基因。促进各国人民相知相亲,尊重世界文明多样性,以文明交流超越文明隔阂、文明互鉴超越文明冲突、文明共存超越文明优越,共同应对各种全球性挑战。

三要推动构建人类命运共同体。中国共产党关注人类前途命运,同

---

① 《中国共产党第二十次全国代表大会文件汇编》,人民出版社2022年版,第18页。

世界上一切进步力量携手前进，中国始终是世界和平的建设者、全球发展的贡献者、国际秩序的维护者。中国坚持对话协商，推动建设一个持久和平的世界；坚持共建共享，推动建设一个普遍安全的世界；坚持合作共赢，推动建设一个共同繁荣的世界；坚持交流互鉴，推动建设一个开放包容的世界；坚持绿色低碳，推动建设一个清洁美丽的世界。

四要秉持共商共建共享的全球治理观。中国倡导国际关系民主化，坚持国家不分大小、强弱、贫富一律平等，支持扩大发展中国家在国际事务中的代表性和发言权。中国坚持真正的多边主义，推进国际关系民主化，推动全球治理朝着更加公正合理的方向发展。坚定维护以联合国为核心的国际体系、以国际法为基础的国际秩序、以联合国宪章宗旨和原则为基础的国际关系基本准则，反对一切形式的单边主义，反对搞针对特定国家的阵营化和排他性小圈子。

中国共产党是为中国人民谋幸福、为中华民族谋复兴的党，也是为人类谋进步、为世界谋大同的党。

进入新时代，中华民族伟大复兴战略全局与世界百年未有之大变局历史性交汇。习近平总书记从人类前途命运出发，鲜明提出并深刻阐述了构建人类命运共同体的重大倡议，提出全球发展倡议、全球安全倡议，阐明了中国的安全观、发展观、义利观、全球化观、全球治理观，提出弘扬全人类共同价值、建设新型国际关系、推动共建"一带一路"高质量发展，描绘了建设持久和平、普遍安全、共同繁荣、开放包容、清洁美丽的世界的美好愿景，为维护世界和平与促进共同发展提供了中国智慧、中国方案。这些重要倡议和主张，充分体现了对国际形势变化的深刻把握，对人类发展重大问题的独特创见，占据了思想和道义制高点，凸显了中国特有的大国风范、大国担当。

总之，党的十八大以来的实践充分证明，习近平新时代中国特色社会主义思想是当代中国马克思主义、21世纪马克思主义，是中华文化和中国精神的时代精华，是党和人民实践经验和集体智慧的结晶，是新时代坚持和发展中国特色社会主义的行动指南。这一思想之所以具有强大的真理力量和实践伟力，就在于坚持马克思主义世界观和方法论，运用了科学的立场观点方法。人民至上、自信自立、守正创新、问题导向、系统观念、胸怀天下，是新时代中国共产党人理论创造、实践探索、政治品格的集中体现，是我们理解把握习近平新时代中国特色社会主义思想的金钥匙。

坚持"两个结合"

马克思主义既是同世界无产阶级革命运动结合的产物，也是继承和发展人类优秀文明成果的产物。"两个结合"，是中国共产党人推进马克思主义中国化时代化的根本原则和根本方法。党的二十大报告指出："中国共产党人深刻认识到，只有把马克思主义基本原理同中国具体实际相结合、同中华优秀传统文化相结合，坚持运用辩证唯物主义和历史唯物主义，才能正确回答时代和实践提出的重大问题，才能始终保持马克思主义的蓬勃生机和旺盛活力。"①

马克思主义是我们立党立国、兴党强国的根本指导思想。马克思主义理论不是教条而是行动指南，必须随着实践发展而发展，必须中国化

---

① 《中国共产党第二十次全国代表大会文件汇编》，人民出版社2022年版，第14—15页。

才能落地生根、本土化才能深入人心。党之所以能够领导人民在一次次求索、一次次挫折、一次次开拓中完成中国其他各种政治力量不可能完成的艰巨任务，根本在于坚持解放思想、实事求是、与时俱进、求真务实，坚持把马克思主义基本原理同中国具体实际相结合、同中华优秀传统文化相结合，坚持实践是检验真理的唯一标准，坚持一切从实际出发，不断推进马克思主义中国化时代化。

一、坚持和发展马克思主义，必须同中国具体实际相结合

在人类思想史上，就科学性、真理性、影响力、传播面而言，没有一种思想理论能达到马克思主义的高度，也没有一种学说能像马克思主义那样对世界产生如此巨大的影响。这体现了马克思主义的巨大真理威力和强大生命力，表明马克思主义对人类认识世界、改造世界、推动社会进步仍然具有不可替代的作用。

时代在变化，社会在发展，但马克思主义基本原理依然是科学真理。尽管我们所处的时代同马克思所处的时代相比发生了巨大而深刻的变化，但从世界社会主义500年的大视野来看，我们依然处在马克思主义所指明的历史时代。这是我们对马克思主义保持坚定信心、对社会主义保持必胜信念的科学根据。马克思主义就是我们党和人民事业不断发展的参天大树之根本，就是我们党和人民不断奋进的万里长河之源泉。背离或放弃马克思主义，我们党就会失去灵魂、迷失方向。在坚持以马克思主义为指导这一根本问题上，我们必须坚定不移，任何时候任何情况下都不能动摇。

中国共产党人坚持以马克思主义为指导，是要运用其科学的世界观

和方法论解决中国的问题，而不是要背诵和重复其具体结论和词句，更不能把马克思主义当成一成不变的教条。要坚持解放思想、实事求是、与时俱进、求真务实，一切从实际出发，着眼解决新时代改革开放和社会主义现代化建设的实际问题，不断回答中国之问、世界之问、人民之问、时代之问，作出符合中国实际和时代要求的正确回答，得出符合客观规律的科学认识，形成与时俱进的理论成果，更好指导中国实践。

与时代同步伐，与人民共命运，关注和回答时代与实践提出的重大课题，是马克思主义永葆生机活力的奥妙所在。要以科学的态度对待科学，以真理的精神追求真理，不断赋予马克思主义以新的时代内涵。要紧密联系亿万群众的创造性实践，尊重人民群众的主体地位和首创精神，作出新概括、获得新认识、形成新成果。要坚持问题导向，聚焦我国改革开放和社会主义现代化建设面临的重大现实问题、全局性战略问题、人民群众关心关注的热点难点问题，为解决问题提供新理念、新思路、新办法。要吸收人类创造的一切优秀文化成果，不断深化对共产党执政规律、社会主义建设规律、人类社会发展规律的认识，发展21世纪马克思主义、当代中国马克思主义，续写马克思主义中国化时代化新篇章。

要立足时代特点，推进马克思主义时代化，更好运用马克思主义观察时代、解读时代、引领时代，真正搞懂面临的时代课题，深刻把握世界历史的脉络和走向。新中国成立以来特别是改革开放以来，中国发生了深刻变革，置身这一历史巨变之中的中国人更有资格、更有能力揭示这其中所蕴含的历史经验和发展规律，为发展马克思主义作出中国的原创性贡献。要有这样的理论自觉，更要有这样的理论自信。要立足我国实际，以我们正在做的事情为中心，聆听人民心声，回应现实需要，深入总结中国特色社会主义实践，更好实现马克思主义基本原理同当代中国具体实际相结合，同时也要放宽视野，吸收人类文明一切有益成果，不断创新和发展马克思主义。

二、坚持和发展马克思主义，必须同中华优秀传统文化相结合

只有植根于本国、本民族历史文化的沃土，马克思主义真理之树才能根深叶茂。中华优秀传统文化源远流长、博大精深，是中华文明的智慧结晶，其中蕴含的天下为公、民为邦本、为政以德、革故鼎新、任人唯贤、天人合一、自强不息、厚德载物、讲信修睦、亲仁善邻等，是中国人民在长期生产生活中积累的宇宙观、天下观、社会观、道德观的重要体现，同科学社会主义价值观主张具有高度契合性。在漫长的历史进程中，中华民族创造了独树一帜的灿烂文化，积累了丰富的治国理政经验，其中既包括升平之世社会发展进步的成功经验，也有衰乱之世社会动荡的深刻教训。我国古代主张民惟邦本、政得其民，礼法合治、德主刑辅，为政之要莫先于得人、治国先治吏，为政以德、正己修身，居安思危、改易更化，等等，这些都能给人们以重要启示。治理国家和社会，今天遇到的很多事情都可以在历史上找到影子，历史上发生过的很多事情也都可以作为今天的镜鉴。中国的今天是从中国的昨天和前天发展而来的。要治理好今天的中国，需要对我国历史和传统文化有深入了解，也需要对我国古代治国理政的探索和智慧进行积极总结。历史是人民创造的，文明也是人民创造的。对绵延5000多年的中华文明，我们应该多一份尊重，多一份思考。对古代的成功经验，我们要本着择其善者而从之、其不善者而去之的科学态度，牢记历史经验、牢记历史教

训、牢记历史警示。

中华优秀传统文化是我们最深厚的文化软实力，也是中国特色社会主义植根的文化沃土。每个国家和民族的历史传统、文化积淀、基本国情不同，其发展道路必然有着自己的特色。解决中国的问题只能在中国大地上探寻适合自己的道路和办法。数千年来，中华民族走着一条不同于其他国家和民族的文明发展道路。我们开辟了中国特色社会主义道路不是偶然的，是我国历史传承和文化传统决定的。

怎样对待本国历史？怎样对待本国传统文化？这是任何国家在实现现代化过程中都必须解决好的问题。中国共产党在领导革命、建设、改革的进程中，一贯重视学习和总结历史，一贯重视借鉴和运用历史经验。历史虽然是过去发生的事情，但总会以这样那样的方式出现在当今人们的生活之中。我国传统思想文化根源在社会生活本身，是人们思想观念、风俗习惯、生活方式、情感样式的集中表达。古代思想文化对今人仍然具有很深刻的影响。要对传统文化进行科学分析，对有益的东西、好的东西予以继承和发扬，对负面的、不好的东西加以抵御和克服，取其精华、去其糟粕，而不能采取全盘接受或者全盘抛弃的绝对主义态度。

中国共产党人是坚定的马克思主义者，不是历史虚无主义者，也不是文化虚无主义者，不能数典忘祖、妄自菲薄。中华传统文化源远流长、博大精深，中华民族形成和发展过程中产生的各种思想文化，记载了中华民族在长期奋斗中开展的精神活动、进行的理性思维、创造的文化成果，反映了中华民族的精神追求，其中最核心的内容已经成为中华民族最基本的文化基因。我们必须坚定历史自信、文化自信，坚持古为今用、推陈出新，把马克思主义思想精髓同中华优秀传统文化精华贯通起来、同人民群众日用而不觉的共同价值观念融通起来，不断赋予科学理论鲜明的中国特色，不断夯实马克思主义中国化时代化的历史基础和群众基础，让马克思主义在中国牢牢扎根。

当代中国的伟大社会变革，不是简单延续我国历史文化的母版，不是简单套用马克思主义经典作家设想的模板，不是其他国家社会主义实践的再版，也不是国外现代化发展的翻版。只要我们勇于结合新的实践不断推进理论创新、善于用新的理论指导新的实践，就一定能够让马克思主义在中国大地上展现出更强大、更有说服力的真理力量。

习近平新时代中国特色社会主义思想，是坚持和运用辩证唯物主义和历史唯物主义的光辉典范，蕴含着丰富的马克思主义思想方法和工作方法，既是世界观、历史观，也是认识论、方法论；既讲是什么、怎么看，又讲怎么办、怎么干；既部署"过河"的任务，又指导解决"桥或船"的问题，为推进党和国家事业发展提供了锐利思想武器。学习掌握这一思想，既要全面准确领会其中的丰富内涵、思想体系和实践要求，又要深刻把握贯穿其中的科学思想方法和工作方法，不断提高攻坚克难、化解矛盾、驾驭复杂局面的能力，在新时代更好地坚持和发展中国特色社会主义。

任何一个理论要被人所信服，既要能够回答时代课题、指导推动实践，又要有独具特色的理论品质和富有感召的思想力量。习近平新时代中国特色社会主义思想，就是这样一种闪耀着理性光辉和人格魅力的科学理论，集中反映着当代中国共产党人的政治品格、价值追求、精神风范。

习近平新时代中国特色社会主义思想的理论品格，主要体现在以下五个方面。

第一，彰显着坚定理想信念。 这一理论品格，体现了我们党在新时代继承优良传统、传承红色基因的高度自觉，体现了马克思主义的理论底色、共产党人的政治本色。

第二，展现着真挚人民情怀。 这一理论品格彰显了人民创造历史、人民是真正英雄的唯物史观，以人为本、人民至上的价值取向，立党为公、执政为民的执政理念，是写在亿万中国人民心中的科学理论。

第三，贯穿着高度自觉自信。 正是有了对传承中华民族5000多年文明的自觉自信，对发扬党的优良传统的自觉自信，对坚持和发展中国特色社会主义的自觉自信，对我们正在做的事情的自觉自信，对党和国家事业光明前景的自觉自信，这一思想才有这样的大气魄、大视野、大格局，才有这样的理论成熟、战略定力。

第四，体现着鲜明问题导向。 这一思想贯穿着强烈的问题意识、鲜明的问题导向，是在研究问题、解决问题中创立并不断发展完善的，体现了共产党人求真务实的科学态度，展现了马克思主义者勇于创新、奋发有为的精神风貌。

第五，充满着无畏担当精神。 习近平总书记曾说过："我的执政理念，概括起来说就是：为人民服务，担当起该担当的责任。"[①]这一思想始终贯穿着对民族命运的担当、对人民幸福的担当、对管党治党的担当、对美好世界的担当。这种担当是一种现实的担当，扛起一代人应当扛起的责任；这种担当是一种无私的担当，以身许党许国、报党报国；这种担当是一种无畏的担当，党和人民需要的时候，毫不犹豫挺身而出。正因为有了这种担当，这一思想才具有了强大之势、浩然之气。

---

① 《习近平接受俄罗斯电视台专访》，载《人民日报》2014年2月9日。

第五章

对三个重大时代课题的系统破解

习近平新时代中国特色社会主义思想解答了许多前人所未解答的重大理论和实践问题,解决了许多前人所未解决的难题难事,成为21世纪马克思主义、当代中国马克思主义。

一个时代有一个时代的标识性问题,一个时代有一个时代标志性的思想。习近平新时代中国特色社会主义思想之所以成为当代中国马克思主义、二十一世纪马克思主义,实现马克思主义中国化时代化新的飞跃,关键在于党的十八大以来,以习近平同志为核心的党中央面对国内外形势新变化和实践新要求,从理论和实践的结合上深刻回答了关系党和国家事业发展、党治国理政的一系列重大时代课题。

这些重大时代课题归结起来就是,新时代坚持和发展什么样的中国特色社会主义、怎样坚持和发展中国特色社会主义,建设什么样的社会主义现代化强国、怎样建设社会主义现代化强国,建设什么样的长期执政的马克思主义政党、怎样建设长期执政的马克思主义政党等重大时代课题。为了标题的简洁,这里分别简称为"新时代之问""强国之问""长期执政之问"。

对新时代之问的解答

新时代坚持和发展什么样的中国特色社会主义、怎样坚持和发展中国特色社会主义,既是时代发展提出的重大理论课题,也是实践发展提出的重大现实课题。需要多维度地加以回答。

一、从社会主义五百年来解答

党的十八大闭幕不久，2013年1月5日，习近平总书记在新进中央委员会的委员、候补委员学习贯彻党的十八大精神研讨班上发表讲话，系统回顾和总结了社会主义发展的历史及其经验，在此基础上对新时代坚持和发展什么样的中国特色社会主义、怎样坚持和发展中国特色社会主义作了科学的回答。

从提出社会主义思想至今，差不多经历了500年。可以从六个时间段看这段历史：

第一，空想社会主义产生和发展。空想社会主义思想家们揭露资本主义社会的罪恶，批判资本主义制度的全部基础，论证未来社会代替资本主义的必然性和合理性，对未来社会提出了一些积极主张和有价值的猜测。主要包括：一是废除生产资料私有制和雇佣劳动，消灭阶级和阶级差别；二是改变资本主义分配制度，实行共同劳动、合理分配；三是消灭商品交换，有计划组织生产；四是消灭城乡差别、脑力劳动和体力劳动差别、阶级差别；五是主张把国家变成纯粹的生产管理机构，直至最后消亡；等等。这些都为科学社会主义提供了重要思想材料。但是，空想社会主义者的共同局限是唯心史观，无法找到实现其社会理想的正确道路和社会力量。

第二，社会主义从空想到科学。马克思、恩格斯创立了唯物史观和剩余价值学说，并把社会主义思想置于这两大理论基石之上，从而使社会主义实现了从空想到科学的伟大飞跃。马克思、恩格斯在批判旧世界的基础上，对未来社会主义社会的发展过程、发展方向、一般特征作了科学预测和设想。他们认为，社会主义社会和资本主义社会具有决定意义的差别主要包括：一是在生产资料公有制基础上组织生产，满足全体社会成员的需要是社会主义生产的根本目的；二是社会主义生产对社会生产进行有计划的指导和调节，实行等量劳动领取等量产品的按劳分配原则；三是社会主义生产合乎自然规律地改造和利用自然；四是无产阶级革命是无产阶级进行斗争的最高形式，必须由无产阶级政党领导，以建立无产阶级专政的国家为目的；五是通过无产阶级专政和社会主义高度发展最终实现向消灭阶级、消灭剥削、实现人的全面而自由发展的共产主义社会的过渡；等等。这些构成了科学社会主义的基本原则。

第三，社会主义从理论到实践。列宁把马克思主义基本原理同俄国具体实际相结合，创造性地提出社会主义可能在一国或数国首先取得胜利的理论，领导十月革命取得成功，建立了世界上第一个社会主义国家，从而使社会主义实现了从理论到实践的伟大飞跃。经过十月革命后的反复实践，列宁提出新经济政策，包含对社会主义的整个看法的调整，基本内容包括：用粮食税代替余粮收集制；对中小企业采取非国有化措施；允许自由贸易，恢复商品货币关系；废止劳动义务制，改变平均主义分配方式；实行租让制，加强同资本主义国家的交往和合作；社会主义最终胜利的根本保证是创造出比资本主义更高的劳动生产率；无产阶级在夺取政权以后要实现党和国家工作重心从革命到建设的转变；合作社是把个人利益和国家利益结合起来的最好形式；必须加强国家政权建设和执政党建设；等等。

第四，苏联模式逐步形成。斯大林在领导苏联社会主义建设中逐步形成的高度集中的经济政治体制，主要特征是：在所有制上实行单一的生产资料公有制；在经济体制上实行自上而下的指令性计划经济；在发展战略上以重工业为重点追求外延式的粗放增长,片面强调阶级斗争和无产阶级专政,忽视社会主义民主法制建设;在政治上权力高度集中、党政不分、终身制、家长制、个人崇拜,等等。苏联模式的形成,在特定历史条件下对巩固苏联社会主义制度起到了重要作用,第二次世界大战结束后建立的其他社会主义国家大都仿照苏联模式。但随着时间推移,苏联模式的弊端日益暴露,成为经济社会发展的严重体制障碍。

第五,中国社会主义革命和建设时期的探索和实践。 如何在中国建设社会主义,是中国共产党面临的一个崭新课题。刚开始,我们只能学习苏联经验。经过实践,我们党很快就察觉到苏联模式的局限。以毛泽东同志发表《论十大关系》《关于正确处理人民内部矛盾的问题》为主要标志,我们党对怎样建设社会主义有了自己新的重要认识:要把党和国家的工作重点转到技术革命和社会主义建设上来;生产力和生产关系、经济基础和上层建筑的矛盾是社会主义社会基本矛盾,人民对于经济文化迅速发展的需要同当前经济文化不能满足人民需要的状况之间的矛盾是我国国内的主要矛盾,发展生产力是根本任务;社会主义社会还有商品生产和商品交换,要发展商品生产,遵守价值规律和做好综合平衡;社会主义发展目标是建设现代工业、现代农业、现代科学技术、现代国防,要走一条有别于苏联模式的中国工业化道路,坚持以农业为基础和工业为主导,坚持沿海工业和内地工业共同发展,充分发挥中央和地方两个积极性;注意发展手工业和农业多种经营,农业中要实行生产责任制,不能剥夺农民,不能超越阶段,反对平均主义;必须扩大社会主义民主,坚持民主集中制,加强社会主义法制建设,防止领导机关官僚化、特殊化;必须正确区分和处理敌我矛盾和人民内部矛盾;在文化领域实行"百花齐放、百家争鸣"的方针;等等。经过长期不懈的努力和曲折探索，到1978年建立了独立的比较完整的工业体系和国民经济体系，各方面建设取得了巨大成就，为新的历史时期开创中国特色社会主义提供了宝贵经验、理论准备、物质基础。

第六，开创和发展中国特色社会主义。党的十一届三中全会以后，我们党重新确立了解放思想、实事求是的思想路线，彻底否定了"以阶级斗争为纲"的错误理论和实践，以巨大的政治勇气和理论勇气提出进行改革开放，并明确提出必须搞清楚什么是社会主义、怎样建设社会主义这个重大理论和实际问题。1981年，党的十一届六中全会通过《关于建国以来党的若干历史问题的决议》，对毛泽东同志的历史地位和毛泽东思想作出了科学评价，对新中国成立以来的历史作出了正确结论，同时从十个方面对党的十一届三中全会后逐步确立的适合我国情况的社会主义现代化道路作了初步概括。1982年，邓小平同志在党的十二大上第一次提出"建设有中国特色的社会主义"命题。经过实践探索，我们党提出了社会主义初级阶段理论，确立了党在社会主义初级阶段的基本路线，阐明了社会主义本质，中国特色社会主义道路越走越宽广，并形成了中国特色社会主义道路、理论体系、制度、文化。中国特色社会主义的总体布局，也从"两个文明""三位一体""四位一体"发展为"五位一体"。

回顾社会主义500多年的发展历程，可以看清楚中国特色社会主义开创与发展的历史逻辑、理论逻辑、实践逻辑，看清楚新时代坚持和发展什么样的中国特色社会主义、怎样坚持和发展中国特色社会主义。中国特色社会主义，是党和人民100多年奋斗、创造、积累的根本成就，是改革开放40多年实践的根本总结，凝结着实现中华民族伟大复兴这个近代以来中华民族最根本的梦想，也体现着近代以来人类对社会主义的美好憧憬和不懈探索。

正如习近平总书记所说："中国特色社会主义，是科学社会主义理论逻辑和中国社会发展历史逻辑的辩证统一，是根植于中国大地、反映中国人民意愿、适应中国和时代发展进步要求的科学社会主义，是全面建成小康社会、加快推进社会主义现代化、实现中华民族伟大复兴的必由之路。"[1]

二、从提出"四个全面"来解答

在新时代推进中国特色社会主义的战略全局中，统筹推进"五位一体"总体布局，协调推进"四个全面"战略布局居于十分重要的地位。

党的十八大以来，以习近平同志为核心的党中央紧紧围绕新时代坚持和发展什么样的中国特色社会主义、怎样坚持和发展中国特色社会主义这个时代课题，形成并统筹推进经济建设、政治建设、文化建设、社会建设、生态文明建设"五位一体"总体布局，形成并协调推进全面建成小康社会、全面深化改革、全面依法治国、全面从严治党"四个全面"战略布局。"五位一体"总体布局和"四个全面"战略布局相互促进、统筹联动，从全局上确立了新时代坚持和发展中国特色社会主义的战略规划和部署。

中国特色社会主义事业总体布局，是中国共产党对社会主义建设规律在实践和认识上不断深化的重要成果。特别是在新时代形成的中国特色社会主义经济建设、政治建设、文化建设、社会建设、生态文明建设"五位一体"总体布局，深刻把握了新时代对中国特色社会主义系统推

---

[1] 《习近平谈治国理政》（第一卷），外文出版社2018年版，第21页。

进、整体推进的时代要求，充分体现了新时代要求中国特色社会主义全面发展、高质量发展的时代特征，是重大理论和实践创新，更带来了发展理念和发展方式的深刻转变。"五位一体"各方面相互联系、相互促进、不可分割，共同构筑起中国特色社会主义事业的全局。要按照"五位一体"总体布局的整体性目标要求，坚持以经济建设为中心，促进经济、政治、文化、社会、生态文明建设各方面相协调，推动生产关系与生产力、上层建筑与经济基础相适应，推进中国特色社会主义事业全面发展、全面进步。

"四个全面"战略布局，是中国共产党站在新时代新的历史起点上把握我国发展新特征确定的治国理政新方略，是新的时代条件下推进改革开放和社会主义现代化建设、坚持和发展中国特色社会主义的战略抉择。这一战略布局，是从我国发展现实需要中得出来的，是从人民群众的热切期待中得出来的，也是为推动解决我们面临的突出矛盾和问题提出来的。党的十八届三中、四中、五中、六中全会相继就全面深化改革、全面依法治国、全面建成小康社会、全面从严治党进行了专题研究，完成"四个全面"战略布局顶层设计。第一次实现了在党和国家战略全局上战略目标与战略举措的有机统一，第一次将全面从严治党纳入治国理政的方略之中，体现了治国必先治党、治党务必从严的根本要求。

"四个全面"战略布局既有战略目标又有战略举措，每个"全面"相互之间具有紧密的内在逻辑，是一个整体战略部署的有序展开。在如期实现全面建成小康社会的奋斗目标之前，全面建成小康社会是战略目标；在此之后，全面建设社会主义现代化国家成为战略目标，在"四个全面"中居于引领地位。全面深化改革、全面依法治国、全面从严治党是三大战略举措，为如期实现战略目标提供重要保障。要深刻认识"四个全面"之间的有机联系，将其作为具有内在理论和实践逻辑关系的统一体来把握和理解，努力做到相辅相成、相互促进、相得益彰。

三、从提出切实加强党对一切工作的全面领导来解答

改革开放以后，党为加强和改善党的领导进行持续努力，为党和国家事业发展提供了根本政治保证。同时，党内也存在不少对坚持党的领导认识模糊、行动乏力问题，存在不少落实党的领导弱化、虚化、淡化、边缘化问题，特别是对党中央重大决策部署执行不力，有的搞上有政策、下有对策，甚至口是心非、擅自行事。

以习近平同志为核心的党中央旗帜鲜明提出，党的领导是党和国家的根本所在、命脉所在，是全国各族人民的利益所系、命运所系，全党必须自觉在思想上政治上行动上同党中央保持高度一致，提高科学执政、民主执政、依法执政水平，提高把方向、谋大局、定政策、促改革的能力，确保充分发挥党总揽全局、协调各方的领导核心作用。

进入新时代，全面加强党的领导，明确中国特色社会主义最本质的特征是中国共产党领导，中国特色社会主义制度的最大优势是中国共产党领导，中国共产党是最高政治领导力量，坚持党中央集中统一领导是最高政治原则，系统完善党的领导制度体系，全党增强"四个意识"，自觉在思想上政治上行动上同党中央保持高度一致，不断提高政治判断力、政治领悟力、政治执行力，确保党中央权威和集中统一领导，确保党发挥总揽全局、协调各方的领导核心作用，我们这个拥有九千六百多万名党员的马克思主义政党更加团结统一。

加强党对一切工作的全面领导，必须自觉做到"两个维护"。党中

央权威和集中统一领导，最关键的是政治领导。看一名党员干部特别是高级干部的素质和能力，首先看政治上是否站得稳、靠得住。站得稳、靠得住，最重要的就是要牢固树立"四个意识"，自觉在思想上政治上行动上同党中央保持高度一致，坚决维护党中央权威和集中统一领导，在各项工作中毫不动摇、百折不挠贯彻落实党中央决策部署，不打任何折扣，不要任何小聪明，不搞任何小动作。要注重提高政治能力，特别是把握方向、把握大势、把握全局的能力和保持政治定力、驾驭政治局面、防范政治风险的能力。要严格遵守政治纪律和政治规矩，全面执行党内政治生活准则，确保党中央政令畅通，确保局部服从全局，确保各项工作坚持正确政治方向。

深化党和国家机构改革，以及全面深化改革的各项工作，都要坚持和加强党的全面领导。坚持和加强党的全面领导，既是深化党和国家机构改革的内在要求，也是深化党和国家机构改革的重要任务，是贯穿改革全过程的政治主题。党的十九大明确指出，保证全党服从中央，坚持党中央权威和集中统一领导，是党的政治建设的首要任务。党和国家大政方针的决定权在党中央，必须以实际行动维护党中央一锤定音、定于一尊的权威。党的任何组织和成员，无论在哪个领域、哪个层级、哪个单位，都要服从党中央集中统一领导。凡属部门和地方职权范围内的工作部署，都要以坚决贯彻党中央决策部署为前提，做到令行禁止。

党的全面领导、党的全部工作要靠党的坚强组织体系去实现。中国共产党是按照马克思主义建党原则建立起来的，形成了包括党的中央组织、地方组织、基层组织在内的严密组织体系。这是世界上任何其他政党都不具有的强大优势。党中央是大脑和中枢，党中央必须有定于一尊、一锤定音的权威，这样才能"如身使臂，如臂使指，叱咤变化，无有留难，则天下之势一矣"。党的地方组织的根本任务是确保党中央决策部署贯彻落实，有令即行、有禁即止。党组在党的组织体系中具有特殊地位，要贯彻落实党中央和上级党组织决策部署，发挥好把方向、管大局、保落实的重要作用。每个党员特别是领导干部都要强化党的意识和组织观念，自觉做到思想上认同组织、政治上依靠组织、工作上服从组织、感情上信赖组织。

对强国之问的解答

如今，中华民族伟大复兴正迎来从站起来、富起来到强起来的伟大飞跃，全面建设社会主义现代化国家新征程已经开启，建设什么样的社会主义现代化强国、怎样建设社会主义现代化强国成为新时代新阶段必须回答和破解的重大时代课题。

一、从实现中华民族伟大复兴中国梦来解答

实现中华民族伟大复兴是近代以来中华民族最伟大的梦想。中国共产党一经成立，就把实现共产主义作为党的最高理想和最终目标，把为中国人民谋幸福、为中华民族谋复兴作为矢志不渝的初心和使命，义无反顾肩负起实现中华民族伟大复兴的历史使命，团结带领人民进行了艰苦卓绝的斗争，谱写了气吞山河的壮丽史诗。在艰苦卓绝的不懈奋斗中，一个以马克思主义为指导、一个勇担民族复兴历史大任、一个必将带领中国人民创造人间奇迹的马克思主义政党——中国共产党应运而生。

中国共产党深刻认识到，实现中华民族伟大复兴，必须推翻压在中国人民头上的帝国主义、封建主义、官僚资本主义三座大山，建立新中国，实现民族独立、人民解放、国家统一、社会稳定，建立起符合我国实际的先进社会制度，推进社会主义建设。中国共产党团结带领人民经过长期奋斗，完成新民主主义革命和社会主义革命，建立起中华人民共和国和社会主义基本制度，进行了社会主义建设的艰辛探索，实现了中华民族从"东亚病夫"到站起来的伟大飞跃。这一伟大飞跃以铁一般的事实证明，只有社会主义才能救中国。

中国共产党深刻认识到，实现中华民族伟大复兴，必须合乎时代潮流、顺应人民意愿，勇于改革开放，让党和人民事业始终充满奋勇前进的强大动力。改革开放以来，中国共产党团结带领人民进行建设中国特色社会主义新的伟大实践，破除阻碍国家和民族发展的一切思想和体制障碍，开创中国特色社会主义，使中国大踏步赶上了时代，实现了中华民族从站起来到富起来的伟大飞跃。这一伟大飞跃以铁一般的事实证明，只有中国特色社会主义才能发展中国。

在新时代，中国共产党团结带领人民进行伟大斗争、建设伟大工程、推进伟大事业、实现伟大梦想，推动党和国家事业取得全方位、开创性历史成就，发生深层次、根本性历史变革，中华民族迎来了从富起来到强起来的伟大飞跃。这一伟大飞跃以铁一般的事实证明，只有坚持和发展中国特色社会主义才能实现中华民族伟大复兴！

在全面建设社会主义现代化国家新征程上，我们比历史上任何时期都更接近、更有信心和能力实现中华民族伟大复兴的目标。同时也要清醒地看到，中华民族伟大复兴，绝不是轻轻松松、敲锣打鼓就能实现的，必须准备付出更为艰巨、更为艰苦的努力。中国共产党立志于中华民族千秋伟业，致力于人类和平与发展崇高事业，责任无比重大，使命无上光荣。务必不忘初心、牢记使命，务必谦虚谨慎、艰苦奋斗，务必敢于斗争、善于斗争，坚定历史自信，增强历史主动，谱写新时代中国特色社会主义更加绚丽的华章。

实现伟大梦想，必须进行伟大斗争。社会是在矛盾运动中前进的，有矛盾就会有斗争。我们党要团结带领人民有效应对重大挑战、抵御重大风险、克服重大阻力、解决重大矛盾，必须进行具有许多新的历史特点的伟大斗争，任何贪图享受、消极懈怠、回避矛盾的思想和行为都是错误的。要充分认识这场伟大斗争的长期性、复杂性、艰巨性，发扬斗争精神，提高斗争本领，不断夺取伟大斗争新胜利。

实现伟大梦想，必须建设伟大工程。这个伟大工程就是我们党正在深入推进的党的建设新的伟大工程。历史已经并将继续证明，没有中国共产党的领导，民族复兴必然是空想。我们党要始终成为时代先锋、民族脊梁，始终成为马克思主义执政党，自身必须始终过硬。要更加自觉地坚定党性原则，勇于直面问题，敢于刮骨疗毒，消除一切损害党的先进性和纯洁性的因素，清除一切侵蚀党的健康肌体的病毒，不断增强党的政治领导力、思想引领力、群众组织力、社会号召力。

实现伟大梦想，必须推进伟大事业。中国特色社会主义是改革开放以来党的全部理论和实践的主题，是党和人民历尽千辛万苦、付出巨大代价取得的根本成就。中国特色社会主义道路是实现社会主义现代化、创造人民美好生活的必由之路，中国特色社会主义理论体系是指导党和人民实现中华民族伟大复兴的正确理论，中国特色社会主义制度是当代中国发展进步的根本制度保障，中国特色社会主义文化是激励全党全国各族人民奋勇前进的强大精神力量。全党要更加自觉地增强道路自信、理论自信、制度自信、文化自信，既不走封闭僵化的老路，也不走改旗易帜的邪路，保持政治定力。

二、从高质量全面建成小康社会来破解

习近平总书记反复强调，到2020年全面建成小康社会，是我们党向人民、向历史作出的庄严承诺。只有高质量如期实现全面建成小康社会奋斗目标，而且要让人民群众感受到实实在在的变化，增加人民的获得感、幸福感，才能为顺利开启全面建设社会主义现代化国家创造条件。

在21世纪头二十年全面建设惠及十几亿人口的更高水平的小康社会的奋斗目标，是党的十六大提出的。党的十八大后，这个时跨21世纪头二十年的奋斗历程到了需要一鼓作气向终点线冲刺的历史时刻。要清醒看到，如期全面建成小康社会，既具有充分条件，也面临艰巨任务，前进道路并不平坦，诸多矛盾叠加、风险隐患增多的挑战依然严峻复杂。如果应对不好，或者发生系统性风险、犯颠覆性错误，就会延误甚至中断全面建成小康社会进程。对此，全党同志必须做好充分的思想准备和工作准备，认清形势，坚定信心，继续顽强奋斗。

尽管国际国内环境发生了深刻复杂变化，但我国发展重要战略机遇期的重大判断没有改变。我国物质基础雄厚、人力资本丰富、市场空间广阔、发展潜力巨大，经济长期向好基本面没有改变。经济发展进入新常态，在增长速度不可避免换挡的同时，经济发展方式加快转变，经济结构不断优化，发展动力持续转换，改革开放释放出新的发展活力，良好发展态势可以保持。

全面建成高质量的小康社会，是新时代提出的新战略新思路。这是

和新时代转变发展方式、转变发展理念的新要求一脉相承的。进入全面建成小康社会决胜阶段，不是新一轮大干快上，不能靠粗放型发展方式、靠强力刺激抬高速度实现"两个翻番"，否则势必走到老路上去，那将会带来新的矛盾和问题。我们不仅要全面建成小康社会，而且要考虑更长远时期的发展要求，加快形成适应经济发展新常态的经济发展方式。这样，才能建成高质量的小康社会，才能为实现第二个百年奋斗目标奠定更为牢靠的基础。

要按照新思路、新标准全面建成高质量的小康社会。这种新思路、新标准，主要体现在以下方面。

第一，全面建成小康社会，强调的不仅是"小康"，而且更重要的也是更难做到的是"全面"。 "小康"讲的是发展水平，"全面"讲的是发展的平衡性、协调性、可持续性。

第二，全面小康，覆盖的领域要全面，是五位一体全面进步。全面小康社会要求经济更加发展、民主更加健全、科教更加进步、文化更加繁荣、社会更加和谐、人民生活更加殷实。要在坚持以经济建设为中心的同时，全面推进经济建设、政治建设、文化建设、社会建设、生态文明建设，促进现代化建设各个环节、各个方面协调发展，不能长的很长、短的很短。

比如，生态文明建设就是突出短板。在30多年持续快速发展中，我国农产品、工业品、服务产品的生产能力迅速扩大，但提供优质生态产品的能力却在减弱，一些地方生态环境还在恶化。这就要求我们尽力补上生态文明建设这块短板，切实把生态文明的理念、原则、目标融入经济社会发展各方面，贯彻落实到各级各类规划和各项工作中。主体功能区是国土空间开发保护的基础制度，也是从源头上保护生态环境的根本举措，虽然提出了多年，但落实不力。我国960多万平方公里的国土，自然条件各不相同，定位错了，之后的一切都不可能正确。要加快完善基于主体功能区的政策和差异化绩效考核，推动各地区依据主体功能定位发展。要坚持保护优先、自然恢复为主，实施山水林田湖沙草生态保护和修复工程，加大环境治理力度，改革环境治理基础制度，全面提升自然生态系统稳定性和生态服务功能，筑牢生态安全屏障。

第三，全面小康，覆盖的人口要全面，是惠及全体人民的小康。 全面建成小康社会突出的短板主要在民生领域，发展不全面的问题很大程度上也表现在不同社会群体民生保障方面。"天地之大，黎元为先。"要按照人人参与、人人尽力、人人享有的要求，坚守底线、突出重点、完善制度、引导预期，注重机会公平，着力保障基本民生。

农村贫困人口脱贫是最突出的短板。虽然全面小康不是人人同样的小康，但如果现有的7000多万农村贫困人口生活水平没有明显提高，全面小康也不能让人信服。所以，《中共中央关于制定国民经济和社会发展第十三个五年规划的建议》把农村贫困人口脱贫作为全面建成小康社会的基本标志，强调实施精准扶贫、精准脱贫，以更大决心、更精准思路、更有力措施，采取超常举措，实施脱贫攻坚工程，确保我国现行标准下农村贫困人口实现脱贫、贫困县全部摘帽、解决区域性整体贫困。

城市人口中，还有1800万左右的城镇低保人口，对他们而言，要通过完善各项保障制度来保障基本生活；对1.3亿多65岁以上的老年人，要增加养老服务供给、增强医疗服务的便利性；对2亿多在城镇务工的农民工，要让他们逐步公平享受当地基本公共服务；对上千万在特大城市就业的大学毕业生等其他常住人口，要让他们有适宜的居住条件；对900多万城镇登记失业人员，要让他们有一门专业技能，实现稳定就业和稳定收入；等等。总之，我们要坚持以人民为中心的发展思想，针对特定人群面临的特定困难，想方设法帮助他们解决实际问题。

第四，全面小康，覆盖的区域要全面，是城乡区域共同的小康。努力缩小城乡区域发展差距，是全面建成小康社会的一项重要任务。对这个问题，要辩证地看。城市和乡村、不同区域承担的主体功能不同。青海和西藏的主要区域是重点生态功能区，是世界第三极，生态产品和服务的价值极大。如果盲目开发造成破坏，今后花多少钱也补不回来。但是，在现行国内生产总值核算体系下，只用国内生产总值衡量发展水平，这些地方必然同发达地区的发展差距越来越大。我们说的缩小城乡区域发展差距，不能仅仅看作是缩小生产总值总量和增长速度的差距，而应该是缩小居民收入水平、基础设施通达水平、基本公共服务均等化水平、人民生活水平等方面的差距。此外，对城乡地区收入差距，也要全面认识。城乡区域之间生活成本特别是居住成本很不一样，光看收入也不能准确反映问题。

三、从五大新发展理念来破解

创新、协调、绿色、开放、共享的新发展理念，是2015年10月习近平总书记在党的十八届五中全会上提出来的。新发展理念强调，创新发展注重的是解决发展动力问题，协调发展注重的是解决发展不平衡问题，绿色发展注重的是解决人与自然和谐问题，开放发展注重的是解决发展内外联动问题，共享发展注重的是解决社会公平正义问题，强调坚持新发展理念是关系我国发展全局的一场深刻变革。

第一，创新发展，着力增强发展的动力和持久力。把创新摆在第一位，是因为创新是引领发展的第一动力。发展动力决定发展速度、效能、可持续性。对我国这么大体量的经济体来讲，如果动力问题解决不好，要实现经济持续健康发展和"两个翻番"是难以做到的。当然，协调发展、绿色发展、开放发展、共享发展都有利于增强发展动力，但核心在创新。抓住了创新，就抓住了牵动经济社会发展全局的"牛鼻子"。

回顾近代以来世界发展历程，可以清楚看到，一个国家和民族的创新能力，从根本上影响甚至决定国家和民族的前途命运。坚持创新发展，是我们分析近代以来世界发展历程特别是总结我国改革开放成功实践得出的结论，是我们应对发展环境变化、增强发展动力、把握发展主动权，更好引领新常态的根本之策。

我国经济总量已经持续跃居世界第二，但大而不强、臃肿虚胖体弱问题相当突出，主要体现在创新能力不强，这是我国这个经济大块头的"阿喀琉斯之踵"。通过创新引领和驱动发展已经成为我国发展的迫切要求。

创新是一个复杂的社会系统工程，涉及经济社会各个领域。坚持创新发展，既要坚持全面系统的观点，又要抓住关键，以重要领域和关键环节的突破带动全局。要超前谋划、超前部署，紧紧围绕经济竞争力的核心关键、社会发展的瓶颈制约、国家安全的重大挑战，强化事关发展全局的基础研究和共性关键技术研究，全面提高自主创新能力，在科技创新上取得重大突破，力争实现我国科技水平由跟跑并跑向并跑领跑转变。要以重大科技创新为引领，加快科技创新成果向现实生产力转化，加快构建产业新体系，做到人有我有、人有我强、人强我优，增强我国经济整体素质和国际竞争力。要深化科技体制改革，推进人才发展体制和政策创新，突出"高精尖缺"导向，实施更开放的创新人才引进政策，聚天下英才而用之。

第二，协调发展，着力增强发展的整体性协调性。下好新时代经济社会发展的全国一盘棋，协调发展是制胜要诀。要学会运用辩证法，善于"弹钢琴"，处理好局部和全局、当前和长远、重点和非重点的关系，在权衡利弊中趋利避害、作出最为有利的战略抉择。从当前我国发展不平衡、不充分的突出问题出发，我们要着力推动区域协调发展、城乡协调发展、物质文明和精神文明协调发展，推动经济建设和国防建设融合发展。

要发挥各地区比较优势，促进生产力布局优化，重点实施"一带一路"建设、京津冀协同发展、长江经济带发展三大战略，支持革命老区、民族地区、边疆地区、贫困地区加快发展，构建连接东中西、贯通南北方的多中心、网络化、开放式的区域开发格局，不断缩小地区发展差距。要坚持工业反哺农业、城市支持农村和多予少取放活方针，促进城乡公共资源均衡配置，加快形成以工促农、以城带乡、工农互惠、城乡一体的工农城乡关系，不断缩小城乡发展差距。要坚持社会主义先进文化前进方向，用社会主义核心价值观凝聚共识、汇聚力量，用优秀文化产品振奋人心、鼓舞士气，用中华优秀传统文化为人民提供丰润的道德滋养，提高精神文明建设水平。要统筹经济建设和国防建设，建立全要素、多领域、高效益的军民深度融合发展格局，推进国防和军队建设同全面建成小康社会进程相一致，使两者协调发展、平衡发展、兼容发展。

第三，绿色发展，着力推进人与自然和谐共生。这是绿色发展的要义。人因自然而生，人与自然是一种共生关系，对自然的伤害最终会伤及人类自身。只有尊重自然规律，才能有效防止在开发利用自然上走弯路。生态环境没有替代品，用之不觉，失之难存。环境就是民生，青山就是美丽，蓝天也是幸福，绿水青山就是金山银山；保护环境就是保护生产力，改善环境就是发展生产力。在生态环境保护上，一定要树立大局观、长远观、整体观，不能因小失大、顾此失彼、寅吃卯粮、急功近利。我们要坚持节约资源和保护环境的基本国策，像保护眼睛一样保护生态环境，像对待生命一样对待生态环境，推动形成绿色发展方式和生活方式，协同推进人民富裕、国家强盛、中国美丽。

绿色发展是一场思想理念上的革命。要坚决摒弃损害甚至破坏生态环境的发展模式和做法，决不能再以牺牲生态环境为代价换取一时一地的经济增长。要坚定推进绿色发展，推动自然资本大量增值，让良好生态环境成为人民生活的增长点、成为展现我国良好形象的发力点，让老百姓呼吸上新鲜的空气、喝上干净的水、吃上放心的食物、生活在宜居的环境中，切实感受到经济发展带来的实实在在的环境效益，让中华大地天更蓝、山更绿、水更清、环境更优美，走向生态文明新时代。

第四，开放发展，着力形成对外开放新体制。一个国家能不能富强，一个民族能不能振兴，最重要的就是看这个国家、这个民族能不能顺应时代潮流，掌握历史前进的主动权。

经济全球化是我们谋划发展所要面对的时代潮流。要发展壮大，必须主动顺应经济全球化潮流，坚持对外开放，充分运用人类社会创造的先进科学技术成果和有益管理经验。以前，经济全球化的主要推手是美国等西方国家；今天，中国反而被认为是世界上推动贸易和投资自由化便利化的最大旗手，积极主动同西方国家形形色色的保护主义作斗争。这说明，只要主动顺应世界发展潮流，不但能发展壮大自己，而且可以引领世界发展潮流。

我们现在搞开放发展，面临的国际国内形势同以往有很大不同，总体上有利因素更多，但风险挑战不容忽视，而且都是更深层次的风险挑战，稍不留神就可能掉入别人精心设置的陷阱。要提高把握国内国际两个大局的自觉性和能力，提高对外开放质量和水平。

第五，共享发展，着力践行以人民为中心的发展思想。以人民为中心的发展思想，不是一个抽象的、玄奥的概念，不能只停留在口头上，止步于思想环节，而要体现在经济社会发展各个环节。要坚持人民主体地位，顺应人民群众对美好生活的向往，不断实现好、维护好、发展好最广大人民根本利益，做到发展为了人民、发展依靠人民、发展成果由人民共享。要通过深化改革、创新驱动，提高经济发展的质量和效益，生产出更多更好的物质和精神产品，不断满足人民日益增长的物质文化需要。要全面调动人的积极性、主动性、创造性，为各行业各方面的劳动者、企业家、创新人才、各级干部创造发挥作用的舞台和环境。要坚持社会主义基本经济制度和分配制度，调整收入分配格局，完善以税收、社会保障、转移支付等为主要手段的再分配调节机制，维护社会公平正义，解决好收入差距问题，使发展成果更多更公平惠及全体人民。

共享理念实质就是坚持以人民为中心的发展思想，体现的是逐步实现共同富裕的要求。共同富裕，是马克思主义的一个基本目标，也是自古以来我国人民的一个基本理想。实现这个目标需要一个漫长的历史过程。我国正处于并将长期处于社会主义初级阶段，我们不能做超越阶段的事情，但也不是说在逐步实现共同富裕方面就无所作为，而是要根据现有条件把能做的事情尽量做起来，积小胜为大胜，不断朝着全体人民共同富裕的目标前进。

共享发展理念，其内涵主要有以下几个方面。一是共享是全民共享，是人人享有、各得其所，不是少数人共享、一部分人共享。这是就共享的覆盖面而言的。二是共享是全面共享，共享国家经济、政治、文化、社会、生态各方面建设成果，全面保障人民在各方面的合法权益。这是就共享的内容而言的。三是共享是共建共享，共建才能共享，共建的过程也是共享的过程。这是就共享的实现途径而言的。四是共享是渐进共享，共享发展必将有一个从低级到高级、从不均衡到均衡的过程，即使达到很高的水平也会有差别。这是就共享发展的推进进程而言的。

对长期执政之问的解答

进入新时代，中国共产党面对的形势是，改革开放和社会主义现代化建设取得巨大成就，党的建设新的伟大工程取得显著成效，为我们继续前进奠定了坚实基础、创造了良好条件、提供了重要保障；同时一系列长期积累及新出现的突出矛盾和问题亟待解决，有些党员、干部政治信仰发生动摇，一些地方和部门形式主义、官僚主义、享乐主义和奢靡之风屡禁不止，特权思想和特权现象较为严重，一些贪腐问题触目惊心。建设什么样的长期执政的马克思主义政党、怎样建设长期执政的马克思主义政党，成为新时代必须破解的重大时代课题。

一、从全面从严治党来破解

全面从严治党，是以习近平同志为核心的党中央根据新时代在管党治党上面临的突出问题和严峻挑战作出的重大决策。

习近平总书记指出："新形势下，我们党面临着许多严峻挑战，党内存在着许多亟待解决的问题。尤其是一些党员干部中发生的贪污腐败、脱离群众、形式主义、官僚主义等问题，必须下大气力解决。全党必须警醒起来。打铁还需自身硬。我们的责任，就是同全党同志一道，坚持党要管党、从严治党，切实解决自身存在的突出问题，切实改进工作作风，密切联系群众，使我们党始终成为中国特色社会主义事业的坚强领导核心。"①

党的十八大以来，以习近平同志为核心的党中央以前所未有的勇气和定力推进全面从严治党，推动新时代全面从严治党取得了历史性、开创性成就，产生了全方位、深层次影响。

——坚持以伟大自我革命引领伟大社会革命，健全党的领导制度体系，深化党的建设制度改革，完善全面从严治党制度，坚决扭转一些领域党的领导弱化、党的建设缺失、管党治党不力状况，使党始终成为中国特色社会主义事业的坚强领导核心。

——坚持以科学理论引领全党理想信念，建立不忘初心、牢记使命的制度，持之以恒用新时代中国特色社会主义思想武装全党、教育人民、指导工作，推进学习教育制度化常态化，不断坚定同心共筑中国梦的理想信念。

——坚持以"两个维护"引领全党团结统一，完善坚定维护党中央权威和集中统一领导的各项制度，健全党中央对重大工作的领导体制，以统一的意志和行动维护党的团结统一，不断增强党的政治领导力、思想引领力、群众组织力、社会号召力。

——坚持以正风肃纪反腐凝聚党心军心民心，坚决惩治腐败、纠治

---

① 《习近平谈治国理政》（第一卷），外文出版社2018年版，第4—5页。

不正之风，坚决清除影响党的先进性和纯洁性的消极因素，健全为人民执政、靠人民执政的各项制度，让人民始终成为中国共产党执政和中国特色社会主义事业发展的磅礴力量。

总之，党的十八大以来，通过全面从严治党，探索出一条长期执政条件下解决自身问题、跳出治乱兴衰历史周期率的成功道路，构建起一套行之有效的权力监督制度和执纪执法体系，这条道路、这套制度必须长期坚持并不断巩固发展。

第一，强化政治监督保障制度执行，增强"两个维护"的政治自觉。要督促落实全面从严治党责任，切实解决基层党的领导和监督虚化、弱化问题，把负责、守责、尽责体现在每个党组织、每个岗位上。要保证权力在正确轨道上运行，坚持民主集中制，形成决策科学、执行坚决、监督有力的权力运行机制，督促公正用权、依法用权、廉洁用权。

第二，坚持以人民为中心的工作导向。通过清晰的制度导向，把干部干事创业的手脚从形式主义、官僚主义的桎梏、"套路"中解脱出来，形成求真务实、清正廉洁的新风正气。要深入整治民生领域的"微腐败"、放纵包庇黑恶势力的"保护伞"、妨碍惠民政策落实的"绊脚石"，促进基层党组织全面过硬。

第三，坚持"老虎""苍蝇"一起打，重点查处不收敛不收手的违纪违法问题。我们要清醒认识腐蚀和反腐蚀斗争的严峻性、复杂性，认识反腐败斗争的长期性、艰巨性，切实增强防范风险意识，提高治理腐败效能。要坚决查处各种风险背后的腐败问题，深化金融领域反腐败工作，加大国有企业反腐力度，加强国家资源、国有资产管理，查处地方债风险中隐藏的腐败问题。要坚决查处医疗机构内外勾结欺诈骗保行为，建立和强化长效监管机制。要完善境外国有资产监管制度。要坚决贯彻中央八项规定精神，保持定力、寸步不让，防止老问题复燃、新问题萌发、小问题坐大。要加强对各级"一把手"的监督检查，完善任职回避、定期轮岗、离任审计等制度，用好批评和自我批评武器。

第四，深刻把握党风廉政建设规律，一体推进不敢腐、不能腐、不想腐。一体推进不敢腐、不能腐、不想腐，不仅是反腐败斗争的基本方针，也是新时代全面从严治党的重要方略。不敢腐、不能腐、不想腐是相互依存、相互促进的有机整体，必须统筹联动，增强总体效果。要以严格的执纪执法增强制度刚性，推动形成不断完备的制度体系、严格有效的监督体系，加强理想信念教育，提高党性觉悟，夯实不忘初心、牢记使命的思想根基。既要把"严"的主基调长期坚持下去，又要善于做到"三个区分开来"；既要合乎民心民意，又要激励干部担当作为，充分运用"四种形态"提供的政策策略，通过有效处置化解存量、强化监督遏制增量，实现政治效果、纪法效果、社会效果的有机统一。

第五，完善党和国家监督体系，统筹推进纪检监察体制改革。要继续健全制度、完善体系，使监督体系契合党的领导体制，融入国家治理体系，推动制度优势更好转化为治理效能。要把党委（党组）全面监督、纪委监委专责监督、党的工作部门职能监督、党的基层组织日常监督、党员民主监督等结合起来、融为一体。要以党内监督为主导，推动人大监督、民主监督、行政监督、司法监督、审计监督、财会监督、统计监督、群众监督、舆论监督有机贯通、相互协调。纪委监委要发挥好在党和国家监督体系中的作用，一体推动、落实纪检监察体制改革各项任务。

二、从强力反腐败来破解

党的十八大以来，以习近平同志为核心的党中央反复强调开展反腐败斗争首先要从政治上看。

第一，腐败问题对党的执政基础破坏力最大、杀伤力也最大，是最容易颠覆政权的问题，是党面临的最大威胁，反腐败斗争是一场输不起也决不能输的重大政治斗争，必须决战决胜。

第二，反对腐败、建设廉洁政治，是我们党一贯坚持的鲜明政治立场，是坚持党的性质和宗旨的必然要求，是党自我革命必须长期抓好的重大政治任务，必须亮明党坚决反对腐败的旗帜，让腐败分子在党内没有藏身之地。

第三，政治腐败是最大的腐败，必须消除党内政治隐患，坚决防止党内形成利益集团，如果党的权力被他们攫取、党的领导干部成了他们的代理人甚至自己就搞利益集团，红色江山就会改变颜色。

第四，民心是最大的政治，人民群众最痛恨腐败，不得罪成百上千的腐败分子，就要得罪14亿人民，这是一笔再明白不过的政治账、人心向背账，必须坚持以正风肃纪反腐凝聚党心军心民心，厚植党执政的政治基础。

第五，党风廉政建设和反腐败斗争永远在路上，必须以抓铁有痕、踏石留印的坚韧和执着，打好这场攻坚战、持久战，使党永葆清正廉洁的政治本色。

同时，对领导干部特别是高级干部，提出不断提高政治判断力、政治领悟力、政治执行力。从党风廉政建设和反腐败斗争上看，提高政治判断力，就是要以国家政治安全为大、以人民为重、以坚持和发展中国特色社会主义为本，深刻认识各类腐败问题的政治本质和政治危害，清醒辨别行为是非，有效抵御风险挑战，保证红色江山永不变色；提高政治领悟力，就是要从政治上领会好、领会透党中央关于党风廉政建设和反腐败斗争的精神，牢牢把握党中央关于全面从严治党的重大方针、重大原则、重点任务的政治内涵，自觉同党中央保持高度一致；提高政治执行力，就是要按照党中央指明的政治方向、确定的前进路线开展党风廉政建设和反腐败斗争，经常对表对标，及时校准偏差，强化责任意识，确保落实到位。

党的十八大以来，全面从严治党取得了历史性、开创性成就，产生了全方位、深层次影响。反腐败斗争取得压倒性胜利并全面巩固，自我净化、自我完善、自我革新、自我提高能力显著增强，管党治党宽松软状况得到根本扭转，风清气正的党内政治生态不断形成和发展，消除了党、国家、军队内部存在的严重隐患，党在革命性锻造中更加坚强。

全面从严治党是新时代党的自我革命的伟大实践，开辟了百年大党自我革命的新境界，深入推进管党治党实践创新、理论创新、制度创新，对建设什么样的长期执政的马克思主义政党、怎样建设长期执政的马克思主义政党的规律性认识达到新的高度。这就是坚持党中央集中统一领导，坚持党要管党、全面从严治党，坚持以党的政治建设为统领，坚持严的主基调不动摇，坚持发扬钉钉子精神加强作风建设，坚持以零容忍态度惩治腐败，坚持纠正一切损害群众利益的腐败和不正之风，坚持抓住"关键少数"以上率下，坚持完善党和国家监督制度，形成全面覆盖、常态长效的监督合力。

尽管党风廉政建设和反腐败斗争取得了历史性成就，但形势依然严峻复杂。腐败，这个党执政的最大风险仍然存在，存量还未清底，增量仍有发生。政治问题和经济问题交织，威胁党和国家政治安全。传统腐败和新型腐败交织，贪腐行为更加隐蔽复杂。腐败问题和不正之风交织，"四风"成为腐败滋长的温床。腐蚀和反腐蚀斗争长期存在，稍有松懈就可能前功尽弃，反腐败没有选择，必须知难而进。

党风廉政建设永远在路上，反腐败斗争永远在路上。中国共产党作为百年大党，要永葆先进性和纯洁性、永葆生机活力，必须一刻不停推进党风廉政建设和反腐败斗争。要清醒地认识到，只要存在腐败问题产生的土壤和条件，腐败现象就不会根除，我们的反腐败斗争也就不可能停歇。要切实担负起管党治党政治责任，始终保持"赶考"的清醒，保持对"腐蚀""围猎"的警觉，把严的主基调长期坚持下去，以系统施治、标本兼治的理念正风肃纪反腐，不断增强党自我净化、自我完善、自我革新、自我提高能力，跳出治乱兴衰的历史周期率，引领和保障中国特色社会主义巍巍巨轮行稳致远。

要持续整治群众身边腐败和作风问题，让群众在反腐"拍蝇"中增强获得感。坚决整治政法战线违纪违法问题，努力让人民群众在每一件司法案件中感受到公平正义。要推动扫黑除恶常态化，坚决打击黑恶势力及"保护伞"，决不让其再祸害百姓。紧盯党中央惠民富民、促进共同富裕政策落实，持续纠治教育医疗、养老社保、扶贫环保等领域腐败和不正之风，解决好群众的"急难愁盼"问题，让人民群众感受到公平正义。

三、从以自我革命引领社会革命来解答

把党的建设作为一项伟大工程来推进，是中国共产党的一大创举，是党领导人民进行伟大社会革命的重要法宝。以自我革命引领社会革

命，是新时代在建设什么样的长期执政的马克思主义政党、怎样建设长期执政的马克思主义政党问题上的一个重大突破。

在新时代，以中国共产党的自我革命来推动党领导人民进行的伟大社会革命，这既是党领导人民进行伟大社会革命的客观要求，也是党作为马克思主义政党建设和发展的内在需要。

我们党执政正反两方面的经验，世界上一些社会主义国家和政党演变的教训，都揭示了一个道理：马克思主义政党夺取政权不容易，巩固政权更不容易；只要马克思主义执政党不出问题，社会主义国家就出不了大问题，我们就能够跳出"其兴也勃焉，其亡也忽焉"的历史周期率。

历史上兴衰成败的事例表明，功成名就时做到居安思危、保持创业初期那种励精图治的精神状态不容易，执掌政权后做到节俭内敛、敬终如始不容易，承平时期严以治吏、防腐戒奢不容易，重大变革关头顺乎潮流、顺应民心不容易。中国共产党要始终成为时代先锋、民族脊梁，始终成为马克思主义执政党，自身必须始终过硬。怎样才算过硬，就是要敢于进行自我革命，敢于刀刃向内，敢于刮骨疗伤，敢于壮士断腕，防止祸起萧墙。这就是为什么我们党要不断进行自我革命的根本意义所在。

中国共产党历史这么长、规模这么大、执政这么久，如何跳出治乱兴衰的历史周期率？毛泽东同志在延安的窑洞里给出了第一个答案，这就是"只有让人民来监督政府，政府才不敢松懈"。[①]经过百年奋斗特别是党的十八大以来新的实践，以习近平同志为核心的党中央又给出了第

[①] 中共中央文献研究室编：《毛泽东思想年编》（1921—1975），中央文献出版社2011年版，第439页。

二个答案，这就是自我革命。

在中国革命即将取得全国胜利之际，毛泽东同志在党的七届二中全会上向全党郑重提出"两个务必"，要求全党同志做到谦虚谨慎、艰苦奋斗，是经过了深入思考的。这里面，包含着对我国几千年历史治乱规律的深刻借鉴，包含着对我们党艰苦卓绝奋斗历程的深刻总结，包含着对胜利了的政党永葆先进性和纯洁性、对即将诞生的人民政权实现长治久安的深刻忧思，包含着对我们党坚持全心全意为人民服务根本宗旨的深刻认识，思想意义和历史意义十分深远。对毛泽东同志提出"两个务必"的深邃思想和战略考虑，我们要不断学习领会。我们要不断向全党严肃郑重地提出这个问题，始终做到谦虚谨慎、艰苦奋斗，使我们的党永远不变质、我们的红色江山永远不变色。

要跳出"其兴也勃焉，其亡也忽焉"的历史周期率，就要靠头脑清醒，靠保持"两个务必"。正是因为始终强调和坚持"两个务必"，我们党才能保持同人民群众的血肉联系，团结带领人民战胜前进道路上的各种风险和挑战，不断从胜利走向胜利。同时，也要清醒地认识到，在坚持"两个务必"方面，我们也有做得不够好的地方，有经验也有教训。每个党员、干部特别是各级领导干部都应该自觉来一番总结和反思。

勇于自我革命是我们党区别于其他政党的显著标志。正是因为具备这种独有的政治品格，中国共产党才能穿越百年风风雨雨，多次在危难之际重新奋起、失误之后拨乱反正，成为打不倒、压不垮的马克思主义政党。

中国共产党之所以伟大，不在于不犯错误，而在于从不讳疾忌医，敢于直面问题，勇于自我革命。中国共产党没有任何自己特殊的利益，这是党敢于自我革命的勇气之源、底气所在。正因为无私，才能本着彻底的唯物主义精神经常检视自身、常思己过，才能摆脱一切利益集团、权势团体、特权阶层的围猎腐蚀，并向党内被这些集团、团体、阶层所裹挟的人开刀。有些人吹捧西方多党轮流执政、"三权鼎立"那一套，不相信中国共产党能够刀刃向内、自剜腐肉。中国共产党勇于自我革命的实践给了他们响亮有力的回答。

在建党百年之际，要居安思危，时刻警惕我们这个百年大党会不会变得老态龙钟、疾病缠身。对党的历史上走过的弯路、经历的曲折不能健忘失忆，对中外政治史上那些安于现状、死于安乐的深刻教训不能健忘失忆；对自身存在的问题不能反应迟钝，处理动作慢腾腾、软绵绵，最终人亡政息。要以伟大自我革命引领伟大社会革命，以伟大社会革命促进伟大自我革命，确保党在新时代坚持和发展中国特色社会主义的历史进程中始终成为坚强领导核心。

对三大治理难题的破解

紧扣时代之问，是形成新的理论、推动理论创新的重要源泉。当今世界正处于百年未有之大变局，政党治理、国家治理、全球治理成为关系人类前途命运的三大治理难题。

政党治理之所以居于三大治理难题之首，是因为西方国家的许多乱象，都与政党治理上的乱象有密切的关系。西方国家的政党，都和特定的利益集团有着千丝万缕的联系，这就从根本上决定了这些政党都有自己的特定利益。西方国家的政党，又是和这些国家的竞选制度紧密联系在一起的，为了在竞选中获得更多的选票，往往对自己的竞选纲领采取实用主义的态度。同时,这些西方政党被选举政治、民粹主义情绪等非理性因素所绑架,难以产生有远大抱负和长远眼光的合格政治家。再加上自身难以克服的政治腐败等问题,致使政党治理上的乱象非但难以克服,还时常陷于"剪不断、理还乱"的尴尬境地。

与此形成鲜明对照的是,党的十八大以来,全面从严治党成效显著,强力反腐败取得压倒性态势,党得到革命性重塑。党兴民族兴,党强国家强。

当时在政党治理方面,中国共产党面临的主要是三大难题。一是如何惩治腐败,二是如何统一意志,三是如何具有强大的社会动员能力和组织实施能力。在习近平新时代中国特色社会主义思想指引下,以全面从严治党为引领,以严惩腐败、严纠"四风"为突破口,充分发挥把纪律挺在前面、把权力关进制度笼子的强大威力,精心打造纪律检查、政治巡视、党内监督三把利剑,严肃党内政治生活,营造良好党内政治生态,取得了今非昔比的显著成效。特别是党的十八届六中全会,明确维护习近平同志党中央的核心、全党的核心地位,强调维护党中央权威和集中统一领导,全党上下的政治意识、大局意识、核心意识、看齐意识显著增强,为把中国共产党建设成为世界上最强大的一个政党奠定了坚实的政治基础。中国共产党的不可撼动、无可替代的政治领导力、思想引领力、群众组织力、社会号召力、决策执行力、政策公信力,为世界所公认。事实一再证明,要想真正实现中华民族从站起来、富起来到强起来的伟大飞跃,要想真正把中国建设成为世界上的社会主义现代化强国,就必须把中国共产党建成一个世界上强大的马克思主义执政党。

在西方国家,政党治理中的乱象,决定了国家治理的乱象。一是西方民主制度在当今出现了乱象,政党纷争造成了议会决策的种种乱象,内部纷争造成议而不决、久拖不决的情况比比皆是。二是在资本的控制和左右下，造成绝大部分社会财富集中在极少数人手上，这种难以弥合的社会鸿沟不仅越不过去，而且遇到国际金融危机和新冠肺炎疫情这样的事情，还会更加放大化。三是在所谓"白人至上"的种族偏见驱使下，原先就有的种族歧视进一步扩大化，造成族群严重分裂和对立，加剧了社会不稳定。这些国家治理上的乱象，背后与资本主义制度的弊端紧密相关，与资本左右政治密切相关，也与政党政治的弊端紧密相关，成为西方政治中难以克服的政治毒瘤和社会毒瘤。

就国家治理来说，党的十八大前，中国共产党面对治国理政的严峻考验。一是上面所说的管党治党的考验；二是转变发展方式、推进经济转型的考验；三是攻坚克难、深化改革的考验；四是转变执政方式、推进依法治国的考验；五是意识形态和思想文化传播的考验；六是补足民生短板、推进社会治理的考验；七是生态环境严重破坏的考验；八是治军强军兴军、应对新军事革命的考验；九是稳定港澳、遏制"台独"的考验；十是营造良好外部条件的考验。这十个方面的严峻考验集中到一点，从不同侧面反映出社会主要矛盾的深刻变化，从深层次提出了新时代坚持和发展什么样的中国特色社会主义、怎样坚持和发展中国特色社会主义这个重大时代课题。在性质上属于前进中的问题，完全可以通过改革发展来解决。

正是在应对以上十个方面的严峻考验的过程中，以习近平同志为核心的党中央以巨大的政治勇气和强烈的责任担当，提出一系列新理念新思想新战略，出台一系列重大方针政策，推出一系列重大举措，推进一系列重大工作，解决了许多长期想解决而没有解决的难题，办成了许多过去想办而没有办成的大事，才有党的十九大报告所指出的十个方面的历史性成就和历史性变革，才有中国特色社会主义进入新时代。

党的十八大以来，在习近平新时代中国特色社会主义思想指引下，坚持以人民为中心的发展思想，坚持稳中求进工作总基调，把新发展理念作为定盘星和指挥棒，统筹推进"五位一体"总体布局，协调推进"四个全面"战略布局，牢牢抓住适应把握引领经济发展新常态这个主脉，坚定不移推进供给侧结构性改革这个主线，全面做好稳增长、促改革、调结构、惠民生、防风险各项工作，全面带动中国特色社会主义各项事业稳步走向质的飞跃新阶段。特别是党的十八届三中全会、四中全会，将制度建设和国家治理提到前所未有的新高度，将完善和发展中国特色社会主义制度、推进国家治理体系和治理能力现代化作为全面深化改革的总目标、全面依法治国的重要内容，把马克思主义民主政治理论和国家学说提升到了一个新境界，为"四个全面"战略布局的提出奠定了坚实的理论基石。中国之治与西方之乱恰成鲜明对比，进一步彰显出中国制度优越性，极大地增强了中国特色社会主义道路自信、理论自信、制度自信、文化自信。

在全球治理方面，种种乱象集中体现在三大领域：一是经济全球化进程出现"逆全球化"的严重干扰，二是全球气候治理出现美国悔约退出的严重阻力，三是各国共同应对传统安全因素和非传统安全因素的努力遭遇冷战思维的严重威胁。

从国际来说，三个重大变化使得世界处于前所未有的大变局之中，呈现出新一轮大发展大变革大调整的态势。一是以美国为首的西方国家开始由盛转衰，影响力大不如前；二是中国的成功使得中国正在迅速走向世界舞台的中心，影响力大大提升；三是非传统安全因素的威胁持续不断，以"伊斯兰国"为代表的极端恐怖势力在发展扩张。

党的十八大以来，以习近平同志为核心的党中央冷静观察、科学研判、把握大势、主动作为，在坚定不移走和平发展道路、积极构建中国特色大国外交的同时，积极构建和平发展合作共赢的国际关系新格局，努力倡导构建人类命运共同体，为处于"十字路口"的全球治理提供了合理可行的中国方案，并通过"一带一路"建设为全球治理树立了中国榜样。特别是习近平总书记围绕国际形势和中国大政方针作出一系列重要论述，一方面深刻指出人类正处在大发展大变革大调整时期，正处在一个挑战层出不穷、风险日益增多的时代，和平赤字、发展赤字、治理赤字是摆在全人类面前的严峻挑战；另一方面指出各国之间的联系从来没有像今天这样紧密，世界人民对美好生活的向往从来没有像今天这样强烈，人类战胜困难的手段从来没有像今天这样丰富。在此前提下重申"四个决心"不会改变，即中国维护世界和平的决心不会改变，促进共同发展的决心不会改变，打造伙伴关系的决心不会改变，支持多边主义的决心不会改变。并郑重向世界各国发出倡议，坚持对话协商、共建共享、合作共赢、交流互鉴、绿色低碳，以建设一个持久和平、普遍安全、共同繁荣、开放包容、清洁美丽的世界。中国方案、中国榜样，为陷入窘境的全球治理指明了前进方向。

新时代的中国面对错综复杂、变化多端的国际局势和国际问题，高举和平发展合作共赢旗帜，提出构建人类命运共同体战略构想，稳健推进中国特色大国外交，扎实推进"一带一路"建设，加速推动形成中国全面开放新格局，以深刻改变中国来深刻影响世界，以中国之治的事实映衬西方之乱的无奈，中国特色社会主义的成功得到越来越多国际人士的称赞，中国对国际问题的话语权和主导权日益提升，中国方案对世界发展的影响力、引领力日益增强。

改革开放的历史证明，中国对世界的影响，中国对国际社会的贡献，不是通过霸权主义或输出"普世价值"实现的，而是通过自身的改革发展创新，通过深刻改变中国，来以榜样的力量深刻影响世界的。特别是在政党治理、国家治理、全球治理方面，中国以独特的优势开辟了破解之道，为世界树立了榜样，作出了举世公认的贡献。

当今世界，正处于百年不遇的大变局中。当今中国，正处于由大变强的关键时刻。当今中国与世界的关系，也在发生历史性的重大变化，中国正以从容自信稳健步伐走近世界舞台的中心。在各种变化之中，有一点是可以肯定的，中国的发展强盛，带给世界的绝不是新一轮"国强必霸"的角逐，而是和平发展合作共赢的希望。

总之，习近平新时代中国特色社会主义思想紧扣中国之问、世界之问、人民之问、时代之问，脚踏实地、登高望远，纵览古今、面向未来，解答了许多前人所未解答的重大理论和实践问题，解决了许多前人所未解决的难题难事，引领中国特色社会主义进入新时代，成为21世纪马克思主义、当代中国马克思主义。它精准确定党和国家所处历史新方位，作出中国特色社会主义进入新时代的科学判断；科学分析我国社会主要矛盾新变化，作出我国社会主要矛盾已经转化为人民日益增长的美好生活需要和不平衡不充分的发展之间的矛盾的重大论断；概括提出中华民族迎来了从站起来、富起来到强起来的伟大新飞跃，科学谋划了从全面建成小康社会到基本实现现代化、再到全面建成社会主义现代化强国的新时代中国特色社会主义发展战略新安排；明确提出我们比历史上任何时期都更接近、更有信心和能力实现中华民族伟大复兴的目标，必须坚定"四个自信"，实现伟大梦想必须进行伟大斗争、建设伟大工程、推进伟大事业，始终做到坚持和发展中国特色社会主义要一以贯之，推进党的建设新的伟大工程要一以贯之，增强忧患意识、防范风险挑战要一以贯之。由此开创了马克思主义新境界、中国特色社会主义新境界、治国理政新境界、管党治党新境界。这一科学理论，集中体现了当代中国智慧与中国思维，它对政党治理、国家治理、全球治理难题的成功破解，不但具有鲜明的中国特色、中国意义，而且具有深邃的时代价值、世界意义。

第六章

对中华民族强起来的战略擘画

全面建成社会主义现代化强国,是中国共产党在第一个百年奋斗目标圆满实现后,又一个庄严承诺,更是把中华民族强起来镌刻在中国人民和中华民族的伟大梦想之中。

进入新时代，中华民族迎来了从站起来、富起来到强起来的历史飞跃。特别是在全面建成小康社会第一个百年奋斗目标圆满实现、彻底摆脱绝对贫困后，中国共产党团结带领中国人民踏上全面建设社会主义现代化国家新征程，正在为全面建成社会主义现代化强国而奋斗的第二个百年目标奋勇前进的光荣时刻，更是把中华民族强起来镌刻在中国人民和中华民族的伟大梦想之中。

对国家和民族发展的战略擘画，既是党的创新理论的重要组成部分，也是在党的创新理论指导下取得的理论创新和实践创新重大成果。中国共产党是一个高度重视战略擘画的马克思主义政党。党的十八大以来，以习近平同志为核心的党中央一直在为如何在实现了第一个百年奋斗目标后，继续实现第二个百年奋斗目标不断进行着战略擘画和顶层设计。

对历史方位和社会主要矛盾的把握

正确认识党和人民事业所处的历史方位和发展阶段，是我们党明确阶段性中心任务、制定路线方针政策的根本依据，也是我们党领导革命、建设、改革不断取得胜利的重要经验。

习近平总书记指出："党的百年奋斗历程告诉我们，党和人民事业能不能沿着正确方向前进，取决于我们能否准确认识和把握社会主要矛盾、确定中心任务。什么时候社会主要矛盾和中心任务判断准确，党和人民事业就顺利发展，否则党和人民事业就会遭受挫折。"①

党的十八大以来，党和国家事业面临着世界百年未有之大变局，2008年国际金融危机后世界经济长期陷入低迷，全球治理乱象迭出，西方发达国家不断转嫁金融危机、经济困局、政治乱局，逆全球化倾向、经济霸凌主义、单边主义、政治保守主义和冷战思维迅速抬头。与此同时，中国经济发展处于增长速度换挡期、结构调整阵痛期、前期刺激政策消化期的"三期叠加"阶段，经济发展、社会稳定、国家安全都面临诸多不确定因素。

在这种情况下，以习近平同志为核心的党中央一边大刀阔斧全面从严治党、全面深化改革、全面依法治国，以此推动党和国家各方面工作有条不紊地向前发展，一边不断地对我国发展所处历史方位作出新的判断。

——2013年7月25日，习近平总书记在中央政治局常委会会议上，提出我国经济正处于增长速度换挡期、结构调整阵痛期、前期刺激政策消化期叠加的阶段。

——2014年12月9日，习近平总书记在中央经济工作会议上，提出我国已处于"经济发展新常态"，强调认识新常态、适应新常态、引领新常态是当前和今后一个时期我国经济发展的大逻辑，并从九个方面的

---

① 《习近平谈治国理政》（第四卷），外文出版社2022年版，第30页。

趋势性变化①分析了我国经济发展进入新常态的原因。习近平总书记指出："我国经济正在向形态更高级、分工更复杂、结构更合理的阶段演化。""我国经济发展进入新常态后，增长速度正从百分之十左右的高速增长转向百分之七左右的中高速增长，经济发展方式正从规模速度型粗放增长转向质量效率型集约增长，经济结构正从增量扩能为主转向调整存量、做优增量并举的深度调整，经济发展动力正从传统增长点转向新的增长点。"②正是从这一判断出发，催生了创新、协调、绿色、开放、共享新发展理念的系统提出和全面贯彻落实。

---

① 这九个趋势性变化是：（1）从消费需求看，过去我国消费具有明显的模仿型排浪式特征，现在模仿型排浪式消费阶段基本结束，个性化、多样化消费渐成主流，保证产品质量安全、通过创新供给激活需求的重要性显著上升；（2）从投资需求看，经历了30多年高强度大规模开发建设后，传统产业相对饱和，但基础设施互联互通和一些新技术、新产品、新业态、新商业模式的投资机会大量涌现，对创新投融资方式提出了新要求；（3）从出口和国际收支看，国际金融危机发生前国际市场空间扩张很快，出口成为拉动我国经济快速发展的重要动能，现在全球总需求不振，我国低成本比较优势也发生了转化，同时我国出口竞争优势依然存在，高水平引进来、大规模走出去正在同步发生；（4）从生产能力和产业组织方式看，过去供给不足是长期困扰我们的一个主要矛盾，现在传统产业供给能力大幅超出需求，产业结构必须优化升级，企业兼并重组、生产相对集中不可避免，新兴产业、服务业、小微企业作用更加凸显，生产小型化、智能化、专业化将成为产业组织新特征；（5）从生产要素相对优势看，过去劳动力成本低是最大优势，引进技术和管理就能迅速变成生产力，现在人口老龄化日趋发展，农业富余劳动力减少，要素的规模驱动力减弱，经济增长将更多依靠人力资本质量和技术进步；（6）从市场竞争特点看，过去主要是数量扩张和价格竞争，现在正逐步转向质量型、差异化为主的竞争，统一全国市场、提高资源配置效率是经济发展的内生性要求；（7）从资源环境约束看，过去能源资源和生态环境空间相对较大，现在环境承载能力已经达到或接近上限；（8）从经济风险积累和化解看，伴随着经济增速下调，各类隐性风险逐步显性化，风险总体可控，但化解以高杠杆和泡沫化为主要特征的各类风险将持续一段时间；（9）从资源配置模式和宏观调控方式看，全面刺激政策的边际效果明显递减，既要全面化解产能过剩，也要通过发挥市场机制作用探索未来产业发展方向。

② 习近平：《论把握新发展阶段、贯彻新发展理念、构建新发展格局》，中央文献出版社2021年版，第32、33页。

——2015年11月10日，习近平总书记在中央财经领导小组会议上提出要着力加强供给侧结构性改革。2015年12月18日，在中央经济工作会议上又进一步明确了供给侧结构性改革的关键是落实"去产能、去库存、去杠杆、降成本、补短板"。2018年12月19日，在中央经济工作会议上又提出"巩固、增强、提升、畅通"八字方针，作为当前和今后一个时期深化供给侧结构性改革、推动经济高质量发展管总的要求。

从"三期叠加"的判断，到"经济发展新常态"，再到"供给侧结构性改革"，及时、有力、有效地推动着中国经济从高速增长向高质量发展的战略性转变。没有这一转变，就不可能有强国梦的有效推进。这一认识的深化，也为党的十九大对党和国家所处历史方位和社会主要矛盾变化作出新的重大判断准备了条件。

党的十九大，无论在党的指导思想创新方面，还是在对党和国家治国理政的总方略和总战略的制定方面，都占据十分重要、十分关键的历史地位。

在党和国家所处历史方位上，党的十九大报告作出了带有界标性的重大决断："经过长期努力，中国特色社会主义进入了新时代，这是我国发展新的历史方位。"①报告进而指出新时代在中华人民共和国发展史上、中华民族发展史上具有重大意义，在世界社会主义发展史上、人类社会发展史上具有的重大意义："中国特色社会主义进入新时代，意味着近代以来久经磨难的中华民族迎来了从站起来、富起来到强起来的伟大飞跃，迎来了实现中华民族伟大复兴的光明前景；意味着科学社会主义在二十一世纪的中国焕发出强大生机活力，在世界上高高举起了中国

---

① 《中国共产党第十九次全国代表大会文件汇编》，人民出版社2017年版，第8页。

特色社会主义伟大旗帜;意味着中国特色社会主义道路、理论、制度、文化不断发展,拓展了发展中国家走向现代化的途径,给世界上那些既希望加快发展又希望保持自身独立性的国家和民族提供了全新选择,为解决人类问题贡献了中国智慧和中国方案。"①

对中国特色社会主义进入新时代的判断,在新中国的发展史上占有十分重要的里程碑意义,标志着我国进入了社会主义初级阶段中的新发展阶段,即实现强国建设、民族复兴伟业的发展阶段。

新中国自1956年基本完成社会主义改造后,进入了社会主义社会。后来,我们搞清楚了,这实际上是社会主义初级阶段。如果说,马克思恩格斯所设想的共产主义之前还有一个第一阶段②,即社会主义阶段;后来中国社会主义建设实践表明,社会主义社会也需要分为两个阶段,即比较发达的社会主义社会和不发达的社会主义社会③。改革开放后,中国共产党经过反复探索终于认识到,中国正处于并将长期处于社会主义初级阶段。邓小平指出:"社会主义本身是共产主义的初级阶段,而我们中国又处在社会主义的初级阶段,就是不发达的阶段。一切都要从这个实际出发,根据这个实际来制订规划。"④这是中国共产党在党的十一届三中全会后作出的第一个关于历史方位的全局性、基础性判断。这一全局性、基础性判断对于形成中国特色社会主义基本路线、基本理论、基本方略至关重要。

---

① 《中国共产党第十九次全国代表大会文件汇编》,人民出版社2017年版,第8—9页。
② 参见《马克思恩格斯选集》(第三卷),人民出版社2012年版,第363—364页。
③ 参见《毛泽东文集》(第八卷),人民出版社1999年版,第116页。
④ 《邓小平文选》(第三卷),人民出版社1993年版,第252页。

对于社会主义初级阶段理论，1987年10月召开的党的十三大和1997年9月召开的党的十五大都曾作过系统的论述，而党的十五大报告的有关论述根据实践发展又对十三大的论述作了必要的完善和补充。党的十五大报告指出："社会主义是共产主义的初级阶段，而中国又处在社会主义的初级阶段，就是不发达的阶段。在我们这样的东方大国，经过新民主主义走上社会主义道路，这是伟大的胜利。但是，我国进入社会主义的时候，就生产力发展水平来说，还远远落后于发达国家。这就决定了必须在社会主义条件下经历一个相当长的初级阶段，去实现工业化和经济的社会化、市场化、现代化。这是不可逾越的历史阶段。"[①]

在对社会主义初级阶段作了上述总的论述基础上，党的十五大报告还对初级阶段的基本特征和基本任务作了阐述："社会主义初级阶段，是逐步摆脱不发达状态，基本实现社会主义现代化的历史阶段；是由农业人口占很大比重、主要依靠手工劳动的农业国，逐步转变为非农业人口占多数、包含现代农业和现代服务业的工业化国家的历史阶段；是由自然经济半自然经济占很大比重，逐步转变为经济市场化程度较高的历史阶段；是由文盲半文盲人口占很大比重、科技教育文化落后，逐步转变为科技教育文化比较发达的历史阶段；是由贫困人口占很大比重、人民生活水平比较低，逐步转变为全体人民比较富裕的历史阶段；是由地区经济文化很不平衡，通过有先有后的发展，逐步缩小差距的历史阶段；是通过改革和探索，建立和完善比较成熟的充满活力的社会主义市场经济体制、社会主义民主政治体制和其他方面体制的历史阶段；是广大人民牢固树立建设有中国特色社会主义共同理想，自强不息，锐意进

[①] 《中国共产党第十五次全国代表大会文件汇编》，人民出版社1997年版，第15页。

取,艰苦奋斗,勤俭建国,在建设物质文明的同时努力建设精神文明的历史阶段;是逐步缩小同世界先进水平的差距,在社会主义基础上实现中华民族伟大复兴的历史阶段。这样的历史进程,至少需要一百年时间。至于巩固和发展社会主义制度,那还需要更长得多的时间,需要几代人、十几代人,甚至几十代人坚持不懈地努力奋斗。"①

读了二十多年前作出的上述论断,联系到中国特色社会主义新时代的历史方位,会深有感触地认识到:一方面,我们依然处在完成社会主义初级阶段赋予我们的历史任务的过程中,因而仍具有这个总阶段的基本特征;另一方面,我们已经大踏步地走过了初级阶段的第一个阶段,而具有一些不同的阶段性特征。正如习近平总书记所说:"社会主义初级阶段不是一个静态、一成不变、停滞不前的阶段,也不是一个自发、被动、不用费多大气力自然而然就可以跨过的阶段,而是一个动态、积极有为、始终洋溢着蓬勃生机活力的过程,是一个阶梯式递进、不断发展进步、日益接近质的飞跃的量的积累和发展变化的过程。全面建设社会主义现代化国家、基本实现社会主义现代化,既是社会主义初级阶段我国发展的要求,也是我国社会主义从初级阶段向更高阶段迈进的要求。"②

我国进入了社会主义初级阶段中的新发展阶段的一个客观标志,是新时代社会主要矛盾发生了深刻变化,即由原先的人民日益增长的物质文化需要同落后的社会生产之间的矛盾,转化为人民日益增长的美好生

---

① 《中国共产党第十五次全国代表大会文件汇编》,人民出版社1997年版,第16页。
② 习近平:《论把握新发展阶段、贯彻新发展理念、构建新发展格局》,中央文献出版社2021年版,第474—475页。

活需要和不平衡不充分的发展之间的矛盾。

这个社会主要矛盾的深刻变化，是中国共产党团结带领中国人民长期自力更生、艰苦奋斗、勤俭建国的结果，是中国特色社会主义正确性和优越性的集中体现，是中国式现代化能够创造出发展奇迹的生动体现。中国人民从此彻底摆脱了贫穷落后和短缺经济的困扰，迈上了高质量发展、绿色发展、共同富裕的新征程。

对社会主要矛盾的科学判断，从来都是同历史方位和历史任务的确定紧密联系在一起的。对此，党的十九大报告通过两个"必须认识到"作了两方面的阐述。

报告指出："必须认识到，我国社会主要矛盾的变化是关系全局的历史性变化，对党和国家工作提出了许多新要求。我们要在继续推动发展的基础上，着力解决好发展不平衡不充分问题，大力提升发展质量和效益，更好满足人民在经济、政治、文化、社会、生态等方面日益增长的需要，更好推动人的全面发展、社会全面进步。"[1]

报告还指出："必须认识到，我国社会主要矛盾的变化，没有改变我们对我国社会主义所处历史阶段的判断，我国仍处于并将长期处于社会主义初级阶段的基本国情没有变，我国是世界最大发展中国家的国际地位没有变。全党要牢牢把握社会主义初级阶段这个基本国情，牢牢立足社会主义初级阶段这个最大实际，牢牢坚持党的基本路线这个党和国家的生命线、人民的幸福线，领导和团结全国各族人民，以经济建设为中心，坚持四项基本原则，坚持改革开放，自力更生，艰苦创业，为把

---

[1]《中国共产党第十九次全国代表大会文件汇编》，人民出版社2017年版，第9—10页。

我国建设成为富强民主文明和谐美丽的社会主义现代化强国而奋斗。"①

上述两个"必须认识到",体现的是习近平新时代中国特色社会主义思想中贯穿的"两点论"的方法论。

对历史方位和社会主要矛盾的科学判断,对于牢牢把握历史自觉、历史主动,防止发生全局性、颠覆性错误,具有十分重要的作用。正因为以习近平同志为核心的党中央深刻认识新时代的历史方位以及我国社会主要矛盾变化带来的新要求,科学制定路线方针政策和工作部署,从各方面推动解决发展不平衡不充分问题,以更好满足人民日益增长的美好生活需要,才牢牢抓住了稍纵即逝的历史机遇和发展主动权,取得了全方位的、开创性的历史成就,深层次的、根本性的历史变革。如同习近平总书记所说:"我们要有全局观,对各种矛盾做到了然于胸,同时又要紧紧围绕主要矛盾和中心任务,优先解决主要矛盾和矛盾的主要方面,以此带动其他矛盾的解决,在整体推进中实现重点突破,以重点突破带动经济社会发展水平整体跃升,朝着全面建成社会主义现代化强国的奋斗目标不断前进。"②这是一条成功经验。

对国际国内环境的把握

科学认识每个发展阶段的国际国内环境及其特点,是制定战略策略方针的客观依据。党的十八大以来,国际环境和国内环境都发生了深刻

---

① 《中国共产党第十九次全国代表大会文件汇编》,人民出版社2017年版,第10页。

② 《习近平谈治国理政》(第四卷),外文出版社2022年版,第31页。

变化。如果不能科学认识和把握这些新变化，就很难科学制定正确的战略规划，作出正确的战略部署。

以习近平同志为核心的党中央高度重视对我国改革发展和现代化建设面临的国际国内环境的研判，统筹中华民族伟大复兴战略全局和世界百年未有之大变局，统筹发展与安全两件大事，提出了一系列新思想新论断新举措，指引中国特色社会主义巨轮朝着"两个一百年"的奋斗目标乘风破浪、勇往直前。

一、关于新时代中华民族伟大复兴所处的国际环境

我们所处的是一个充满挑战的时代，也是一个充满希望的时代。世界又一次站在历史的十字路口，何去何从取决于各国人民的抉择。

从国际看，世界百年未有之大变局进入加速演变期，国际环境日趋错综复杂，世界之变、时代之变、历史之变正以前所未有的方式展开。

一方面，和平与发展仍然是时代主题，和平、发展、合作、共赢的历史潮流不可阻挡，人心所向、大势所趋决定了人类前途终归光明；新一轮科技革命和产业变革深入发展，国际力量对比深刻调整，人类命运共同体理念深入人心，我国发展面临新的战略机遇。

另一方面，国际形势的不稳定性不确定性明显增加，新冠肺炎疫情大流行影响广泛深远，经济全球化遭遇逆流，逆全球化思潮抬头，民粹主义、排外主义抬头，单边主义、保护主义、霸权主义对世界和平与发展构成威胁，国际经济、科技、文化、安全、政治等格局都在发生深刻复杂变化；世界经济陷入低迷期，全球产业链供应链面临重塑，世界经济脆弱性更加突出，不稳定性不确定性明显增加；国际环境错综复杂，恃强凌弱、巧取豪夺、零和博弈等霸权霸道霸凌行径危害深重，和平赤

字、发展赤字、安全赤字、治理赤字加重，全球治理严重缺失，地缘政治局势紧张，局部冲突和动荡频发，粮食和能源等多重危机叠加，全球性问题加剧，世界进入新的动荡变革期；来自外部的打压遏制随时可能升级。科技创新成为国际战略博弈的主要战场，围绕科技制高点的竞争空前激烈。

新一轮科技革命和产业变革突飞猛进，科学研究范式正在发生深刻变革，学科交叉融合不断发展，科学技术和经济社会发展加速渗透融合。科技创新广度显著加大，宏观世界大至天体运行、星系演化、宇宙起源，微观世界小至基因编辑、粒子结构、量子调控，都是当今世界科技发展的最前沿。科技创新深度显著加深，深空探测成为科技竞争的制高点，深海、深地探测为人类认识自然不断拓展新的视野。科技创新速度显著加快，以信息技术、人工智能为代表的新兴科技快速发展，大大拓展了时间、空间和人们认知范围，人类正在进入一个"人机物"三元融合的万物智能互联时代。生物科学基础研究和应用研究快速发展。科技创新精度显著加强，对生物大分子和基因的研究进入精准调控阶段，从认识生命、改造生命走向合成生命、设计生命，在给人类带来福祉的同时，也带来生命伦理的挑战。

粮食、能源安全是全球发展领域最紧迫的挑战。当前危机根源不是生产和需求问题，而是供应链出了问题，国际合作受到干扰。解决之道在于各国在联合国等多边国际组织的协调下，加强市场监管合作，构建大宗商品合作伙伴关系，建设开放、稳定、可持续的大宗商品市场，共同畅通供应链，稳定市场价格。要坚决反对将粮食、能源问题政治化、工具化、武器化，撤销单边制裁措施，取消对相关科技合作限制。减少化石能源消费、向清洁能源转型进程要平衡考虑各方面因素，确保转型过程中不影响经济和民生。发展中国家的粮食、能源安全风险更为突出。

面对这些挑战，各国要树立人类命运共同体意识，倡导和平、发展、合作、共赢，让团结代替分裂、合作代替对抗、包容代替排他，共同破解"世界怎么了、我们怎么办"这一时代课题，共渡难关，共创未来。

我国发展进入战略机遇和风险挑战并存、不确定难预料因素增多的时期，各种"黑天鹅""灰犀牛"事件随时可能发生。中国人民最希望看到的是和平稳定。走和平发展道路是根据中国人民根本利益作出的战略抉择。我们坚定站在历史正确的一边，高举和平、发展、合作、共赢旗帜，在坚定维护世界和平与发展中谋求自身发展，又以自身发展更好维护世界和平与发展。

我们要准确认识决定世界百年未有之大变局走向的关键因素，牢牢把握战略主动。

当前和今后一个时期，虽然我国发展仍然处于重要战略机遇期，但机遇和挑战都有新的发展变化，机遇和挑战之大都前所未有，总体上机遇大于挑战。我们必须增强忧患意识，坚持底线思维，做到居安思危、未雨绸缪，准备经受风高浪急甚至惊涛骇浪的重大考验。

二、关于新时代中华民族伟大复兴所处的国内环境

党的十八大后，以习近平同志为核心的党中央清醒分析我国面临的形势：一方面，改革开放和社会主义现代化建设取得巨大成就，党的建设新的伟大工程取得显著成效，为我们继续前进奠定了坚实基础、创造了良好条件、提供了重要保障；另一方面，一系列长期积累及新出现的

突出矛盾和问题亟待解决。

这些矛盾和问题集中表现在：党内存在不少对坚持党的领导认识模糊、行动乏力问题，存在不少落实党的领导弱化、虚化、淡化问题，有些党员、干部政治信仰发生动摇，一些地方和部门形式主义、官僚主义、享乐主义和奢靡之风屡禁不止，特权思想和特权现象较为严重，一些贪腐问题触目惊心；经济结构性体制性矛盾突出，发展不平衡、不协调、不可持续，传统发展模式难以为继，一些深层次体制机制问题和利益固化藩篱日益显现；一些人对中国特色社会主义政治制度自信不足，有法不依、执法不严等问题严重存在；拜金主义、享乐主义、极端个人主义和历史虚无主义等错误思潮不时出现，网络舆论乱象丛生，严重影响人们思想和社会舆论环境；民生保障存在不少薄弱环节；资源环境约束趋紧、环境污染等问题突出；维护国家安全制度不完善、应对各种重大风险能力不强，国防和军队现代化存在不少短板弱项；香港、澳门落实"一国两制"的体制机制不健全；国家安全受到严峻挑战；等等。当时，党内和社会上不少人对党和国家前途忧心忡忡。

面对这些影响党长期执政、国家长治久安、人民幸福安康的突出矛盾和问题，以习近平同志为核心的党中央审时度势、果敢抉择，锐意进取、攻坚克难，团结带领全党全军全国各族人民撸起袖子加油干、风雨无阻向前行，义无反顾进行具有许多新的历史特点的伟大斗争，取得了扭转乾坤的伟大胜利。并且如期圆满实现全面建成小康社会第一个百年奋斗目标，彻底打赢了精准脱贫攻坚战，胜利开启全面建设社会主义现代化国家新征程。

在新时代开启新征程的重要时刻，既要看到我国发展总体态势是好的，完全有基础、有条件、有能力取得新的伟大胜利，也要看到当前诸多矛盾叠加、风险挑战显著增多,我国发展面临着前所未有的复杂环境。要坚持正确的历史观、大局观、发展观,看清当前国际国内形势纷繁复杂现象下的本质,做到临危不乱、危中寻机、开拓进取、开辟新局,更好统筹中华民族伟大复兴战略全局和世界百年未有之大变局。

必须清醒看到,我国改革发展稳定面临不少深层次矛盾躲不开、绕不过,党的建设特别是党风廉政建设和反腐败斗争面临不少顽固性、多发性问题。主要有:发展不平衡不充分问题仍然突出,推进高质量发展还有许多卡点瓶颈,科技创新能力还不强;确保粮食、能源、产业链供应链可靠安全和防范金融风险还须解决许多重大问题;重点领域改革还有不少硬骨头要啃;意识形态领域存在不少挑战;城乡区域发展和收入分配差距仍然较大;群众在就业、教育、医疗、托育、养老、住房等方面面临不少难题;生态环境保护任务依然艰巨;一些党员、干部缺乏担当精神,斗争本领不强,实干精神不足,形式主义、官僚主义现象仍较突出;铲除腐败滋生土壤任务依然艰巨;等等。

既要看到,当前我国经济面临周期性因素和结构性因素叠加、短期问题和长期问题交织、外部冲击和新冠肺炎疫情冲击碰头等多重影响,困难前所未有;也要看到,疫情的冲击是一时的、总体上是可控的。特别是要看到,外部冲击倒逼我们加快了自主创新步伐,我国经济长期向好的基本面没有改变。

综合以上两点对国际国内环境的分析,当前和今后一个时期,我国发展仍然处于重要战略机遇期,但机遇和挑战都有新的发展变化。第一,过去我们是顺势而上,机遇比较好把握;现在要顶风而上,把握机遇的难度就不一样了。第二,过去大环境相对平稳,风险挑战比较容易看清楚;现在世界形势动荡复杂,地缘政治挑战风高浪急,暗礁和潜流又多，对应变能力提出了更高要求。第三，过去我们发展水平低，同别人的互补性就多一些；现在我们发展水平提高了，同别人的竞争性就多起来了。

综合以上情况，得出的科学判断是：危和机并存、危中有机、危可转机，机遇更具有战略性、可塑性，挑战更具有复杂性、全局性，挑战前所未有，应对好了，机遇也就前所未有。

我们还要从新中国成立以来特别是改革开放以来的历史长周期看问题。发展的时与势在我们一边，中华民族伟大复兴的时与势在我们一边。党的坚强领导，我国社会主义制度能够集中力量办大事的制度优势，是实现经济行稳致远、社会安定的根本保证。长期以来，我国积累的雄厚物质基础、丰富人力资源、完整产业体系、强大科技实力，以及我国全球最大最有潜力的市场，是我们推动经济发展和抵御外部风险的根本依托。

对第二个百年奋斗目标的战略安排

2017年10月，党的十九大报告根据从十九大到二十大的五年是"两个一百年"奋斗目标的历史交汇期的特点，"我们既要全面建成小康社会、实现第一个百年奋斗目标，又要乘势而上开启全面建设社会主义现代化国家新征程，向第二个百年奋斗目标进军"[①]，对从全面建成小康社会到基本实现现代化、再到全面建成社会主义现代化强国的新阶段

[①]《中国共产党第十九次全国代表大会文件汇编》，人民出版社2017年版，第22页。

新征程，作出完整的战略安排。这一战略安排的突出特点，是将2020年到2050年的三十年，分为"两步走"。

第一步，从2020年到2035年，基本实现社会主义现代化。 党的十九大报告提出："第一个阶段，从二〇二〇年到二〇三五年，在全面建成小康社会的基础上，再奋斗十五年，基本实现社会主义现代化。到那时，我国经济实力、科技实力将大幅跃升，跻身创新型国家前列；人民平等参与、平等发展权利得到充分保障，法治国家、法治政府、法治社会基本建成，各方面制度更加完善，国家治理体系和治理能力现代化基本实现；社会文明程度达到新的高度，国家文化软实力显著增强，中华文化影响更加广泛深入；人民生活更为宽裕，中等收入群体比例明显提高，城乡区域发展差距和居民生活水平差距显著缩小，基本公共服务均等化基本实现，全体人民共同富裕迈出坚实步伐；现代社会治理格局基本形成，社会充满活力又和谐有序；生态环境根本好转，美丽中国目标基本实现。"①

第二步，从2035年到本世纪中叶，建成社会主义现代化强国。 党的十九大报告提出："第二个阶段，从二〇三五年到本世纪中叶，在基本实现现代化的基础上，再奋斗十五年，把我国建成富强民主文明和谐美丽的社会主义现代化强国。到那时，我国物质文明、政治文明、精神文明、社会文明、生态文明将全面提升，实现国家治理体系和治理能力现代化，成为综合国力和国际影响力领先的国家，全体人民共同富裕基本实现，我国人民将享有更加幸福安康的生活，中华民族将以更加昂扬

---

① 《中国共产党第十九次全国代表大会文件汇编》，人民出版社2017年版，第23页。

的姿态屹立于世界民族之林。"①

2020年，在制定"十四五"规划建议时，习近平总书记提出"把握新发展阶段，贯彻新发展理念，构建新发展格局"的战略谋划，并系统总结我国社会主义现代化建设经验，提出"中国式现代化"的科学概念，要求"以中国式现代化推进中华民族伟大复兴"②。

关于把握新发展阶段，习近平总书记指出：就理论依据而言，今天我们所处的新发展阶段，就是社会主义初级阶段中的一个阶段，同时是其中经过几十年积累、站到了新的起点上的一个阶段。从历史依据来看，新发展阶段是我们党带领人民迎来从站起来、富起来到强起来历史性跨越的新阶段。就现实依据来讲，我们已经拥有开启新征程、实现新的更高目标的雄厚物质基础。"新中国成立不久，我们党就提出建设社会主义现代化国家的目标，经过十三个五年规划（计划），我们已经为实现这个目标奠定了坚实基础，未来三十年将是我们完成这个历史宏愿的新发展阶段。我们已经明确了未来发展的路线图和时间表。这就是，到二〇三五年，用三个五年规划期，基本实现社会主义现代化。然后，再用三个五年规划期，到本世纪中叶，把我国建成富强民主文明和谐美丽的社会主义现代化强国。"③

关于贯彻新发展理念，习近平总书记指出：我们党领导人民治国理政，很重要的一个方面就是要回答好实现什么样的发展、怎样实现发展

---

① 《中国共产党第十九次全国代表大会文件汇编》，人民出版社2017年版，第23页。

② 习近平：《论把握新发展阶段、贯彻新发展理念、构建新发展格局》，中央文献出版社2021年版，第10页。

③ 习近平：《论把握新发展阶段、贯彻新发展理念、构建新发展格局》，中央文献出版社2021年版，第473页。

这个重大问题。党的十八大以来，我们党对经济形势进行科学判断，对发展理念和思路作出及时调整，引导我国经济发展取得了历史性成就、发生了历史性变革。"党的十八大以来我们对经济社会发展提出了许多重大理论和理念，其中新发展理念是最重要、最主要的。新发展理念是一个系统的理论体系，回答了关于发展的目的、动力、方式、路径等一系列理论和实践问题，阐明了我们党关于发展的政治立场、价值导向、发展模式、发展道路等重大政治问题。全党必须完整、准确、全面贯彻新发展理念。"①

关于构建新发展格局，习近平总书记指出：加快构建以国内大循环为主体、国内国际双循环相互促进的新发展格局，是"十四五"规划《建议》提出的一项关系我国发展全局的重大战略任务。这是把握未来发展主动权的战略性布局和先手棋，是新发展阶段要着力推动完成的重大历史任务，也是贯彻新发展理念的重大举措。构建新发展格局的关键在于经济循环的畅通无阻，最本质特征是实现高水平的自立自强，最大的支撑是巨大的国内市场资源。

关于中国式现代化，习近平总书记指出："我们党要领导一个十几亿人口的东方大国实现社会主义现代化，必须坚持实事求是、稳中求进、协同推进，加强前瞻性思考、全局性谋划、战略性布局、整体性推进，实现发展质量、结构、规模、速度、效益、安全相统一。全面建设社会主义现代化，一个地区、一个民族都不能落下，同时我国区域差异大、发展不平衡，现代化进程不可能齐步走，要鼓励有条件的地区率先

---

① 习近平：《论把握新发展阶段、贯彻新发展理念、构建新发展格局》，中央文献出版社2021年版，第479页。

实现现代化，支持带动其他地区实现现代化。"①

2022年10月，党的二十大报告在十九大报告基础上，进一步科学谋划了未来五年乃至更长时期党和国家事业发展的战略目标和任务。

第一，明确了到党的二十一大未来五年战略目标。提出："未来五年是全面建设社会主义现代化国家开局起步的关键时期，主要目标任务是：经济高质量发展取得新突破，科技自立自强能力显著提升，构建新发展格局和建设现代化经济体系取得重大进展；改革开放迈出新步伐，国家治理体系和治理能力现代化深入推进，社会主义市场经济体制更加完善，更高水平开放型经济新体制基本形成；全过程人民民主制度化、规范化、程序化水平进一步提高，中国特色社会主义法治体系更加完善；人民精神文化生活更加丰富，中华民族凝聚力和中华文化影响力不断增强；居民收入增长和经济增长基本同步，劳动报酬提高与劳动生产率提高基本同步，基本公共服务均等化水平明显提升，多层次社会保障体系更加健全；城乡人居环境明显改善，美丽中国建设成效显著；国家安全更为巩固，建军一百年奋斗目标如期实现，平安中国建设扎实推进；中国国际地位和影响进一步提高，在全球治理中发挥更大作用。"②

第二，进一步细化了到2035年基本实现社会主义现代化的战略目标。指出："到二〇三五年，我国发展的总体目标是：经济实力、科技实力、综合国力大幅跃升，人均国内生产总值迈上新的大台阶，达到中等发达国家水平；实现高水平科技自立自强，进入创新型国家前列；建

---

① 习近平：《论把握新发展阶段、贯彻新发展理念、构建新发展格局》，中央文献出版社2021年版，第488—489页。

② 《中国共产党第二十次全国代表大会文件汇编》，人民出版社2022年版，第21页。

成现代化经济体系，形成新发展格局，基本实现新型工业化、信息化、城镇化、农业现代化；基本实现国家治理体系和治理能力现代化，全过程人民民主制度更加健全，基本建成法治国家、法治政府、法治社会；建成教育强国、科技强国、人才强国、文化强国、体育强国、健康中国，国家文化软实力显著增强；人民生活更加幸福美好，居民人均可支配收入再上新台阶，中等收入群体比重明显提高，基本公共服务实现均等化，农村基本具备现代生活条件，社会保持长期稳定，人的全面发展、全体人民共同富裕取得更为明显的实质性进展；广泛形成绿色生产生活方式，碳排放达峰后稳中有降，生态环境根本好转，美丽中国目标基本实现；国家安全体系和能力全面加强，基本实现国防和军队现代化。"①

第三，进一步明确了以中国式现代化全面推进中华民族伟大复兴必须牢牢把握的重大原则。包括：坚持和加强党的全面领导；坚持中国特色社会主义道路；坚持以人民为中心的发展思想；坚持深化改革开放；坚持发扬斗争精神。②

第四，在党的十九届五中全会关于中国式现代化五大特征论述的基础上，进一步阐发了新时代中国式现代化理论。强调："中国式现代化，是中国共产党领导的社会主义现代化，既有各国现代化的共同特征，更有基于自己国情的中国特色。"③提出："中国式现代化的本质要求是：

---

① 《中国共产党第二十次全国代表大会文件汇编》，人民出版社2022年版，第20—21页。
② 参见《中国共产党第二十次全国代表大会文件汇编》，人民出版社2022年版，第22—23页。
③ 《中国共产党第二十次全国代表大会文件汇编》，人民出版社2022年版，第18页。

坚持中国共产党领导，坚持中国特色社会主义，实现高质量发展，发展全过程人民民主，丰富人民精神世界，实现全体人民共同富裕，促进人与自然和谐共生，推动构建人类命运共同体，创造人类文明新形态。"[1]

党的二十大闭幕后，国家主席习近平首次出访，于2022年11月17日，在亚太经合组织工商领导人峰会上发表了《坚守初心 共促发展 开启亚太合作新篇章》的书面演讲。[2]演讲中进一步阐述了中国式现代化战略思想，彰显了在实现第二个百年奋斗目标新征程上，以中国式现代化全面推进中华民族伟大复兴的战略地位。

为了完整领会这篇书面演讲所体现的中国式现代化战略思想，特将有关内容全部引述如下：

前不久，中国共产党成功举行第二十次全国代表大会，对当前和今后一个时期国家发展作出总体规划和部署，强调要全面推进中国式现代化。

——迄今为止，世界上实现工业化的国家不超过30个，人口总数不超过10亿。中国14亿多人口实现现代化将是人类发展史上前所未有的大事。中国经济社会的更好发展，归根结底要激发14亿多人民的力量。我们将坚持以人民为中心，继续提高人民生活水平，使中等收入群体在未来15年超过8亿，推动超大规模市场不断发展。

——中国古人说："治国之道，富民为始。"中国已经打赢脱贫攻坚战、全面建成小康社会，现在要继续推进全体人民共同富裕。我们的共

---

[1]《中国共产党第二十次全国代表大会文件汇编》，人民出版社2022年版，第20页。

[2] 习近平：《坚守初心 共促发展 开启亚太合作新篇章——在亚太经合组织工商领导人峰会上的书面演讲》（2022年11月17日，曼谷），载《人民日报》2022年11月18日。

同富裕，是要更好满足人民美好生活需要，逐步实现整体富裕、普遍富裕，坚持市场和政府相结合、效率和公平相统一，在做大蛋糕的同时分好蛋糕，打造橄榄型分配结构。我提出全球发展倡议，就是着眼于解决发展不平衡问题。中国正同100多个国家和国际组织推进倡议落实，推动落实今年全球发展高层对话会成果。中国愿加大对全球发展合作的资源投入，同各方一道构建全球发展共同体。

——我讲过，当高楼大厦在中国大地上遍地林立时，中华民族精神的大厦也应该巍然耸立。我们将不断提高人民物质生活和精神生活水平，做到家家仓廪实衣食足，又让人人知礼节明荣辱。我们主张平等、互鉴、对话、包容的文明观，世界各国弘扬和平、发展、公平、正义、民主、自由的全人类共同价值，以文明交流超越文明隔阂，以文明互鉴超越文明冲突，以文明共存超越文明优越，为世界文明朝着平衡、积极、向善的方向发展提供助力。

——中国式现代化必须走人与自然和谐共生的新路。这是对我们自己负责，也是对世界负责。近年来，我们坚持绿水青山就是金山银山的理念，促进经济社会发展全面绿色转型，努力建设天蓝、地绿、水清的美丽中国。

中国确定了力争2030年前实现碳达峰、2060年前实现碳中和的目标，这是我们对国际社会的庄严承诺。10年来，中国是全球能耗强度降低最快的国家之一，超额完成到2020年碳排放强度下降40%至45%的目标，累计减少排放二氧化碳58亿吨。中国已建成全球规模最大的碳市场和清洁发电体系。希望各方加强合作，在绿色低碳转型的道路上坚定走下去，共同构建人与自然生命共同体。

以习近平同志为核心的党中央对第二个百年战略安排的制定和完

善，是一个不断发展的过程。这种发展，不仅是认识上和理论上的，更有实践中不断涌现的新成就新经验，两者形成了良性互动。

对关键领域的战略部署

战略谋划，不仅包括战略目标和战略安排，战略方针和战略部署也同样十分重要。

习近平总书记指出："战略问题是一个政党、一个国家的根本性问题。战略上判断得准确，战略上谋划得科学，战略上赢得主动，党和人民事业就大有希望。一百年来，党总是能够在重大历史关头从战略上认识、分析、判断面临的重大历史课题，制定正确的政治战略策略，这是党战胜无数风险挑战、不断从胜利走向胜利的有力保证。"[①]

战略是从全局、长远、大势上作出判断和决策。中国共产党是一个大党，领导的是一个大国，进行的是伟大的事业，绝不能犯战略性错误。以习近平同志为核心的党中央高度重视战略谋划。党的十八大以来，党中央统筹把握中华民族伟大复兴战略全局和世界百年未有之大变局，明确要坚持党的基本理论、基本路线、基本方略，统揽伟大斗争、伟大工程、伟大事业、伟大梦想，提出增强"四个意识"、坚定"四个自信"、做到"两个维护"，提出统筹推进"五位一体"总体布局、协调推进"四个全面"战略布局，坚持稳中求进工作总基调，提出一系列原创性的治国理政新战略。

[①] 习近平：《更好把握和运用党的百年奋斗历史经验》（2022年1月11日），载《求是》2022年第13期。

在开启全面建设社会主义现代化国家新征程后，习近平总书记对一系列事关全局的领域作出战略部署，有力地推动了党和国家各项事业的平稳发展。

2021年12月8日，习近平总书记在中央经济工作会议的讲话里，就我国进入新发展阶段后需要正确认识和把握我国发展重大理论和实践问题作了系统阐发，对关键领域作出战略部署。

第一，关于实现共同富裕的战略目标和实践途径。共同富裕路子应当怎么走？我们正在进行探索。实现共同富裕的目标，首先要通过全国人民共同奋斗把"蛋糕"做大做好，然后通过合理的制度安排正确处理增长和分配关系，把"蛋糕"切好分好。这是一个长期的历史过程，我们要创造条件、完善制度，稳步朝着这个目标迈进。

要在推动高质量发展中强化就业优先导向；发挥分配的功能和作用，处理好效率和公平关系，构建初次分配、再分配、三次分配协调配套的基础性制度安排；完善公共服务政策制度体系，坚持尽力而为、量力而行，重在提升公共服务水平，在教育、医疗、养老、住房等人民群众最关心的领域精准提供基本公共服务，兜住困难群众基本生活底线，不吊高胃口、不空头许诺。

第二，关于正确认识和把握资本的特性和行为规律。搞社会主义市场经济是我们党的一个伟大创造。既然是社会主义市场经济，就必然会产生各种形态的资本。资本主义社会的资本和社会主义社会的资本固然有很多不同，但资本都是要追逐利润的。我们要探索如何在社会主义市场经济条件下发挥资本的积极作用，同时有效控制资本的消极作用。这是一个不容回避的重大政治和经济问题。要为资本设置"红绿灯"，防止有些资本野蛮生长；依法加强对资本的有效监管；支持和引导资本规范健康发展。

第三，关于初级产品供给保障。对我们这样一个大国来说，保障好初级产品供给是一个重大的战略性问题。必须加强战略谋划，及早作出调整，确保供给安全。要坚持节约优先；增强国内资源生产保障能力；优化海外资源保障能力；切实解决农产品供给安全问题，保障种粮农民合理收益，确保口粮绝对安全、谷物基本自给，提高油料、大豆产能和自给率。

第四，关于防范化解重大风险。我国经济金融领域风险隐患很多，但总体可控。要坚持底线思维，发挥好党的领导和我国社会主义制度优势，见微知著，抓早抓小，着力避免发生重大风险或危机。前一阶段，我们有效处置了影子银行风险、互联网金融风险。但新的风险仍在发生，"黑天鹅""灰犀牛"事件不断。要继续按照稳定大局、统筹协调、分类施策、精准拆弹的基本方针，抓好风险处置工作。

第五，关于碳达峰碳中和。推进碳达峰碳中和是党中央经过深思熟虑作出的重大战略决策，是我们对国际社会的庄严承诺，也是推动高质量发展的内在要求。绿色低碳发展是经济社会发展全面转型的复杂工程和长期任务，能源结构、产业结构调整不可能一蹴而就，更不能脱离实际。如果传统能源逐步退出不是建立在新能源安全可靠的替代基础上，就会对经济发展和社会稳定造成冲击。减污降碳是经济结构调整的有机组成部分，要先立后破、通盘谋划。要坚持全国统筹、节约优先、双轮驱动、内外畅通、防范风险的原则。深入推动能源革命，促进能源消费、供给、技术、体制改革，加强国际合作，加快建设能源强国。

以上这些领域中的部署，既是针对改革开放后新出现的问题提出的重大战略举措，也是踏上全面建设社会主义现代化国家新征程后必须切实破解的重大战略课题，事关健康有序发展，事关维护人民长远利益。

2022年10月，党的二十大报告对各领域工作提出全面部署，包括：加快构建新发展格局，着力推动高质量发展；实施科教兴国战略，强化现代化建设人才支撑；发展全过程人民民主，保障人民当家作主；坚持全面依法治国，推进法治中国建设；推进文化自信自强，铸就社会主义文化新辉煌；增进民生福祉，提高人民生活品质；推动绿色发展，促进人与自然和谐共生；推进国家安全体系和能力现代化，坚决维护国家安全和社会稳定；实现建军一百年奋斗目标，开创国防和军队现代化新局面；坚持和完善"一国两制"，推进祖国统一；促进世界和平与发展，推动构建人类命运共同体；坚定不移全面从严治党，深入推进新时代党的建设新的伟大工程。这些战略部署，都是为了实现全面建设社会主义现代化国家战略目标和战略安排作出的，为落实第二个百年战略目标和战略安排提供着强有力的保障。

"一分部署，九分落实。"习近平总书记高度重视狠抓落实。他强调指出："正确的战略需要正确的策略来落实。要取得各方面斗争的胜利，我们不仅要有战略谋划，有坚定斗志，还要有策略、有智慧、有方法。策略是在战略指导下为战略服务的。战略和策略是辩证统一的关系，把战略的坚定性和策略的灵活性结合起来，站位要高，做事要实，既要把方向、抓大事、谋长远，又要抓准抓好工作的切入点和着力点，既要算大账总账，又要算小账细账。如果没有足够的战略定力和策略活力，就容易出现患得患失、摇摆不定、进退失据的问题，就会错失发展机遇。"[①]

[①] 习近平：《更好把握和运用党的百年奋斗历史经验》（2022年1月11日），载《求是》2022年第13期。

第七章

对马克思主义基本原理的原创性贡献

马克思主义的真理性，不仅体现在所创立的理论体系的科学性、系统性、完备性、丰富性上，更体现在马克思主义创立之后跨越两个世纪的丰富实践上。只有这样，马克思主义的生命之树才能长青。

马克思主义是中国共产党立党立国的根本指导思想。同时，马克思主义并没有结束真理，而是开辟了通向真理的道路。实践发展永无止境，我们认识真理、进行理论创新就永无止境。中国共产党在接受马克思主义为自己的指导思想的同时，也就把发展马克思主义的神圣历史任务和历史使命担在自己肩上。

今天，时代变化和我国发展的广度和深度远远超出了马克思主义经典作家当时的想象。实践是理论创新的沃土。当今的时代，是可以为马克思主义的发展作出原创性贡献的时代。当今的中国，也是完全可以产生这种理论的时代大舞台。正是在新时代理论创新、实践创新、制度创新、文化创新的大舞台上，习近平新时代中国特色社会主义思想应运而生，使马克思主义在当代中国和21世纪的世界焕发出蓬勃向上的生机和活力，成为当代中国马克思主义、21世纪马克思主义。

习近平新时代中国特色社会主义思想对马克思主义基本原理的原创性贡献，可以从以下五个维度来把握。

从世界变局维度看原创性贡献

从世界变局维度看,一个标志性特点,就是世界正面临百年未有之大变局。习近平新时代中国特色社会主义思想,就是在世界百年未有之大变局中,为正在强起来的中国与处于大变局中的世界指明前进方向的思想,亦即通常所说的中国经验、中国方案、中国智慧。

这一大变局的起点在哪里?一言以蔽之,从20世纪冷战结束之时开始,到2008年国际金融危机后成为定局。这一大变局新变化有很多。从根本上说,变在哪里?

——以美国为首的西方国家遇到了迈不过去的坎。

——美国国际影响力迅速下滑。

——中国强起来的趋势难以遏制。

——广大发展中国家开始选择非西方现代化模式。

——国际规则、国际格局正在改革重组之中。

正是在这一大变局中,提出了"世界之问":世界怎么了?我们怎么办?

特别需要指出的是,明确概括提出这一"世界之问"的,不是西方政要,更不是美国人,而是习近平总书记。

从世界变局维度看,习近平新时代中国特色社会主义思想通过回答"世界之问",对坚持和发展马克思主义关于人类社会发展规律的思想作出了哪些原创性贡献呢?

一、概括提出并深刻回答了新时代的"世界之问"

习近平总书记指出:"当今世界充满不确定性,人们对未来既寄予期待又感到困惑。世界怎么了、我们怎么办?这是整个世界都在思考的问题,也是我一直在思考的问题。"① "回答这些时代之问,我们要不畏浮云遮望眼,善于拨云见日,把握历史规律,认清世界大势。"② "我认为,回答这个问题,首先要弄清楚一个最基本的问题,就是我们从哪里来、现在在哪里、将到哪里去?"③

为回答这个问题,习近平总书记首先回顾了20世纪的世界历史,指出:回首最近100多年的历史,人类经历了血腥的热战、冰冷的冷战,也取得了惊人的发展、巨大的进步。20世纪上半叶以前,人类遭受了两次世界大战的劫难,那一代人最迫切的愿望,就是免于战争、缔造和平。20世纪五六十年代,殖民地人民普遍觉醒,他们最强劲的呼声,就是摆脱枷锁、争取独立。冷战结束后,各方最殷切的诉求,就是扩大合作、共同发展。这100多年全人类的共同愿望,就是和平与发展。④ 由此可见,从20世纪到21世纪,世界历史发展逻辑已经从战争与和平演进到对和平与发展的追求。

在此基础上,习近平总书记提出了在世界大变局中各国政治家应当肩负的历史任务与历史责任。这就是:我们要顺应人民呼声,接过历史

---

① 《习近平谈治国理政》(第二卷),外文出版社2017年版,第537页。
② 习近平:《论坚持推动构建人类命运共同体》,中央文献出版社2018年版,第521页。
③ 《习近平谈治国理政》(第二卷),外文出版社2017年版,第537页。
④ 《习近平谈治国理政》(第二卷),外文出版社2017年版,第537—538页。

接力棒，继续在和平与发展的马拉松跑道上奋勇向前①。

习近平总书记还进一步分析了人类社会在继续通向和平与发展道路上的有利条件与种种挑战。

有利条件是：人类正处在大发展大变革大调整时期。世界多极化、经济全球化深入发展，社会信息化、文化多样化持续推进，新一轮科技革命和产业革命正在孕育成长，各国相互联系、相互依存，全球命运与共、休戚相关，和平力量的上升远远超过战争因素的增长，和平、发展、合作、共赢的时代潮流更加强劲②。

面临的挑战是：人类也正处在一个挑战层出不穷、风险日益增多的时代。世界经济增长乏力，金融危机阴云不散，发展鸿沟日益突出，兵戎相见时有发生，冷战思维和强权政治阴魂不散，恐怖主义、难民危机、重大传染性疾病、气候变化等非传统安全威胁持续蔓延③。

将和平与发展的有利条件转变为不可动摇的大趋势，就必须摒弃冷战思维、强权政治和西方文明优越论，树立一种全新的理念："宇宙只有一个地球，人类共有一个家园。"地球是人类唯一赖以生存的家园，珍爱和呵护地球是人类的唯一选择。我们要为当代人着想，还要为子孙后代负责④。

二、坚定不移全面推进中国改革开放，继续以深刻改变中国来深刻影响世界

自从新中国成立以来，中国与世界的关系发生了根本性改变，国家、民族、人民的命运牢牢地掌握在了自己手中，由西方列强主宰中国

---

①②③④《习近平谈治国理政》（第二卷），外文出版社2017年版，第538页。

命运的屈辱时代一去不复返了。在中华民族从站起来、富起来到迎来强起来的新时代的历史进程中，中国人民始终不忘自己对于世界所负的神圣使命，同时又尊重别国的历史选择和发展道路，逐步形成了通过深刻改变中国来深刻影响世界的关系模式，从而使为人民谋幸福、为民族谋复兴同为世界求大同有机地联系在一起。这也成为深刻理解和全面把握习近平新时代中国特色社会主义思想的金钥匙。

关于坚定不移对外开放，习近平总书记反复强调："综合研判世界发展大势，经济全球化是不可逆转的时代潮流。正是基于这样的判断，我在中共十九大报告中强调，中国坚持对外开放的基本国策，坚持打开国门搞建设。我要明确告诉大家，中国开放的大门不会关闭，只会越开越大！"①"实践证明，过去四十年中国经济发展是在开放条件下取得的，未来中国经济实现高质量发展也必须在更加开放条件下进行。这是中国基于发展需要作出的战略抉择，同时也是在以实际行动推动经济全球化造福世界各国人民。"②"中国人民将继续与世界同行、为人类作出更大贡献，坚定不移走和平发展道路，积极发展全球伙伴关系，坚定支持多边主义，积极参与推动全球治理体系变革，构建新型国际关系，推动构建人类命运共同体。"③

关于坚定不移全面深化改革，习近平总书记反复强调："一个时代有一个时代的问题，一代人有一代人的使命。"④党的十九大宣告中国特色社会主义进入了新时代，制定了全面建设社会主义现代化强国的宏伟

---

①② 习近平：《论坚持推动构建人类命运共同体》，中央文献出版社2018年版，第525页。

③④ 习近平：《论坚持推动构建人类命运共同体》，中央文献出版社2018年版，第524页。

蓝图。中国特色社会主义进入新时代，掀开了实现中华民族伟大复兴的新篇章，开启了加强中国同世界交融发展的新画卷。"虽然我们已走过万水千山，但仍需要不断跋山涉水。在新时代，中国人民将继续自强不息、自我革新，坚定不移全面深化改革，逢山开路，遇水架桥，敢于向顽瘴痼疾开刀，勇于突破利益固化藩篱，将改革进行到底。中国人民将继续大胆创新、推动发展，坚定不移贯彻以人民为中心的发展思想，落实新发展理念，建设现代化经济体系，深化供给侧结构性改革，加快实施创新驱动发展战略、乡村振兴战略、区域协调发展战略，推进精准扶贫、精准脱贫，促进社会公平正义，不断增强人民获得感、幸福感、安全感。"①

关于实现中华民族伟大复兴的光明前景，习近平总书记庄严宣告："中国的昨天已经写在人类的史册上，中国的今天正在亿万人民手中创造，中国的明天必将更加美好。"②"今天，社会主义中国巍然屹立在世界东方，没有任何力量能够撼动我们伟大祖国的地位，没有任何力量能够阻挡中国人民和中华民族的前进步伐。"③

三、实施"一带一路"倡议，继续以中国发展影响世界

"一带一路"倡议，是在经济全球化发展出现波折，世界经济发展长期处于低迷状态的背景下提出的。它以具有不同文明交流互鉴悠久历史文化传统的区域为依托，以沿线各国政策沟通、设施联通、贸易畅通、资金融通、民心相通为基础，以共建共享为目的，很快就由倡议变

---

① 习近平：《论坚持推动构建人类命运共同体》，中央文献出版社2018年版，第524页。

②③《习近平谈治国理政》（第三卷），外文出版社2020年版，第79页。

为现实。实践取得的丰硕成果表明，"一带一路"倡议顺应时代潮流，适应发展规律，符合各国人民利益，具有广阔前景。机会和成果属于世界，中国不打地缘博弈小算盘，不搞封闭排他小圈子，不做凌驾于人的强买强卖。需要指出的是，"一带一路"建设是全新的事物，只要各方秉持和遵循共商共建共享的原则，就可以增进合作、化解分歧，把"一带一路"打造成为顺应经济全球化潮流的最广泛国际合作平台，让共建"一带一路"更好造福各国人民。

四、坚持和平发展道路，打破西方国家的"国强必霸"逻辑

长期以来，和平融入了中华民族的血脉中，刻进了中国人民的基因里。坚定不移走和平发展道路，既是中国政府和人民从近代以来饱受西方列强凌辱的悲惨境遇中得出的深切体验，也是从新中国成立以来特别是改革开放以来创造的发展奇迹中得到的历史结论，更是从世界发展不可阻挡的总趋势中获得的基本判断。"世界潮流，浩浩荡荡，顺之则昌，逆之则亡。要跟上时代前进步伐，就不能身体已进入21世纪，而脑袋还停留在过去，停留在殖民扩张的旧时代里，停留在冷战思维、零和博弈的老框框内。"①

习近平总书记反复强调，无论中国发展到什么程度，我们都不会威胁谁，都不会颠覆现行国际体系。中国始终是世界和平的建设者、全球发展的贡献者、国际秩序的维护者。

中国将始终做世界和平的建设者，坚定走和平发展道路，无论国际形势如何变化，无论自身如何发展，中国永不称霸、永不扩张、永不谋

---

① 《习近平谈治国理政》（第一卷），外文出版社2018年版，第273页。

求势力范围。

中国将始终做全球发展的贡献者，坚持走共同发展道路，继续奉行互利共赢的开放战略，将自身发展经验和机遇同世界各国分享，欢迎世界各国搭乘中国发展"顺风车"，一起来实现共同发展。

"中国将始终做国际秩序的维护者，坚持走合作发展的道路。中国是第一个在联合国宪章上签字的国家，将继续维护以联合国宪章宗旨和原则为核心的国际秩序和国际体系。中国将继续同广大发展中国家站在一起，坚定支持增加发展中国家特别是非洲国家在国际治理体系中的代表性和发言权。中国在联合国的一票永远属于发展中国家。"[1]

五、倡导构建人类命运共同体

面对世界百年未有之大变局，面对"世界怎么了、我们怎么办"的"世界之问"，习近平总书记给出了中国政府和人民的答案，指出，中国方案是：构建人类命运共同体，实现共赢共享。"让和平的薪火代代相传，让发展的动力源源不断，让文明的光芒熠熠生辉，是各国人民的期待，也是我们这一代政治家应有的担当。"[2]

什么是"人类命运共同体"？

首先，它是指一种客观存在的状态。"这个世界，各国相互联系、相互依存的程度空前加深，人类生活在同一个地球村里，生活在历史和现实交汇的同一个时空里，越来越成为你中有我、我中有你的命运共同体。"[3]

---

[1]《习近平谈治国理政》（第二卷），外文出版社2017年版，第526页。
[2]《习近平谈治国理政》（第二卷），外文出版社2017年版，第539页。
[3]《习近平谈治国理政》（第一卷），外文出版社2018年版，第272页。

其次，它是指一种世界发展进步的大趋势。如今，经济全球化大潮滚滚向前，新科技革命和产业变革深入发展，全球治理体系深刻重塑，国际格局加速演变，和平发展大势不可逆转。人类交往的世界性比过去任何时候都更深入、更广泛，各国相互联系和彼此依存比过去任何时候都更频繁、更紧密，和平、发展、合作、共赢已成为时代潮流。

最后，它是指中国从自身和人类社会发展利益提出的全球治理方案。构建人类命运共同体是一个美好的目标，也是一个需要一代又一代人接力跑才能实现的目标。中国愿同广大成员国、国际组织和机构一道，共同推进构建人类命运共同体的伟大进程。让铸剑为犁、永不再战的理念深植人心，让发展繁荣、公平正义的理念践行人间。

怎样构建人类命运共同体？

习近平总书记指出："大道至简，实干为要。构建人类命运共同体，关键在行动。我认为，国际社会要从伙伴关系、安全格局、经济发展、文明交流、生态建设等方面作出努力。"①

中国方案包括：坚持对话协商，建设一个持久和平的世界；坚持共建共享，建设一个普遍安全的世界；坚持合作共赢，建设一个共同繁荣的世界；坚持交流互鉴，建设一个开放包容的世界；坚持绿色低碳，建设一个清洁美丽的世界。

2015年9月28日，习近平总书记在第七十届联合国大会一般性辩论时的讲话中提出：我们要建立平等相待、互商互谅的伙伴关系；我们要营造公道正义、共建共享的安全格局；我们要谋求开放创新、包容互惠的发展前景；我们要促进和而不同、兼收并蓄的文明交流；我们要构筑

---

① 《习近平谈治国理政》（第二卷），外文出版社2017年版，第541页。

尊崇自然、绿色发展的生态体系。①

世界经济繁荣发展，是构建人类命运共同体的坚实基础。2016年9月3日，国家主席习近平在二十国集团工商峰会开幕式上的主旨演讲中，提出推动世界经济走上强劲、可持续、平衡、包容增长之路的具体方案：建设创新型世界经济，开辟增长源泉；建设开放型世界经济，拓展发展空间；建设联动型世界经济，凝聚互动合力；建设包容型世界经济，夯实共赢基础。②

推进全球治理良性发展，是构建人类命运共同体必须破解的跨世纪难题。2019年3月26日，国家主席习近平在中法全球治理论坛闭幕式上的讲话中，对全球治理提出四点主张：坚持公正合理，破解治理赤字；坚持互商互谅，破解信任赤字；坚持同舟共济，破解和平赤字；坚持互利共赢，破解发展赤字。③

构建人类命运共同体，从根本上说，是不同文明能否和谐相处的问题。2019年5月15日，国家主席习近平在亚洲文明对话大会开幕式上的主旨演讲中，批驳了西方文明优越观，阐明了世界各国文明是平等多样的观点，指出："每一种文明都扎根于自己的生存土壤，凝聚着一个国家、一个民族的非凡智慧和精神追求，都有自己存在的价值。人类只有肤色语言之别，文明只有姹紫嫣红之别，但绝无高低优劣之分。认为自己的人种和文明高人一等，执意改造甚至取代其他文明，在认识上是愚蠢的，在做法上是灾难性的！"④在此基础上，他提出了"美人之美、美

---

① 参见《习近平谈治国理政》（第二卷），外文出版社2017年版，第523—525页。
② 参见习近平：《论坚持推动构建人类命运共同体》，中央文献出版社2018年版，第367—369页。
③ 参见《习近平谈治国理政》（第三卷），外文出版社2020年版，第460—461页。
④《习近平谈治国理政》（第三卷），外文出版社2020年版，第468页。

美与共"①新时代文明观,为构建人类命运共同体注入新的生机与活力。

从新时代维度看原创性贡献

世界面临百年未有之大变局,中国也面临前所未有的深刻变化。中国特色社会主义进入新时代,就是中国面临深刻变化的集中表现。

"新时代"三个字,具有丰富的内涵。它概括了新中国成立以来,特别是改革开放以来,中国全部发展进步成果的结晶;标定了中国共产党、中华人民共和国所处的新的历史方位;预示着中华民族正在站起来、富起来的基础上,不可阻挡地稳步走向强起来的新阶段。

这里所说的"新时代",依然属于从1956年社会主义改造完成后开启的社会主义初级阶段。与前一个发展阶段相比,新时代的基本特点,可以用一个"变"字和一个"新"字来概括。这主要体现在:

第一,发展阶段呈现新特点。

从发展阶段看,面临从高速度增长向高质量发展的转变;面临从世界制造大国向世界创新强国的转变;面临从城乡二元结构向城乡协调发展的转变;面临从资源消耗型、环境紧张型粗放式发展向生态文明型、环境友好型可持续发展的转变;面临从中低端消费拉动向中高端消费拉动的消费模式转变;面临从依赖国际市场向国内市场、国际市场双向驱动的转变;面临从区域差距和个人收入差距过大向打赢脱贫攻坚战、努力扩大中等收入群体的转变。

---

① 《习近平谈治国理政》(第三卷),外文出版社2020年版,第469页。

第二，主要矛盾发生新变化。

从社会主要矛盾看，我国社会主要矛盾已经由人民日益增长的物质文化需要同落后的社会生产之间的矛盾，转化为人民日益增长的美好生活需要和不平衡不充分的发展之间的矛盾。这一重大历史性变化，对发展全局产生了广泛而深刻的影响。

这一社会主要矛盾的变化，是新中国成立以来特别是改革开放以来长期建设、长期积累、长期发展的必然结果，也是社会主义中国综合国力与人民生活水平显著提高的必然结果，同时也是中国各族人民在中国共产党领导下自力更生、艰苦奋斗的必然结果。

"追求美好生活，是永恒的主题，是永远的进行时。"[1]从人民幸福的角度看，我国已经全面建成小康社会，人民美好生活需要日益广泛，不仅对物质文化生活提出了更高要求，而且在民主、法治、公平、正义、安全、环境等方面的要求日益增长。人民对美好生活的追求，远远超出了"人民日益增长的物质文化需要"的范畴，期盼有更好的教育、更稳定的工作、更满意的收入、更舒适的居住条件、更优美的环境，期盼着孩子们能成长得更好、工作得更好、生活得更好。这些期盼，在以前是"奢望"，在新时代则是当务之急。

发展是中国共产党执政兴国的第一要务，同样也是一个社会的永恒主题、永远的进行时。经过长期发展，我国社会生产力水平总体上显著提高，社会生产能力在很多方面进入世界前列，从根本上告别了"落后的社会生产"阶段。进入新时代，发展环境、发展理念、发展方式、发展内涵、发展目标都发生了深刻变化，发展不平衡不充分问题，已经成

---

[1]《习近平：坚定信心埋头苦干奋勇争先 谱写新时代中原更加出彩的绚丽篇章》，载《人民日报》2019年9月19日。

为满足人民日益增长的美好生活需要的主要制约因素，必须下大力气加以解决。

第三，奋斗目标需要新战略。

从新中国成立以来，不断根据新情况新变化制定切实可行的发展目标，规划具体的发展蓝图，是中国共产党治国理政的一个成功经验。从奋斗目标看，党的十九大作出了"从全面建成小康社会到基本实现现代化，再到全面建成社会主义现代化强国"这一新时代中国特色社会主义发展的战略安排。这是又一场伟大的社会革命，预示着萦绕几代中国共产党人的社会主义现代化强国梦，将要在不远的将来成为现实；预示着激励着近代以来无数仁人志士为之奋斗牺牲的中华民族伟大复兴中国梦，将要在可以预见到的将来得以实现。社会主义中国蓄积的能量如此磅礴强大，没有任何力量能够撼动我们伟大祖国的地位，没有任何力量能够阻挡中国人民和中华民族的前进步伐。

第四，中国与世界的关系出现新变动。

从国际地位看，当代中国正处在从大国走向强国的关键时期，已不再是国际秩序的被动接受者，而是积极的参与者、建设者、引领者。世界对中国的关注，从未像今天这样广泛、深切、聚焦；中国对世界的影响，也从未像今天这样全面、深刻、长远。一方面，中国永远不称霸，永远同发展中国家站在一起，永远是维护世界和平发展的中坚力量，坚定不移走和平发展道路。另一方面，中国的国际影响力显著提升，同西方国家影响力的下降形成鲜明对比；中国发展对世界的贡献率显著提升，同西方国家发展停滞形成鲜明对比；中国道路、中国理念、中国制度、中国文化的示范效应显著提升，同西方国家的治理乱象、社会乱象形成鲜明对比。

第五，伟大斗争出现新特点。

伟大工程、伟大事业、伟大梦想，必须依靠进行具有许多新的历史特点的伟大斗争来实现。这是新时代的一大鲜明特点。"行百里者半九十"，真正的挑战、真正的风险，往往出现在即将取得胜利之时。这是一条历史规律。因此，一定要有"将革命进行到底"的气概，一定要有"不畏浮云遮望眼""乱云飞渡仍从容"的格局。

进行伟大斗争，要有明确的方向，要知道挑战在哪里、来自何方。大方向就是坚持中国共产党领导和我国社会主义制度不动摇。凡是危害中国共产党领导和我国社会主义制度的各种风险挑战，凡是危害我国主权、安全、发展利益的各种风险挑战，凡是危害我国核心利益和重大原则的各种风险挑战，凡是危害我国人民根本利益的各种风险挑战，凡是危害我国实现"两个一百年"奋斗目标、实现中华民族伟大复兴的各种风险挑战，只要来了，我们就必须进行坚决斗争，而且必须取得斗争胜利。

进行伟大斗争，要有科学的策略方法。要抓主要矛盾、抓矛盾的主要方面，坚持有理有利有节，合理选择斗争方式、把握斗争火候，在原则问题上寸步不让，在策略问题上灵活机动。根据形势需要及时调整斗争策略。

进行伟大斗争，要把握好时、度、效。既不能放弃必要的斗争，又要牢记斗争的目的是求团结、求合作、求转化、求共赢。要团结一切可以团结的力量，调动一切积极因素，在斗争中争取团结，在斗争中谋求合作，在斗争中争取共赢。

新时代的"中国之问"，即"新时代坚持和发展什么样的中国特色社会主义、怎样坚持和发展中国特色社会主义"，就是在上述背景下提出来的。

习近平新时代中国特色社会主义思想回答了新时代的"中国之问",阐明了新时代坚持和发展什么样的中国特色社会主义、怎样坚持和发展中国特色社会主义这个核心问题,阐明了新时代是个什么样的时代、怎样建设新时代的现实课题,为坚持和发展马克思主义时代观作出了原创性贡献。

第一,指明了新的历史方位。

这个新的历史方位,就是党的十九大报告中提出的"三个意味着"。中国特色社会主义进入新时代,在中华人民共和国发展史上、中华民族发展史上具有重大意义,在世界社会主义发展史上、人类社会发展史上也具有重大意义。这意味着,近代以来久经磨难的中华民族迎来了从站起来、富起来到强起来的伟大飞跃,迎来了实现中华民族伟大复兴的光明前景。这意味着,科学社会主义在二十一世纪的中国焕发出强大生机活力,在世界上高高举起了中国特色社会主义伟大旗帜。这意味着,中国特色社会主义道路、理论、制度、文化不断发展,拓展了发展中国家走向现代化的途径,给世界上那些既希望加快发展又希望保持自身独立性的国家和民族提供了全新选择。

第二,指明了新时代的发展总任务。

这个总任务,就是党的十九大报告明确指出的对新时代总任务的五个定位。这个新时代,是承前启后、继往开来、在新的历史条件下继续夺取中国特色社会主义伟大胜利的时代,是决胜全面建成小康社会、进而全面建设社会主义现代化强国的时代,是全国各族人民团结奋斗、不断创造美好生活、逐步实现全体人民共同富裕的时代,是全体中华儿女勠力同心、奋力实现中华民族伟大复兴中国梦的时代,是我国不断为人类作出更大贡献的时代。特别需要指出的是，这五个定位是一个整体，紧密联系、互为补充、互为前提，描绘了脚踏实地为全面建成社会主义现代化强国而奋斗的美好前景。

第三，作出了新时代中国特色社会主义发展的战略安排。

这个战略安排有五个要点。（1）从现在到2020年，是全面建成小康社会决胜期。（2）从2020年到2035年，在全面建成小康社会的基础上，再奋斗十五年，基本实现社会主义现代化。（3）从2035年到本世纪中叶，在基本实现现代化的基础上，再奋斗十五年，把我国建成富强民主文明和谐美丽的社会主义现代化强国。（4）从十九大到二十大，是"两个一百年"奋斗目标的历史交汇期。我们既要全面建成小康社会、实现第一个百年奋斗目标，又要乘势而上开启全面建设社会主义现代化国家新征程，向第二个百年奋斗目标进军。（5）在这一战略安排中，贯穿着推进现代化建设、完成祖国统一、维护世界和平与促进共同发展三大历史任务。

第四，形成了习近平新时代中国特色社会主义思想的核心内容，提升和完善了党的基本理论、基本路线、基本方略。

习近平新时代中国特色社会主义思想的核心内容是"十个明确"和"十四个坚持"。二者有机融合、有机统一，凝结着中国共产党坚持和发展中国特色社会主义的宝贵经验，反映了以习近平同志为核心的党中央对中国特色社会主义规律性认识的深化、拓展、升华，体现了理论与实际相结合、认识论和方法论相统一的鲜明特色。

如果说"十个明确"侧重于解决新时代坚持和发展什么样的中国特色社会主义，"十四个坚持"则更加着重回答新时代怎样坚持和发展中国特色社会主义。两者相互支撑，共同构成习近平新时代中国特色社会主义思想的科学体系和核心内容。"十四个坚持"，还构成新时代坚持和发展中国特色社会主义的基本方略。在此基础上，将党在社会主义初级阶段的基本理论、基本路线、基本纲领、基本经验、基本要求，进一步提升整合为党的基本理论、基本路线、基本方略。

"十个明确"和"十四个坚持"的形成发展完善充分表明，习近平新时代中国特色社会主义思想，是在把握世界发展大势、应对全球共同挑战、维护人类共同利益的过程中创立并不断丰富发展的，是从容应对世界百年未有之大变局的科学指导思想；是在中华民族迎来从站起来、富起来到强起来的伟大飞跃中创立并不断丰富发展的，是引领中华民族实现强起来的科学指导思想；是在不断推进党的自我革命，实现党自我净化、自我完善、自我革新、自我提高的过程中创立并不断丰富发展的，是推动中国共产党以伟大自我革命统领伟大社会革命的科学指导思想；是在对科学社会主义理论与实践的深邃思考、深刻总结，对坚持和发展中国特色社会主义的不懈探索、砥砺前行中创立并不断丰富发展的，是当代中国马克思主义、21世纪马克思主义。

新时代呼唤发展新理念，这就是以人民为中心的发展理念，就是创新、协调、绿色、开放、共享的新发展理念。新时代的科学发展，不仅要落实到人民共同富裕上，落实到人民的幸福感、获得感普遍增强上，落实到中等收入群体显著扩大、贫困人口彻底摆脱贫困上，而且要避免大起大落。于是，稳中求进的工作总基调应运而生，使整个国民经济运行平稳有序、稳中有升，为全面深化改革、进一步改善民生创造了更加有利的环境，开拓了更加广阔的空间。

第五，指明了实现新时代发展要求的基本路径。

这一基本路径包括，坚持和完善中国特色社会主义制度，推进国家治理体系和治理能力现代化，把中国共产党建设成为世界上最强大的政党，把中国人民解放军全面建成世界一流军队，把中国全面建成社会主义现代化强国，实现中华民族伟大复兴中国梦。

第六，为新时代坚持和发展中国特色社会主义奠定了"四个伟大"的总格局。

新时代能否坚持和发展中国特色社会主义，回答好新时代的时代之问，能否在惊涛骇浪中奋力实现中华民族伟大复兴中国梦，关键取决于四个要素，这就是党的十九大报告中概括提出的伟大斗争、伟大工程、伟大事业、伟大梦想。

实现伟大梦想，必须进行具有许多新的历史特点的伟大斗争。这一伟大斗争，集中体现在"四个重大"上：有效应对重大挑战、抵御重大风险、克服重大阻力、解决重大矛盾。这一伟大斗争，集中体现在"五个更加"上：要更加自觉地坚持党的领导和我国社会主义制度，坚决反对一切削弱、歪曲、否定党的领导和我国社会主义制度的言行；更加自觉地维护人民利益，坚决反对一切损害人民利益、脱离群众的行为；更加自觉地投身改革创新时代潮流，坚决破除一切顽瘴痼疾；更加自觉地维护我国主权、安全、发展利益，坚决反对一切分裂祖国、破坏民族团结和社会和谐稳定的行为；更加自觉地防范各种风险，坚决战胜一切在政治、经济、文化、社会等领域和自然界出现的困难和挑战。① 这"四个重大"与"五个更加"，既有同敌对势力的斗争，也有化解前进中产生的经济社会矛盾的斗争，更有应对涉及国家安全的各种风险的斗争，因而具有长期性、复杂性、艰巨性的特点，对我们党的执政能力

---

① 参见《习近平谈治国理政》（第三卷），外文出版社2020年版，第12—13页。

是前所未有的重大考验，绝不可等闲视之。

如何进行伟大斗争？进行伟大斗争的看家本领在哪里？从根本上说，一靠深入推进党的建设新的伟大工程，不断增强"四个意识""两个维护"的自觉性；二靠深入推进中国特色社会主义伟大事业，不断增强"四个自信"。而建设伟大工程、推进伟大事业，并把二者有机结合起来的最有效的途径，就是以伟大自我革命推进伟大社会革命。这是党的十八大以来以习近平同志为核心的党中央的伟大创造。正因为如此，伟大斗争、伟大工程、伟大事业、伟大梦想，紧密联系、相互贯通、相互作用，其中起决定性作用的是党的建设新的伟大工程。"推进伟大工程，要结合伟大斗争、伟大事业、伟大梦想的实践来进行，确保党在世界形势深刻变化的历史进程中始终走在时代前列，在应对国内外各种风险和考验的历史进程中始终成为全国人民的主心骨，在坚持和发展中国特色社会主义的历史进程中始终成为坚强领导核心。"[①]

第七，指明了新时代进行伟大斗争、建设伟大工程、推进伟大事业、实现伟大梦想的精神状态。

这一精神状态，就是"不忘初心、牢记使命、永远奋斗"，就是三个"一以贯之"。

为中国人民谋幸福，为中华民族谋复兴，是中国共产党人的初心和使命，是激励一代代中国共产党人前赴后继、英勇奋斗的根本动力。强调不忘初心、牢记使命，是因为中国共产党已经是近百年历史的大党老党。只有不忘初心、牢记使命、永远奋斗，才能让中国共产党永远年轻。强调不忘初心、牢记使命，还因为中国共产党在新时代承担着领导

[①]《习近平谈治国理政》（第三卷），外文出版社2020年版，第14页。

全国人民实现中华民族伟大复兴中国梦的神圣使命。只要全党全国各族人民团结一心、苦干实干，中华民族伟大复兴的巨轮就一定能够乘风破浪，胜利驶向光辉的彼岸。

党的十九大召开后，如何以时不我待的精神状态带领全国人民共同开创新时代中国特色社会主义发展新局面，是一个迫在眉睫的重大问题。习近平总书记向全党提出要求：做到坚持和发展中国特色社会主义要一以贯之，推进党的建设新的伟大工程要一以贯之，增强忧患意识、防范风险挑战要一以贯之，以时不我待、只争朝夕的精神投入工作，推动全党全国各族人民把思想统一到党的十九大精神上来，把力量凝聚到实现党的十九大确定的目标任务上来，不断开创新时代中国特色社会主义事业新局面。新时代中国特色社会主义是我们党领导人民进行伟大社会革命的成果，也是我们党领导人民进行伟大社会革命的继续，必须一以贯之进行下去。不忘初心，牢记使命，就不要忘记我们是共产党人，我们是革命者，不要丧失了革命精神。勇于自我革命，从严管党治党，是我们党最鲜明的品格。在新时代，我们党必须以党的自我革命来推动党领导人民进行的伟大社会革命，把党建设成为始终走在时代前列、人民衷心拥护、勇于自我革命、经得起各种风浪考验、朝气蓬勃的马克思主义执政党。当前，我国正处于一个大有可为的历史机遇期，发展形势总的是好的，但前进道路不可能一帆风顺，越是取得成绩的时候，越是要有如履薄冰的谨慎，越是要有居安思危的忧患，绝不能犯战略性、颠覆性错误。①

第八，为新时代坚持和发展中国特色社会主义指明了科学的思想方

---

① 参见《习近平：以时不我待只争朝夕的精神投入工作 开创新时代中国特色社会主义事业新局面》，载《人民日报》2018年1月6日。

法和工作方法。

解放思想、实事求是、与时俱进，是马克思主义活的灵魂，也是习近平新时代中国特色社会主义思想活的灵魂。为人民谋幸福、为民族谋复兴、为世界谋大同，是深刻理解和全面把握习近平新时代中国特色社会主义思想的金钥匙。习近平新时代中国特色社会主义思想，不但紧密结合新时代深刻回答了"怎样看"和"怎么干"的问题，而且为我们如何正确地看、怎样正确地干提出了方法论指导。这主要包括：一要把马克思主义哲学作为看家本领；二要坚持实事求是的思想方法、工作方法、领导方法；三要提高科学思维能力，着重提高战略思维、历史思维、辩证思维、创新思维、法治思维、底线思维能力，不断增强工作的科学性、预见性、主动性和创造性；四要保持强大战略定力；五要坚持问题导向；六要练好调查研究这个传家宝和基本功；七要发扬钉钉子精神，不折腾、不反复，一张蓝图绘到底，切实把工作干出成效来；八要增强学习本领，依靠学习走向未来。

从中华民族复兴维度看原创性贡献

习近平总书记指出，近代以来久经磨难的中华民族迎来从站起来、富起来到强起来的伟大飞跃。这为用马克思主义大历史观总结近代以来的中国历史，提供了更宽广、更深邃的视野。

鉴往知来。回顾这段历史，可以使我们从大历史观的高度，更加深切地感受到在新时代实现中华民族伟大复兴的未来走向，以及在中华民族伟大复兴的昨天、今天、明天中一脉贯通的历史逻辑、辑、实践逻辑、理论逻辑。

这段历史告诉我们，近代以来久经磨难的中华民族迎来从站起来、富起来到强起来的伟大飞跃，是有深刻的历史背景与时代背景的。这个背景，就是在各种政治力量、各种救国方案行不通，在"十月革命一声炮响，给我们送来了马克思列宁主义"的情况下，一个以马克思主义为指导，一个肩负为人民谋幸福、为民族谋复兴伟大使命，一个必将带领中国人民创造人间奇迹的马克思主义政党——中国共产党应运而生。

这段历史告诉我们，近代以来久经磨难的中华民族迎来从站起来、富起来到强起来的伟大飞跃，是几代中国共产党人领导中国人民接力奋斗的结果。

中国共产党诞生后，中国共产党人把马克思主义基本原理同中国革命和建设的具体实际结合起来，团结带领人民经过长期奋斗，完成新民主主义革命和社会主义革命，建立起中华人民共和国和社会主义基本制度，进行了社会主义建设的艰辛探索，实现了中华民族从"东亚病夫"到站起来的伟大飞跃。

改革开放以来，中国共产党人把马克思主义基本原理同中国改革开放的具体实际结合起来，团结带领人民进行建设中国特色社会主义新的伟大实践，使中国大踏步赶上了时代，实现了中华民族从站起来到富起来的伟大飞跃。

在新时代，中国共产党人把马克思主义基本原理同新时代中国具体实际结合起来，团结带领人民进行伟大斗争、建设伟大工程、推进伟大事业、实现伟大梦想，推动党和国家事业取得全方位、开创性历史成就，发生深层次、根本性历史变革，中华民族迎来了从富起来到强起来的伟大飞跃。

回顾这段历史，可以得到两个结论。

第一个结论是：实践证明，马克思主义的命运早已同中华民族的命运紧紧连在一起，它的科学性和真理性在中国得到了充分检验，它的人民性和实践性在中国得到了充分贯彻，它的开放性和时代性在中国得到了充分彰显。

第二个结论是："实践还证明，马克思主义为中国革命、建设、改革提供了强大思想武器，使中国这个古老的东方大国创造了人类历史上前所未有的发展奇迹。历史和人民选择马克思主义是完全正确的，中国共产党把马克思主义写在自己的旗帜上是完全正确的，坚持马克思主义基本原理同中国具体实际相结合、不断推进马克思主义中国化时代化是完全正确的！"[①]

习近平新时代中国特色社会主义思想，正是在中华民族迎来从站起来、富起来到强起来的伟大飞跃中创立并不断丰富发展的。在当代中国，坚持和发展习近平新时代中国特色社会主义思想，就是真正坚持和发展马克思主义，就是真正坚持和发展科学社会主义。

从马克思主义中国化维度看原创性贡献

党的二十大报告指出："推进马克思主义中国化时代化是一个追求真理、揭示真理、笃行真理的过程。十八大以来，国内外形势新变化和实践新要求，迫切需要我们从理论和实践的结合上深入回答关系党和国

---

① 习近平：《在纪念马克思诞辰200周年大会上的讲话》，人民出版社2018年版，第14—15页。

家事业发展、党治国理政的一系列重大时代课题。我们党勇于进行理论探索和创新，以全新的视野深化对共产党执政规律、社会主义建设规律、人类社会发展规律的认识，取得重大理论创新成果，集中体现为新时代中国特色社会主义思想。"①这精辟地指出了习近平新时代中国特色社会主义思想在马克思主义中国化中的历史地位和现实意义。

毛泽东思想作为马克思主义中国化的第一个标志性成果和第一次飞跃，在中国共产党的指导思想发展史上，无疑具有开创性、奠基性和基础性的作用。它在党的建设、国家建设、军队建设以及经济建设、政治建设、文化建设、统一战线、民族宗教、祖国统一、国际与外交等方面提出的指导方针和基本原则，至今仍具有重要的指导意义。它为中国共产党指导思想的不断开拓创新，奠定了极其重要的哲学基础。当代中国共产党人可以持续不断地从毛泽东思想的理论宝库中寻找思想方法、工作方法、领导方法上的丰富养料。

当然，同马克思列宁主义一样，毛泽东思想也需要不断创新发展。邓小平理论就是在改革开放和社会主义现代化建设新时期坚持和发展毛泽东思想的结晶。以邓小平理论的创立为标志，马克思主义中国化发展进入了新的历史阶段，开创了中国特色社会主义理论体系，产生了邓小平理论、"三个代表"重要思想、科学发展观，推进了马克思主义中国化又一次新飞跃。如今，在开创中国特色社会主义新时代的伟大历史进程中，在中华民族从站起来、富起来到强起来的伟大历史进程中，创立了习近平新时代中国特色社会主义思想，实现了马克思主义中国化新的飞跃。

---

① 《中国共产党第二十次全国代表大会文件汇编》，人民出版社2022年版，第14页。

党的任何一个指导思想的创立，都有其重要的来源。在创立习近平新时代中国特色社会主义思想的来源中，当然离不开马克思主义基本原理，离不开毛泽东思想、邓小平理论、"三个代表"重要思想、科学发展观，离不开中华优秀传统文化，离不开包括世界经济社会发展和科技革命、产业革命在内的当代人类优秀文明成果。

坚持和发展马克思主义方法论，特别是中国共产党人独具特色的思想方法和工作方法，形成习近平新时代中国特色社会主义思想的方法论。这主要包括：善于运用问题导向和抓主要矛盾的思想方法和工作方法；善于运用实事求是、调查研究的思想方法和工作方法；善于运用打通历史、现实与未来的思想方法和工作方法；善于运用以人民为中心、从群众中来到群众中去的思想方法和工作方法；善于运用坚持"两点论"的辩证思维的思想方法和工作方法；善于运用理论联系实际、知行统一的思想方法和工作方法。

从毛泽东思想、中国特色社会主义理论体系到习近平新时代中国特色社会主义思想，虽然时代不同，但始终有一条红线贯穿始终，这就是坚持和发展马克思主义的科学世界观、方法论，不断实现科学世界观、方法论的创新发展、与时俱进。这恰恰是马克思主义中国化不断取得历史新飞跃的根本要诀所在。

从坚持和发展马克思主义基本原理维度看原创性贡献

习近平新时代中国特色社会主义思想对马克思主义的原创性贡献是

系统的、全方位的。在政治经济学原理方面，坚持运用好"看不见的手"与"看得见的手"的辩证统一，提出了充分发挥市场在资源配置中的决定性作用和更好发挥政府作用的重要理论；坚持发展是执政兴国第一要务与坚持以人民为中心的发展思想的辩证统一，提出了我国经济发展进入新常态的重要论断，创造性地提出贯彻落实新发展理念；坚持社会供给与社会有效需求的辩证统一，作出深入推进供给侧结构性改革与实施扩大内需战略有机结合的重大决策。

在科学社会主义原理方面，作出关于我国社会主要矛盾发生重大变化的科学判断；提出中国特色社会主义是科学社会主义理论逻辑与中国社会发展历史逻辑的统一；提出要坚定中国特色社会主义道路自信、理论自信、制度自信、文化自信；提出中国特色社会主义最本质的特征是中国共产党领导，中国特色社会主义制度的最大优势是中国共产党领导，党是最高政治领导力量。

在马克思主义国家学说方面，提出全面深化改革的总目标是坚持和完善中国特色社会主义制度，不断推进国家治理体系和治理能力现代化；提出发展社会主义协商民主，健全民主制度，丰富民主形式，拓宽民主渠道；提出健全人民当家作主制度体系，体现人民意志、保障人民权益、激发人民创造活力，用制度体系保证人民当家作主。

在马克思主义国际政治学说方面，提出坚持推动构建人类命运共同体；提出打破"国强必霸"的旧时代逻辑，顺应和平发展合作共赢的时代潮流，实现中国梦与世界人民美好梦想的互联互通共享。

换个角度看原创性贡献

2018年5月4日，习近平总书记在纪念马克思诞辰200周年大会上的讲话里，提出要从九个方面学习和实践马克思主义基本原理。这为我们提供了一个新角度，来看习近平新时代中国特色社会主义思想对马克思主义基本原理的原创性贡献。

第一，习近平新时代中国特色社会主义思想坚持和发展马克思主义关于人类社会发展规律的思想，为在新时代坚定理想信念、坚定"四个自信"作出原创性贡献。

马克思主义奠定了共产党人坚定理想信念的理论基础，但是在新的历史条件下，要不要坚持理想信念、怎样坚持理想信念，是一个在党的建设中不能回避的重要课题。有这样一个规律，在面临革命战争年代生与死的考验时，理想信念就成为共产党人不避艰险、不怕牺牲的精神支柱。而在歌舞升平的和平年代，在各种物质诱惑和安逸之中，一些共产党人则最终走向沉沦、走向堕落。习近平新时代中国特色社会主义思想的最大贡献，就是把共产主义远大理想同全面掌握辩证唯物主义和历史唯物主义的世界观和方法论紧密结合起来，同坚持和运用马克思主义立场观点方法紧密结合起来，把补足共产党人理想信念上的"钙"同增强修身齐家治国的修养锻炼紧密结合起来，"深刻认识实现共产主义是由一个一个阶段性目标逐步达成的历史过程，把共产主义远大理想同中国特色社会主义共同理想统一起来、同我们正在做的事情统一起来，坚定中国特色社会主义道路自信、理论自信、制度自信、文化自信，坚守共产党人的理想信念，像马克思那样，为共产主义奋斗终身"①。由此，围绕共产主义理想信念，构筑起坚定"四个自信"、践行社会主义核心价值观、实现中华民族伟大复兴中国梦等一个又一个同心圆，构建起从现实到未来的共产党人理想信念体系，进而构建起全民族的理想信念体系。

第二，习近平新时代中国特色社会主义思想坚持和发展马克思主义关于坚守人民立场的思想，为在新时代坚持"不忘初心、牢记使命"作出原创性贡献。

用大写的"人民"代替大写的"人"写在思想旗帜上，是马克思主义最大的贡献。让人民获得解放是马克思毕生的追求，也是共产党人永远不变的初心。然而，作为一个有近百年历史的大党老党，能不能不忘初心，是一个躲不过去的时代考验。习近平新时代中国特色社会主义思想最重要的贡献，就是把"不忘初心、牢记使命"镌刻在党的旗帜上，明确指出中国共产党人的初心和使命，就是为中国人民谋幸福，为中华民族谋复兴。这个初心和使命是激励中国共产党人不断前进的根本动力。"我们要始终把人民立场作为根本立场，把为人民谋幸福作为根本使命，坚持全心全意为人民服务的根本宗旨，贯彻群众路线，尊重人民主体地位和首创精神，始终保持同人民群众的血肉联系，凝聚起众志成城的磅礴力量，团结带领人民共同创造历史伟业。这是尊重历史规律的必然选择，是共产党人不忘初心、牢记使命的自觉担当。"②

第三，习近平新时代中国特色社会主义思想坚持和发展马克思主义关于生产力和生产关系的思想，为创建中国特色社会主义政治经济学作

---

①② 习近平：《论党的宣传思想工作》，中央文献出版社2020年版，第328页。

出原创性贡献。

解放和发展社会生产力是社会主义的本质要求，是中国共产党人接力探索、着力解决的重大问题。新中国成立以来特别是改革开放以来，在不到70年的时间内，我们党带领人民坚定不移解放和发展社会生产力，走完了西方几百年的发展历程，推动我国快速成为世界第二大经济体，实现了从站起来、富起来到强起来的伟大飞跃。以此作为新起点，我国进入经济发展新常态，社会主要矛盾发生新变化，发展是执政兴国第一要务没有变，但首要任务已由高速增长转变为高质量发展，要牢固树立新发展理念，转变发展方式、优化经济结构、转换增长动力，推动经济发展质量变革、效率变革、动力变革，提高全要素生产率，深化供给侧结构性改革，加快建设创新型国家，实施乡村振兴战略，实施区域协调发展战略，建设现代化经济体系，为决胜全面建成小康社会、进而踏上全面建成社会主义现代化强国新征程铺平道路。我们要勇于全面深化改革，自觉通过调整生产关系激发社会生产力发展活力，自觉通过完善上层建筑适应经济基础发展要求，让中国特色社会主义更加符合规律地向前发展。在这一发展过程中，不仅发展方式、发展理念、发展动力发生深刻变化，而且发展内涵、发展要求、发展的战略抓手也随之发生重大调整，顺应这些趋势变化，形成了包括经济、政治、文化、社会、生态文明建设在内的"五位一体"总体布局，形成了包括全面建设社会主义现代化国家、全面深化改革、全面依法治国、全面从严治党在内的"四个全面"战略布局，极大地深化了对中国特色社会主义建设规律的认识，形成了以习近平新时代经济思想为代表的中国特色社会主义政治经济学。

第四，习近平新时代中国特色社会主义思想坚持和发展马克思主义关于人民民主的思想，为新时代推进社会主义民主政治建设、全面依法

治国、推进国家治理体系和治理能力现代化作出原创性贡献。

用人民民主的制度设计和制度安排，取代西方代议制制度设计和制度安排，是马克思主义关于人民民主思想对人类民主政治理论及实践的一次伟大变革。但是，什么是人民民主，怎样实现人民当家作主，这个问题在很长一段历史时期没有很好解决，走过了一些弯路。党的十一届三中全会以来，在坚持新中国所确立的国体、政体和基本政治制度的基础上，形成了以坚持党的领导、人民当家作主、依法治国有机统一为标志的中国特色社会主义政治发展道路。在这方面，习近平新时代中国特色社会主义思想的突出贡献，是从根本上厘清了党与法的关系，指出所谓"宪政民主"提出的"党大还是法大"命题是个伪命题，明确中国共产党是国家的最高政治领导力量，把坚持中国共产党领导作为中国特色社会主义最本质的特征，作为中国特色社会主义制度的最大优势。在坚持中国共产党领导的前提下，切实解决好人民当家作主制度体系建设的问题，切实解决好国家机关必须由社会主人变为社会公仆、接受人民监督的问题，切实解决好全面从严治党的问题，让权力在阳光下运行，把权力关进制度的笼子里，确保党和国家不改变颜色。

第五，习近平新时代中国特色社会主义思想坚持和发展马克思主义关于文化建设的思想，为新时代建设社会主义文化强国、建设具有强大凝聚力和引领力的社会主义意识形态作出原创性贡献。

马克思主义认为，思想文化建设虽然决定于经济基础，但又对经济基础发生反作用。经过新中国建设特别是改革开放的跨越式发展，落后的社会生产状况得到根本改变，物质生活水平极大提升，物质文明生产能力和供给能力极大增强，经济腿长、文化腿短的问题，物质文明建设与精神文明建设一手硬、一手软的问题日益凸显。与此同时，随着互联网时代、智能化时代、信息革命时代的到来，观念文化的作用、文化软实力的作用日益被人们重新认识。先进的思想文化一旦被群众掌握，就会转化为强大的物质力量；反之落后的、错误的观念如果不破除，就会成为社会发展进步的桎梏。习近平新时代中国特色社会主义思想最重要的贡献，就是深刻完整地提出了文化自信，并把文化自信提升到一个新的高度：前所未有地高度重视意识形态建设，前所未有地高度重视宣传思想文化工作，前所未有地高度重视社会主义先进文化建设。习近平总书记深刻指出："理论自觉、文化自信，是一个民族进步的力量；价值先进、思想解放，是一个社会活力的来源。国家之魂，文以化之，文以铸之。我们要立足中国，面向现代化、面向世界、面向未来，巩固马克思主义在意识形态领域的指导地位，发展社会主义先进文化，加强社会主义精神文明建设，把社会主义核心价值观融入社会发展各方面，推动中华优秀传统文化创造性转化、创新性发展，不断提高人民思想觉悟、道德水平、文明素养，不断铸就中华文化新辉煌。"①

第六，习近平新时代中国特色社会主义思想坚持和发展马克思主义关于社会建设的思想，为新时代构建社会主义和谐社会、不断促进人的全面发展和共同富裕作出原创性贡献。

习近平新时代中国特色社会主义思想对马克思主义关于社会建设思想的最突出贡献在于，敏锐把握社会主要矛盾的新变化和人民新期盼，强调人民对美好生活的向往就是我们的奋斗目标，鲜明提出以人民为中心的发展思想，彻底纠正长期以来实际工作中存在的"见物不见人"、只关心GDP不关心百姓疾苦的错误倾向。习近平总书记深刻指出："全

---

① 习近平：《论党的宣传思想工作》，中央文献出版社2020年版，第330页。

党必须牢记，为什么人的问题，是检验一个政党、一个政权性质的试金石。带领人民创造美好生活，是我们党始终不渝的奋斗目标。必须始终把人民利益摆在至高无上的地位，让改革发展成果更多更公平惠及全体人民，朝着实现全体人民共同富裕不断迈进。"①要打造共建共治共享的社会治理格局，提高治理社会化、法治化、智能化、专业化水平。坚决打赢脱贫攻坚战，履行好让贫困人口和贫困地区同全国一道进入全面小康社会的庄严承诺。要抓住人民最关心最直接最现实的利益问题，办好人民满意的教育，不断保障和改善民生，促进社会公平正义，在经济增长的同时实现居民收入同步增长，在劳动生产率提高的同时实现劳动报酬同步提高，在更高水平上实现幼有所育、学有所教、劳有所得、病有所医、老有所养、住有所居、弱有所扶，让发展成果更多更公平惠及全体人民，不断促进人的全面发展，朝着实现全体人民共同富裕不断迈进。

第七，习近平新时代中国特色社会主义思想坚持和发展马克思主义关于人与自然关系的思想，为新时代建设美丽中国，走出一条生产发展、生活富裕、生态良好的文明发展道路作出原创性贡献。

在高速增长阶段，中国创造了发展奇迹，但也付出了相应代价，其中之一就是环境的破坏和资源的高度紧张。在这一背景下，马克思主义关于人与自然关系的思想重新得到人们的高度重视。习近平新时代中国特色社会主义思想的最重要贡献，就是提出坚持人与自然和谐共生，牢固树立和切实践行绿水青山就是金山银山理念，及时将生态文明建设和建设美丽中国的战略任务提上党和国家的重大议事日程，开始从根本上扭转资源环境持续恶化的趋势。习近平总书记深刻指出，"自然是生命

---

① 《习近平谈治国理政》（第三卷），外文出版社2020年版，第35页。

之母，人与自然是生命共同体，人类必须敬畏自然、尊重自然、顺应自然、保护自然"[①]，"人类只有遵循自然规律才能有效防止在开发利用自然上走弯路，人类对大自然的伤害最终会伤及人类自身，这是无法抗拒的规律"[②]，"我们要建设的现代化是人与自然和谐共生的现代化，既要创造更多物质财富和精神财富以满足人民日益增长的美好生活需要，也要提供更多优质生态产品以满足人民日益增长的优美生态环境需要"[③]。必须坚持节约优先、保护优先、自然恢复为主的方针，形成节约资源和保护环境的空间格局、产业结构、生产方式、生活方式，还自然以宁静、和谐、美丽。我们要牢固树立社会主义生态文明观，动员全社会力量推进生态文明建设，共建美丽中国，让人民群众在绿水青山中共享自然之美、生命之美、生活之美，走出一条生产发展、生活富裕、生态良好的文明发展道路，推动形成人与自然和谐发展的现代化建设新格局。

第八，习近平新时代中国特色社会主义思想坚持和发展马克思主义关于世界历史的思想，为推动和平发展合作共赢的时代潮流、构建人类命运共同体作出原创性贡献。

在经济全球化和信息革命的有力推动下，在各国文化交流交融互鉴的有力推动下，世界越来越融为一个整体，一荣俱荣、一损俱损。这再次证明了马克思主义关于世界历史的思想的预见性。习近平新时代中国特色社会主义思想最重要的贡献，一是在"逆全球化思潮"成型的当下，深刻指明了当今世界发展不可扭转的总趋势；二是在此基础上，为人类社会发展进步提供了中国方案——构建人类命运共同体。当今世界，和平合作的潮流滚滚向前。和平与发展是世界各国人民的共同心声，

[①] 习近平：《论党的宣传思想工作》，中央文献出版社2020年版，第331页。
[②][③]《习近平谈治国理政》（第三卷），外文出版社2020年版，第39页。

冷战思维、零和博弈愈发陈旧落伍，妄自尊大或独善其身只能四处碰壁。只有坚持和平发展、携手合作，才能真正实现共赢、多赢。当今世界，开放融通的潮流滚滚向前。世界已成为你中有我、我中有你的地球村，各国经济社会发展日益相互联系、相互影响，推进互联互通、加快融合发展成为促进共同繁荣发展的必然选择。当今世界，变革创新的潮流滚滚向前。"谁排斥变革，谁拒绝创新，谁就会落后于时代，谁就会被历史淘汰。"① "一体化的世界就在那儿，谁拒绝这个世界，这个世界也会拒绝他。万物并育而不相害，道并行而不相悖。我们要站在世界历史的高度审视当今世界发展趋势和面临的重大问题，坚持和平发展道路，坚持独立自主的和平外交政策，坚持互利共赢的开放战略，不断拓展同世界各国的合作，积极参与全球治理，在更多领域、更高层面上实现合作共赢、共同发展，不依附别人、更不掠夺别人，同各国人民一道努力构建人类命运共同体，把世界建设得更加美好。"②

第九，习近平新时代中国特色社会主义思想坚持和发展马克思主义关于马克思主义政党建设的思想，为新时代全面从严治党、以深刻自我革命统领社会革命作出原创性贡献。

自《共产党宣言》问世之日起，历史沧桑塑造了共产党人百折不挠、愈挫愈奋的斗争精神。打铁必须自身硬。党要团结带领人民进行伟大斗争、推进伟大事业、实现伟大梦想，必须毫不动摇坚持和完善党的领导，毫不动摇把党建设得更加坚强有力。在中国共产党迎来百年华诞之际，取得的成绩有目共睹，面临的风险考验也接踵而至。习近平新时

---

① 习近平：《论坚持推动构建人类命运共同体》，中央文献出版社2018年版，第521—522页。

② 习近平：《论党的宣传思想工作》，中央文献出版社2020年版，第332页。

代中国特色社会主义思想最重要的贡献，就是重新唤起了中国共产党人的伟大斗争精神，在坚决反腐败、坚决反"四风"、坚决将全面从严治党进行到底的过程中，形成了以伟大自我革命统领伟大社会革命为主线的关于新时代党的建设思想，使党得以实现革命性重塑。习近平总书记深刻指出："始终同人民在一起，为人民利益而奋斗，是马克思主义政党同其他政党的根本区别。我们要统揽伟大斗争、伟大工程、伟大事业、伟大梦想，增强政治意识、大局意识、核心意识、看齐意识，持之以恒推进全面从严治党，坚持把党的政治建设摆在首位，坚持和加强党的全面领导，坚决维护党中央权威和集中统一领导，做到坚持真理、修正错误，永远保持共产党人政治本色，把党建设成为始终走在时代前列、人民衷心拥护、勇于自我革命、经得起各种风浪考验、朝气蓬勃的马克思主义执政党！"①

总之，习近平新时代中国特色社会主义思想对马克思主义基本原理的许多方面都作出了原创性的贡献。

这些原创性贡献充分说明，中国特色社会主义里面的"中国特色"，不仅包含着中国经验，同时也蕴含着对普遍规律的探究与贡献。当今，中国的发展已同世界发展紧密地融合在一起，遇到并要着力破解的许多难题，既是从自身发展与国家治理中提出来的，也是各国发展与全球治理面临的共同课题。党的十八大以来马克思主义中国化的伟大实践又一次证明，当代中国的马克思主义不仅具有鲜明的时代特色和中国特色，而且能够在占世界总人口五分之一的文明古国中，以其具有普遍意义的原创性理论创造，不断为马克思主义基本原理注入新鲜的时代内涵和实

---

① 习近平：《论党的宣传思想工作》，中央文献出版社2020年版，第332—333页。

践内涵。我们坚持的理论自信，不仅包括对理论在中国广袤土地上的真理性的自信与坚守，而且更应当包括对这一理论对于世界发展进步的真理性的自信与坚守。

这一事实强有力地说明，马克思主义的真理性，不仅体现在其理论体系的科学性、系统性、完备性、丰富性上，更体现在马克思主义创立之后跨越两个世纪的丰富实践上。尽管这些实践是具体的，但都凝聚着普遍原理与特殊规律的统一，都包含着对马克思主义基本原理的坚持、创造性运用和原创性贡献。只有这样，马克思主义的生命之树才能长青。

这一事实还强有力地说明，马克思主义之树长青，还要有忠实而又富于创造力的传人。中国共产党人，无愧于马克思主义的最好传人。如今，历史的接力棒传到了以习近平同志为杰出代表的当代中国共产党人手上。正如习近平总书记所说："当代中国正在经历人类历史上最为宏大而独特的实践创新，改革发展稳定任务之重、矛盾风险挑战之多、治国理政考验之大都前所未有，世界百年未有之大变局深刻变化前所未有，提出了大量亟待回答的理论和实践课题。推进马克思主义中国化时代化的任务不是轻了，而是更重了。我们要准确把握时代大势，勇于站在人类发展前沿，聆听人民心声，回应现实需要，坚持解放思想、实事求是、守正创新，更好把坚持马克思主义和发展马克思主义统一起来，坚持用马克思主义之'矢'去射新时代中国之'的'，继续推进马克思主义基本原理同中国具体实际相结合、同中华优秀传统文化相结合，使马克思主义呈现出更多中国特色、中国风格、中国气派，续写马克思主义中国化时代化新篇章。"①

---

① 习近平：《更好把握和运用党的百年奋斗历史经验》，载《求是》2022年第13期。

第八章

对毛泽东思想、中国特色社会主义理论体系的继承和发展习近平新时代中国特色社会主义思想同毛泽东思想、中国特色社会主义理论体系有着一条清晰的坚持、发展、创新的红线。这是中华民族伟大复兴从站起来、富起来到强起来的客观历史过程的集中反映。

一个民族、一个政党要走在时代前列，就一刻不能没有理论思维，一刻不能没有思想指引。中国共产党的历史，就是一部不断推进马克思主义中国化的历史，就是一部不断推进理论创新、进行理论创造的历史。

在马克思主义中国化的历程中，实现过一次又一次飞跃。在新民主主义革命、社会主义革命和建设中创立了毛泽东思想，是马克思列宁主义在中国的创造性运用和发展，是马克思主义中国化的第一次历史性飞跃；在改革开放实践中创立了邓小平理论、形成了"三个代表"重要思想、科学发展观，形成了中国特色社会主义理论体系，实现了马克思主义中国化新的飞跃；进入新时代，党提出一系列原创性的治国理政新理念新思想新战略，创立了习近平新时代中国特色社会主义思想，实现了马克思主义中国化新的飞跃。

中国共产党之所以能够领导人民在一次次求索、一次次挫折、一次次开拓中完成中国其他各种政治力量不可能完成的艰巨任务，根本原因在于坚持把马克思主义基本原理同中国具体实际相结合、同中华优秀传统文化相结合，坚持实践是检验真理的唯一标准，坚持一切从实际出发，及时回答中国之问、世界之问、人民之问、时代之问，不断推进马克思主义中国化时代化。

中国共产党之所以能够在马克思主义中国化中，不断实现新飞跃，根本原因就在于始终做到坚持和发展的高度统一、守正和创新的高度统一、一脉相承和与时俱进的高度统一。

本章着重阐述习近平新时代中国特色社会主义思想是如何在新时代继承和发展毛泽东思想的，是如何在新时代继承和发展中国特色社会主义理论体系的。

对毛泽东思想的继承和发展

习近平新时代中国特色社会主义思想对毛泽东思想的继承和发展是全方位的，主要体现在以下五个方面。

一、从推动马克思主义同中国实际的第二次结合到坚持和发展中国特色社会主义

习近平总书记指出："走自己的路，是党的全部理论和实践立足点，更是党百年奋斗得出的历史结论。"①

独立自主地探索适合本国实际的社会主义建设道路，开始于毛泽东时代。1956年4月初，毛泽东在中共中央书记处会议上提出："最重要的是要独立思考，把马列主义的基本原理同中国革命和建设的具体实际相结合。民主革命时期，我们吃了大亏之后才成功地实现了这种结合，取得了新民主主义革命的胜利。现在是社会主义革命和建设时期，

---

① 《习近平谈治国理政》（第四卷），外文出版社2022年版，第10页。

我们要进行第二次结合，找出在中国怎样建设社会主义的道路。"①

同年4月25日，毛泽东在中共中央政治局扩大会议上发表著名的《论十大关系》讲话，标志着我们党在独立自主地探索中国社会主义建设道路上迈出了实质性步伐，代表着在对社会主义建设规律的认识上达到了一个新水平。4月29日，他在会见拉丁美洲一些国家党的代表时明确指出："各国应根据自己国家的特点决定方针、政策，把马克思主义同本国特点结合起来。中国的经验，有好的也有不好的，有成功的也有失败的。即使是好的经验，也不一定同别的国家的具体情况相适合。照抄是很危险的，成功的经验，在这个国家是成功的，但在另一个国家如果不同本国的情况相结合而一模一样地照搬就会导向失败。照抄别国的经验是要吃亏的，照抄是一定会上当的。这是一条重要的国际经验。"②

同年下半年，毛泽东在修改中共中央向党的八大提交的政治报告时，特意加上了一段文字："如果以为有了差别性，就可以否认共同性，是错误的；如果以为有了共同性，就可以否认差别性，也是错误的。不可能设想，社会主义制度在各国的具体发展过程和表现形式，只能有一个千篇一律的格式。我国是一个东方国家，又是一个大国。因此，我国不但在民主革命过程中有自己的许多特点，在社会主义改造和社会主义建设的过程中也带有自己的许多特点，而且在将来建成社会主义社会以后还会继续存在自己的许多特点。"③

探索适合本国实际的社会主义建设道路，始终是毛泽东在新中国成

---

① 《毛泽东年谱（1949—1976）》（第二卷），中央文献出版社2013年版，第557页。
② 《毛泽东文集》（第七卷），人民出版社1999年版，第64页。
③ 《建国以来毛泽东文稿》（第六册），中央文献出版社1992年版，第143页。

立以后孜孜不倦探索的重大课题。为了破解这个重大理论和实践课题，他先后发表了《论十大关系》《关于正确处理人民内部矛盾的问题》《在扩大的中央工作会议上的讲话》等，还在1959年12月至1960年2月亲自带领一部分理论工作者认真研读苏联《政治经济学教科书》，发表了一系列的重要意见。这些对社会主义建设道路探索的理论成果，为改革开放以后开辟中国特色社会主义道路，作了极其重要和十分必要的思想理论准备，是毛泽东思想在社会主义建设历史条件下的重要思想结晶。

习近平总书记在新时代坚持和发展中国特色社会主义过程中，自觉地从毛泽东探索的思想成果中汲取丰富的养料，并且针对那些全盘否定毛泽东和毛泽东思想的错误思潮做了大量正本清源的工作。

他指出："社会主义基本制度确立以后，如何在中国建设社会主义，是党面临的崭新课题。毛泽东同志对适合中国情况的社会主义建设道路进行了艰苦探索。他以苏联的经验教训为鉴戒，提出要创造新的理论、写出新的著作，把马克思列宁主义基本原理同中国实际进行'第二次结合'，找出在中国进行社会主义革命和建设的正确道路，制定把我国建设成为一个强大的社会主义国家的战略思想。"①

他还指出："在中国共产党领导下，我国各族人民意气风发投身中国历史上从来不曾有过的热气腾腾的社会主义建设。在不长的时间里，我国社会就发生了翻天覆地的变化，建立起独立的比较完整的工业体系和国民经济体系，独立研制出'两弹一星'，成为在世界上有重要影响的大国，积累起在中国这样一个社会生产力水平十分落后的东方大国进行社会主义建设的重要经验。"②

---

① 习近平：《论中国共产党历史》，中央文献出版社2021年版，第53—54页。
② 习近平：《论中国共产党历史》，中央文献出版社2021年版，第54页。

习近平总书记还针对用改革开放以来的历史否定新中国成立以来前30年的历史，或用新中国成立以来前30年的历史否定改革开放以来的历史的种种错误倾向，明确指出："我们党领导人民进行社会主义建设，有改革开放前和改革开放后两个历史时期，这是两个相互联系又有重大区别的时期，但本质上都是我们党领导人民进行社会主义建设的实践探索。中国特色社会主义是在改革开放历史新时期开创的，但也是在新中国已经建立起社会主义基本制度并进行了二十多年建设的基础上开创的。"①

这些论述，不仅起到了澄清是非的重要作用，而且也符合历史事实，把社会主义革命和建设时期的探索成果同改革开放和社会主义现代化建设新时期开创中国特色社会主义的历史性成就一脉贯通，为在新时代坚持和发展中国特色社会主义过程中充分汲取毛泽东思想养料创造了条件。

习近平总书记还针对企图改旗易帜，用西方道路错误解读中国特色社会主义，或者把中国特色社会主义说成是"走资本主义道路"的种种错误倾向，明确指出："中国特色社会主义，是科学社会主义理论逻辑和中国社会发展历史逻辑的辩证统一，是根植于中国大地、反映中国人民意愿、适应中国和时代发展进步要求的科学社会主义，是全面建成小康社会、加快推进社会主义现代化、实现中华民族伟大复兴的必由之路。"②"中国特色社会主义是社会主义而不是其他什么主义，科学社会主义基本原则不能丢，丢了就不是社会主义。我们党始终强调，中国特色社会主义，既坚持了科学社会主义基本原则，又根据时代条件赋予其

---

① 习近平：《论中国共产党历史》，中央文献出版社2021年版，第3页。
②《十八大以来重要文献选编》（上），中央文献出版社2014年版，第118页。

鲜明的中国特色。这就是说，中国特色社会主义是社会主义，不是别的什么主义。一个国家实行什么样的主义，关键要看这个主义能否解决这个国家面临的历史性课题"①。"我们说中国特色社会主义是社会主义，那就是不论怎么改革、怎么开放，我们都始终要坚持中国特色社会主义道路、中国特色社会主义理论体系、中国特色社会主义制度，坚持党的十八大提出的夺取中国特色社会主义新胜利的基本要求。这就包括在中国共产党领导下，立足基本国情，以经济建设为中心，坚持四项基本原则，坚持改革开放，解放和发展社会生产力，建设社会主义市场经济、社会主义民主政治、社会主义先进文化、社会主义和谐社会、社会主义生态文明，促进人的全面发展，逐步实现全体人民共同富裕，建设富强民主文明和谐的社会主义现代化国家；包括坚持人民代表大会制度的根本政治制度，中国共产党领导的多党合作和政治协商制度、民族区域自治制度以及基层群众自治制度等基本政治制度，中国特色社会主义法律体系，公有制为主体、多种所有制经济共同发展的基本经济制度。这些都是在新的历史条件下体现科学社会主义基本原则的内容，如果丢掉了这些，那就不成其为社会主义了。"②

二、从防止党和国家改变颜色，到全面从严治党

习近平总书记指出："我们党历史这么长、规模这么大、执政这么久，如何跳出治乱兴衰的历史周期率？毛泽东同志在延安的窑洞里给出了第一个答案，这就是'只有让人民来监督政府，政府才不敢松懈'。经过百年奋斗特别是党的十八大以来新的实践，我们党又给出了第二个

---

① 《十八大以来重要文献选编》（上），中央文献出版社2014年版，第109页。
② 《十八大以来重要文献选编》（上），中央文献出版社2014年版，第110页。

答案，这就是自我革命。"①

毛泽东对党的领导和党的建设，始终高度重视，反复强调。著名的思想建党原则的首创，党的建设伟大工程的提出，将党的建设同武装斗争、统一战线并称为"三大法宝"，都是毛泽东对马克思主义建党学说的卓越贡献。在新中国成立前夕和以后，毛泽东对执政党建设也提出过许多真知灼见。最为著名的，莫过于关于"跳出历史周期率"和"两个务必"的思想。

毛泽东与黄炎培关于"跳出历史周期率"的对话，发生在1945年7月抗日战争胜利前夕。"黄炎培说：我生六十多年，耳闻的不说，所亲眼看到的，真所谓'其兴也浡焉'，'其亡也忽焉'，一人，一家，一团体，一地方，乃至一国，不少不少单位都没有能跳出这周期率的支配力。一部历史，'政怠宦成'的也有，'人亡政息'的也有，'求荣取辱'的也有，总之没有能跳出这周期率。中共诸君从过去到现在，我略略了解的了，就是希望找出一条新路，来跳出这周期率的支配。毛泽东说：我们已经找到新路，我们能跳出这周期率。这条新路，就是民主。只有让人民来监督政府，政府才不敢松懈。只有人人起来负责，才不会人亡政息。"②这里，实际上指明了人民民主的作用之一，就是要靠人民监督自己的政府，以防止执政党和国家变质、"人亡政息"。

关于"两个务必"的论述，是在新中国成立前夕的中共七届二中全会上提出来的。毛泽东指出："中国的革命是伟大的，但革命以后的路程更长，工作更伟大，更艰苦。这一点现在就必须向党内讲明白，务必

---

① 《习近平谈治国理政》（第四卷），外文出版社2022年版，第541页。
② 《毛泽东年谱（1893—1949）》（修订本）（中卷），中央文献出版社2013年版，第610—611页。

使同志们继续地保持谦虚、谨慎、不骄、不躁的作风,务必使同志们继续地保持艰苦奋斗的作风。我们有批评和自我批评这个马克思列宁主义的武器。我们能够去掉不良作风,保持优良作风。"①特别值得指出的是,紧接着这段论述之后,便是关于我们不但善于破坏一个旧世界,还将善于建设一个新世界的论述。可见,在毛泽东的思考中,历来是将建设一个新型马克思主义政党的问题同建设一个人民当家作主新型社会主义国家的问题紧密联系在一起的。

这以后,防止党和国家改变颜色的问题,严惩党内和国家政权内部的贪污腐化问题,保持和发扬战争年代的革命精神、艰苦奋斗、一不怕苦二不怕死,克服官僚主义、享乐主义、形式主义、浮夸风等问题,一直是毛泽东密切关注、须臾不放松的重大问题。他强调,"艰苦奋斗是我们的政治本色"②。

改革开放以来,党的建设在改善中得到加强,在提高长期执政能力和拒腐防变、应对各种风险和挑战中得到锤炼,以适应以经济建设为中心的时代变化的需要和挑战,适应改革开放新形势的需要和挑战,适应实行社会主义市场经济的需要和挑战。与此同时,也出现了重经济领导、轻思想政治领导,重正面引导、放松必要思想交锋,管党治党失之于宽、失之于松、失之于软的情况。

党的十八大以来,以习近平同志为核心的党中央,发出"打铁还需自身硬"的誓言,以坚定决心、顽强意志、空前力度推进全面从严治党,实现了党的革命性重塑,用党的自我革命推动党和国家事业发生历史性变革、取得历史性成就,从根本上扭转了党风政风和社会风气,振

---

① 《毛泽东选集》(第四卷),人民出版社1991年版,第1438—1439页。
② 《毛泽东文集》(第七卷),人民出版社1999年版,第162页。

奋了全党全民族的精气神。

腐败是党执政面临的最大威胁，严重侵蚀党的执政基础，人民群众深恶痛绝。以习近平同志为核心的党中央对反腐败斗争形势有着清醒认识："不得罪成百上千的腐败分子，就要得罪十三亿人民。这是一笔再明白不过的政治账、人心向背的账！"①习近平总书记反复强调，我们党反腐败不是看人下菜的"势利店"，不是争权夺利的"纸牌屋"，也不是有头无尾的"烂尾楼"。"老虎"露头就要打，"苍蝇"乱飞更要拍。通过深化改革和制度创新切断利益输送的链条，加强对权力运行的制约和监督，形成不敢腐、不能腐、不想腐的体制机制，保证干部清正、政府清廉、政治清明，赢来海晏河清、朗朗乾坤。

习近平总书记强调："勇于自我革命，是我们党最鲜明的品格，也是我们党最大的优势"②，"要把新时代坚持和发展中国特色社会主义这场伟大社会革命进行好，我们党必须勇于进行自我革命"③。中国共产党之所以有自我革命的勇气，是因为党始终不忘初心、牢记使命，坚持为中国人民谋幸福、为中华民族谋复兴。除了国家、民族、人民的利益，中国共产党没有任何自己的特殊利益。不谋私利才能谋根本、谋大利，才有资格、有底气敢于直面问题、勇于自我革命。

这些围绕以伟大工程确保伟大斗争、伟大事业、伟大梦想，以自我革命推动社会革命的新的时代特点所进行的重大理论创新与实践创新，

---

① 中共中央文献研究室编：《习近平关于全面从严治党论述摘编》，中央文献出版社2016年版，第186页。

② 习近平：《在党史学习教育动员大会上的讲话》（2021年2月20日），载《求是》2021年第7期。

③ 习近平：《推进党的建设新的伟大工程要一以贯之》，载《求是》2019年第19期。

不但推动党的建设新的伟大工程以举世公认的历史性成就和历史性变革进入了新时代，重新塑造了改革创新、锐意进取、艰苦奋斗、廉洁为民的马克思主义执政党的崭新形象，使党在长期执政、拒腐防变、抵御风险课题的成功探索上向前跨越了决定性的一大步，而且极大地丰富和发展了毛泽东思想的建党学说特别是执政党建设学说，使马克思主义执政党建设理论升华到了一个全新的境界。

三、从让马克思主义占领意识形态阵地，到建设具有强大凝聚力和引领力的社会主义意识形态

对于意识形态问题和文化建设问题，毛泽东等老一辈革命家高度重视。毛泽东指出："一定的文化（当作观念形态的文化）是一定社会的政治和经济的反映，又给予伟大影响和作用于一定社会的政治和经济；而经济是基础，政治则是经济的集中的表现。"[1]在社会主义建设时期，毛泽东反复强调："全党都要注意思想理论工作，建立马克思主义的理论队伍，加强马克思主义理论的研究和宣传。"[2]"无产阶级和资产阶级之间在意识形态方面的阶级斗争，还是长时期的，曲折的，有时甚至是很激烈的。无产阶级要按照自己的世界观改造世界，资产阶级也要按照自己的世界观改造世界"[3]。同时，毛泽东又反复强调："凡属于思想性质的问题，凡属于人民内部的争论问题，只能用民主的方法去解决，只能用讨论的方法、批评的方法、说服教育的方法去解决，而不能用强制

---

[1]《毛泽东选集》（第二卷），人民出版社1991年版，第663—664页。
[2]《毛泽东文集》（第七卷），人民出版社1999年版，第200—201页。
[3]《毛泽东文集》（第七卷），人民出版社1999年版，第230页。

的、压服的方法去解决。"①

党的十八大以来，以习近平同志为核心的党中央把意识形态工作摆在全局工作的重要位置，作出一系列重大决策，实施一系列重大举措，廓清了一系列大是大非，在坚持什么、反对什么上旗帜鲜明、正本清源，集中体现了我们党的政治意志、政治立场、政治主张，党的理论创新全面推进，中国特色社会主义和中国梦深入人心，社会主义核心价值观和中华优秀传统文化广泛弘扬，主流思想舆论不断巩固壮大，文化自信得到彰显，充分彰显了马克思主义的真理力量、科学社会主义的时代价值。

习近平总书记深刻指出："经济建设是党的中心工作，意识形态工作是党的一项极端重要的工作。"②能否做好意识形态工作，事关党的前途命运，事关国家长治久安，事关民族凝聚力和向心力。在集中精力进行经济建设的同时，必须一刻也不放松和削弱意识形态工作。党的群众基础和执政基础包括物质和精神两方面。精神上丧失群众基础，最后也要出问题。只有物质文明建设和精神文明建设都搞好，国家物质力量和精神力量都增强，全国各族人民物质生活和精神生活都改善，中国特色社会主义事业才能顺利向前推进。

习近平总书记强调，在宣传思想领域，"宣传思想战线的同志要当战士、不当绅士，不做'骑墙派'和'看风派'，不能搞爱惜羽毛那一套。宣传思想战线的同志要履行好自己的神圣职责和光荣使命，以战斗的姿态、战士的担当，积极投身宣传思想领域斗争一线"③。

---

① 《毛泽东文集》（第七卷），人民出版社1999年版，第209页。
② 习近平：《论党的宣传思想工作》，中央文献出版社2020年版，第14页。
③ 习近平：《论党的宣传思想工作》，中央文献出版社2020年版，第189页。

习近平总书记指出,"思想舆论领域大致有红色、黑色、灰色'三个地带'。红色地带是我们的主阵地,一定要守住;黑色地带主要是负面的东西,要敢于亮剑,大大压缩其地盘;灰色地带要大张旗鼓争取,使其转化为红色地带"①。发扬斗争精神,始终站在意识形态斗争第一线,敢抓敢管、敢于亮剑,与否定党的领导、否定中国特色社会主义制度等错误言行作不懈斗争。

党的十八大以来,以习近平同志为核心的党中央不但找到了破解这一难题的正确道路,而且形成了一套完整的理论,创造性地发展了毛泽东关于加强意识形态建设的思想,从根本上扭转了被动局面,为中国共产党在长期执政中过好意识形态关和互联网关积累了成功经验。

四、从构建社会主义政治经济学到构建中国特色社会主义政治经济学

新中国成立后,毛泽东一直高度关注理论创新。他曾经说过:"马克思这些老祖宗的书,必须读,他们的基本原理必须遵守,这是第一。但是,任何国家的共产党,任何国家的思想界,都要创造新的理论,写出新的著作,产生自己的理论家,来为当前的政治服务,单靠老祖宗是不行的。"②因此,根据中国社会主义经济建设经验,写出一本社会主义政治经济学教科书,是毛泽东未竟的夙愿。尽管如此,毛泽东对此作出了重要理论贡献,代表作是1956年4月的《论十大关系》和1957年2月的《关于正确处理人民内部矛盾的问题》,以及1959年12月至1960年2月的《读苏联〈政治经济学教科书〉的谈话》。

---

① 习近平:《论党的宣传思想工作》,中央文献出版社2020年版,第159页。
②《毛泽东文集》(第八卷),人民出版社1999年版,第109页。

党的十八大以来，习近平总书记对马克思主义政治经济学最重要的贡献，就是在指导新时代中国特色社会主义创新发展中，形成了中国特色社会主义政治经济学，不仅有力指导了我国经济发展实践，而且开拓了马克思主义政治经济学新境界，把对社会主义建设规律的认识提高到了新高度。

在经济工作中强调坚持全面领导，为的是彻底纠正党的领导被虚化弱化的错误倾向。习近平总书记强调："能不能驾驭好世界第二大经济体，能不能保持经济社会持续健康发展，从根本上讲取决于党在经济社会发展中的领导核心作用发挥得好不好。"① 坚持党的领导，是党和国家的根本所在、命脉所在，是全国各族人民的利益所系、幸福所系。正是有了党的坚强领导，有了党的正确引领，中国人民从根本上改变了自己的命运，中国发展取得了举世瞩目的伟大成就，中华民族迎来了伟大复兴的光明前景。现在，我们已站上一个新的历史起点，开启了新的奋斗征程，党带领全国各族人民实现"第二个百年"奋斗目标、实现中华民族伟大复兴，不知还要爬多少坡、过多少坎、经历多少风风雨雨、克服多少艰难险阻。在这样的历史背景下，完成光荣艰巨的历史使命，战胜前进道路上的风险挑战，从根本上讲还是要靠党的领导、靠党把好方向盘。

强调在经济工作中和其他一切工作中坚持以人民为中心的发展理念，为的是彻底纠正在经济社会发展中"见物不见人""顾钱不顾人""唯GDP"等错误观念和做法。习近平总书记把人民对美好生活的向往作为奋斗目标，从根本上回答了"为了谁"的问题，是立党为公、执政

---

① 习近平：《论坚持党对一切工作的领导》，中央文献出版社2019年版，第102页。

为民的生动体现，是共产党人始终坚守的政治灵魂和精神支柱。人民是历史的创造者，是决定党和国家前途命运的根本力量。必须坚持人民主体地位，坚持立党为公、执政为民，在推动经济社会发展和全部工作中都要践行全心全意为人民服务的根本宗旨，把党的群众路线贯彻到治国理政全部活动之中，把人民对美好生活的向往作为奋斗目标，依靠人民创造历史伟业。

新时代我国经济发展的基本特征，是由高速增长阶段转向高质量发展阶段。高质量发展，集中体现了坚持以提高发展质量和效益为中心，是为了更好满足人民日益增长的美好生活需要的发展，是体现创新、协调、绿色、开放、共享新发展理念的发展。更通俗地说，高质量发展，就是从"有没有"转向"好不好"。推动高质量发展，对于我国发展全局具有重大现实意义和深远历史意义。

发展理念是战略性、纲领性、引领性的东西，是发展思路、发展方向、发展着力点的集中体现。发展理念搞对了，目标任务就好定了，政策举措跟着也就好定了。习近平总书记提出要坚持创新、协调、绿色、开放、共享的新发展理念，这是我们在深刻总结国内外发展经验教训的基础上形成的，也是在深刻分析国内外发展大势的基础上形成的，集中反映了我们党对经济社会发展规律认识的深化，也是针对我国发展中的突出矛盾和问题提出来的。

在我国这样一个经济和人口规模巨大的国家，高速增长阶段转向高质量发展阶段并不容易，不可能一夜之间就实现。一方面，必须跨越非常规的我国经济发展现阶段特有的关口，赢得打好防范化解重大风险、精准脱贫、污染防治三大攻坚战的决定性胜利。另一方面，必须跨越常规性的长期性关口，大力转变经济发展方式、优化经济结构、转换增长动力，特别是要净化市场环境，提升人力资本素质，增强国家治理能力。这个关口过不去，提前15年基本实现社会主义现代化的目标就会落空，到本世纪中叶全面建成社会主义现代化强国的目标就难以实现。要增强跨越关口的紧迫感和责任感，统筹做好跨越关口的顶层设计，把各项工作做好做实。

五、从自立于世界民族之林到构建人类命运共同体

独立自主，是毛泽东思想的精髓之一。实现民族独立和民族自强，始终是毛泽东的夙愿。

在民主革命时期，毛泽东指出："我们中华民族有同自己的敌人血战到底的气概，有在自力更生的基础上光复旧物的决心，有自立于世界民族之林的能力。"①同时，他又强调："只有自力更生，自立自强，自己有办法，自己立于不败之地，然后国际与国内各方助我力量，方能发生作用，才是可靠地取得和平，否则就是不可靠的，是危险的。"②

在社会主义改造完成、工业化建设顺利起步之际，毛泽东向全党全国人民提出："事物总是发展的。一九一一年的革命，即辛亥革命，到今年，不过四十五年，中国的面目完全变了。再过四十五年，就是二千零一年，也就是进到二十一世纪的时候，中国的面目更要大变。中国将变为一个强大的社会主义工业国。中国应当这样。因为中国是一个具有九百六十万平方公里土地和六万万人口的国家，中国应当对于人类有较大的贡献。"③

---

① 《毛泽东选集》（第一卷），人民出版社1991年版，第161页。
② 《毛泽东文集》（第四卷），人民出版社1996年版，第152页。
③ 《毛泽东文集》（第七卷），人民出版社1999年版，第156—157页。

转眼到了毛泽东所说的21世纪。今天，我们生活在一个矛盾的世界之中。一方面，物质财富不断积累，科技进步日新月异，人类文明发展到历史最高水平，和平、发展、进步的阳光足以穿透战争、贫穷、落后的阴霾。另一方面，地区冲突频繁发生，恐怖主义、难民潮等全球性挑战此起彼伏，贫困、失业、收入差距拉大。当今世界正在经历新一轮大发展大变革大调整，世界格局正处在一个加快演变的历史性进程之中，人类面临的不稳定不确定因素依然很多。世界多极化进一步发展，新兴市场国家和发展中国家崛起已经成为不可阻挡的历史潮流。经济全球化、社会信息化极大解放和发展了社会生产力，既创造了前所未有的发展机遇，也带来了需要认真对待的新威胁新挑战。新一轮科技和产业革命给人类社会发展带来新的机遇，也提出前所未有的挑战。一些国家和地区的人民仍然生活在战争和冲突的阴影之下，很多老人、妇女、儿童依然饱受饥饿和贫穷的折磨。气候变化、重大传染性疾病等依然是人类面临的重大挑战。开放还是封闭，前进还是后退，人类面临着新的重大抉择。

要解决这个困惑，首先要找准问题的根源。世界上没有十全十美的事物，因为事物存在优点就把它看得完美无缺是不全面的，因为事物存在缺点就把它看得一无是处也是不全面的。经济全球化确实带来了新问题，但我们不能就此把经济全球化一棍子打死，而是要适应和引导好经济全球化，消解经济全球化的负面影响，让它更好惠及每个国家、每个民族。人类历史告诉我们，有问题不可怕，可怕的是不敢直面问题，找不到解决问题的思路。面对经济全球化带来的机遇和挑战，正确的选择是，充分利用一切机遇，合作应对一切挑战，引导好经济全球化走向。

进入新时代，习近平总书记提出的中国方案，就是秉持和平、发展、公平、正义、民主、自由的全人类共同价值，推动构建人类命运共同体。

新时代伟大变革证明，习近平总书记提出并倡导的人类命运共同体构想，既是对中国道路、中国经验、中国智慧、中国方案的总结和升华，也是对当前世界发展难题的有力回应，为面临逆全球化、贸易保护主义等严峻挑战的国际社会和国际秩序指明了改革发展的方向。同时，人类命运共同体构想的提出，也代表了包括广大发展中国家在内的国际社会的普遍心声，很快就被写入联合国正式文件，成为当代中国对世界的重大贡献。这极大地提升了中国在国际事务中的话语权和影响力。

对中国特色社会主义理论体系的继承和发展

中国特色社会主义新时代在改革开放和社会主义现代化建设伟大实践中，占有极其重要的战略地位。

中国特色社会主义新时代具有哪些显著的特征呢？

第一，中国特色社会主义新时代是社会主义初级阶段中承上启下的重要发展阶段，这个阶段社会主要矛盾已经从人民日益增长的物质文化需要同落后的社会生产之间的矛盾，转化为人民日益增长的美好生活需要和不平衡不充分的发展之间的矛盾。 正如党的十九大报告指出："我国稳定解决了十几亿人的温饱问题，总体上实现小康，不久将全面建成小康社会，人民美好生活需要日益广泛，不仅对物质文化生活提出了更高要求，而且在民主、法治、公平、正义、安全、环境等方面的要求日益增长。同时，我国社会生产力水平总体上显著提高，社会生产能力在很多方面进入世界前列，更加突出的问题是发展不平衡不充分，这已经成为满足人民日益增长的美好生活需要的主要制约因素。"①

第二，中国特色社会主义进入新时代，发展的内涵、要求等发生重大变化。 正如党的十九大报告指出的，"我国社会主要矛盾的变化是关系全局的历史性变化，对党和国家工作提出了许多新要求。我们要在继续推动发展的基础上，着力解决好发展不平衡不充分问题，大力提升发展质量和效益，更好满足人民在经济、政治、文化、社会、生态等方面日益增长的需要，更好推动人的全面发展、社会全面进步"②。从经济改革和经济发展来说，"我国经济已由高速增长阶段转向高质量发展阶段，正处在转变发展方式、优化经济结构、转换增长动力的攻关期，建设现代化经济体系是跨越关口的迫切要求和我国发展的战略目标。必须坚持质量第一、效益优先，以供给侧结构性改革为主线，推动经济发展质量变革、效率变革、动力变革，提高全要素生产率，着力加快建设实体经济、科技创新、现代金融、人力资源协同发展的产业体系，着力构建市场机制有效、微观主体有活力、宏观调控有度的经济体制，不断增强我国经济创新力和竞争力"③。在这发展的关键时刻，新发展理念为着力解决好发展不平衡不充分问题，解决好发展起来以后的问题，指明了方向。

第三，中国特色社会主义进入新时代，要求对发展战略目标作出新的战略安排。 党的十九大报告提出："从全面建成小康社会到基本实现现代化，再到全面建成社会主义现代化强国，是新时代中国特色社会主

---

① 《习近平谈治国理政》（第三卷），外文出版社2020年版，第9页。
② 《中国共产党第十九次全国代表大会文件汇编》，人民出版社2020年版，第9—10页。
③ 《习近平谈治国理政》（第三卷），外文出版社2020年版，第23—24页。

义发展的战略安排。我们要坚忍不拔、锲而不舍，奋力谱写社会主义现代化新征程的壮丽篇章！"①改革开放后，中国共产党对我国社会主义现代化建设作出战略安排，提出"三步走"战略目标和"两个一百年"奋斗目标。党的十九大对实现第一个百年奋斗目标作出全面部署，对第二个百年奋斗目标进行了战略规划，提出将全面建设社会主义现代化国家的新征程分为两个阶段来安排。第一个阶段，从2020年到2035年，在全面建成小康社会的基础上，再奋斗15年，基本实现社会主义现代化。第二个阶段，从2035年到本世纪中叶，在基本实现现代化的基础上，再奋斗15年，把我国建成富强民主文明和谐美丽的社会主义现代化强国。

第四，中国特色社会主义进入新时代，要求对基本理论、基本路线、基本方略作出新阐述。

在基本理论层面，习近平新时代中国特色社会主义思想，从理论和实践结合上系统回答了新时代坚持和发展什么样的中国特色社会主义、怎样坚持和发展中国特色社会主义这个重大时代课题，回答了新时代坚持和发展中国特色社会主义的总目标、总任务、总体布局、战略布局和发展方向、发展方式、发展动力、战略步骤、外部条件、政治保证等基本问题，并且根据新的实践对经济、政治、法治、科技、文化、教育、民生、民族、宗教、社会、生态文明、国家安全、国防和军队、"一国两制"和祖国统一、统一战线、外交、党的建设等各方面作出理论分析和政策指导。习近平新时代中国特色社会主义思想，是对马克思列宁主义、毛泽东思想、邓小平理论、"三个代表"重要思想、科学发展观的

---

① 《习近平谈治国理政》（第三卷），外文出版社2020年版，第23页。

继承和发展，是马克思主义中国化最新成果，是党和人民实践经验和集体智慧的结晶，是中国特色社会主义理论体系的重要组成部分，是全党全国人民为实现中华民族伟大复兴而奋斗的行动指南，必须长期坚持并不断发展。

在基本路线层面，党的十九大报告强调要毫不动摇坚持党在社会主义初级阶段的基本路线，并根据党的十八大以来以习近平同志为核心的党中央在经济建设、政治建设、文化建设、社会建设、生态文明建设方面提出的一系列新理念新思想新战略，根据党的十九大报告提出的新时代中国特色社会主义发展战略安排，将基本路线规定的奋斗目标修改为"为把我国建设成为富强民主文明和谐美丽的社会主义现代化强国而奋斗"。

在基本方略层面，为贯彻落实习近平新时代中国特色社会主义思想，党的十九大报告提出新时代坚持和发展中国特色社会主义的基本方略，并概括为"十四个坚持"。

党的基本理论、基本路线、基本方略的概括，标志着我们党对于坚持和发展中国特色社会主义道路、理论、制度、文化的规律性认识达到一个新境界。要倍加珍惜、长期坚持和不断发展党历经艰辛开创的这条道路、这个理论体系、这个制度、这个文化，高举中国特色社会主义伟大旗帜，坚定道路自信、理论自信、制度自信、文化自信，贯彻党的基本理论、基本路线、基本方略。

从以上特征可以看出，中国特色社会主义进入新时代，尽管没有改变我们对我国社会主义所处历史阶段的判断，我国仍处于并将长期处于社会主义初级阶段的基本国情没有变，我国是世界最大发展中国家的国际地位没有变，但却充分说明改革开放和社会主义现代化新时期已经进入了一个新阶段,马克思主义中国化也随之进入了新阶段。习近平新时代中国特色社会主义思想对包括邓小平理论、"三个代表"重要思想、科学发展观在内的中国特色社会主义理论体系的坚持、发展和创新,正是在这样的历史背景下实现的。

习近平新时代中国特色社会主义思想对中国特色社会主义理论体系的继承和发展是全方位的,集中体现在以下十个方面。

第一,强调党政军民学,东西南北中,党是领导一切的。

坚持中国共产党的领导,是中国近代以来全部历史反复证明的郑重结论,也是作为中华人民共和国立国之本的四项基本原则中最为重要的原则。邓小平指出:"在中国这样的大国,要把几亿人口的思想和力量统一起来建设社会主义,没有一个由具有高度觉悟性、纪律性和自我牺牲精神的党员组成的能够真正代表和团结人民群众的党,没有这样一个党的统一领导,是不可能设想的,那就只会四分五裂,一事无成。"[1]

中国的改革开放进入21世纪,进一步加强党对一切工作的全面领导,成为迫切的内在要求。党对一切工作的全面领导,主要受到来自三个方面的冲击。一是各种新社会组织在改革开放深入发展过程中纷纷涌现,党的领导面临新事物新情况,一时难以做到全覆盖,出现了局部"真空"。二是各种错误思潮如新自由主义、"宪政民主"、"新闻自由"、"公民社会"等,散布各种带有迷惑性的论调,质疑党的领导,把坚持党的领导说成是所谓"一党专制",使许多人不敢理直气壮、旗帜鲜明地坚持党对一切工作的全面领导。三是党的各级领导长期专注于经济改革和经济发展,使思想政治工作、基层党组织建设这些坚持和实现党的领

---

[1]《邓小平文选》(第二卷),人民出版社1994年版,第341—342页。

导的重要手段与阵地变成了薄弱环节，使党的领导虚化、弱化以至缺失。

党的十八大以来，以习近平同志为核心的党中央旗帜鲜明坚持党对一切工作的全面领导，采取各种有效措施从根本上扭转党的领导虚化、弱化、缺失的情况，使坚持党对一切工作的全面领导成为习近平新时代中国特色社会主义思想独具特色的理论创新点。

习近平总书记指出："党政军民学，东西南北中，党是领导一切的。"①中国特色社会主义最本质的特征是中国共产党领导，中国特色社会主义制度的最大优势是中国共产党领导。中国共产党是中国特色社会主义事业的坚强领导核心，是最高政治领导力量，各个领域、各个方面都必须坚定自觉坚持党的领导。"我国社会主义政治制度优越性的一个突出特点是党总揽全局、协调各方的领导核心作用，形象地说是'众星捧月'，这个'月'就是中国共产党。在国家治理体系的大棋局中，党中央是坐镇中军帐的'帅'，车马炮各展其长，一盘棋大局分明。"②根据党中央的建议，2018年3月第十三届全国人大一次会议将体现这一精神的条文写入国家宪法。这样，就从党和国家领导体制上，解决了一个长期没有很好解决的重要课题，即如何妥善处理党政关系及其相关的各种关系。在党和国家的最高层面上，亦即政治层面上，必须坚持党对一切工作的全面领导，包括全国人大常委会、国务院、全国政协党组在内的各级党委（党组）都必须自觉接受党中央领导，并向党中央汇报工作。在党和国家的工作层面上，则要充分发挥党政军民学及群团组织的各自优势和作用，在党中央制定的路线方针政策指导下，在党中央的坚

---

① 《习近平谈治国理政》（第三卷），外文出版社2020年版，第16页。
② 习近平：《中国共产党领导是中国特色社会主义最本质的特征》，载《求是》2020年第14期。

强领导下，创造性地开展工作，在党政军民学及群团组织内设的党委（党组）则要确保党的路线方针政策的全面实施、贯彻落实。

中国共产党始终高举马克思主义伟大旗帜，把实现社会主义、共产主义作为奋斗目标，历经革命、建设和改革的锤炼，已经锻造为成熟的马克思主义政党。正是有了这一先进成熟政党的领导，才形成了中国特色社会主义道路、理论、制度、文化。如果弱化党的领导，甚至放弃党的领导，党的执政地位就会丢失，中国特色社会主义性质就会改变，中国人民接续奋斗取得的伟大成就也会毁于一旦。中国特色社会主义是党领导人民经过长期探索取得的根本成就，也只有在党的领导下才能不断向前发展。要从根本上保证中国特色社会主义不变色、不变质，必须毫不动摇地坚持党的领导。

习近平总书记强调："我们治国理政的本根，就是中国共产党的领导和我国社会主义制度。在这一点上，必须理直气壮、旗帜鲜明。党的领导必须是全面的、系统的、整体的，必须体现到经济建设、政治建设、文化建设、社会建设、生态文明建设和国防军队、祖国统一、外交工作、党的建设等各方面。哪个领域、哪个方面、哪个环节缺失了弱化了，都会削弱党的力量，损害党和国家事业。"①中央委员会、中央政治局、中央政治局常委会，这是党的领导决策核心。党中央作出的决策部署，党的各个部门要贯彻落实，人大、政府、政协、监察委、法院、检察院的党组织要贯彻落实，事业单位、人民团体等的党组织也要贯彻落实。在国家治理体系的大棋局中，党中央是坐镇中军帐的"帅"，车马炮各展其长，一盘棋大局分明，治国理政才有方向、有章法、有力量。这

---

① 习近平：《论坚持党对一切工作的领导》，中央文献出版社2019年版，第228—229页。

一比喻，也从一个方面生动地勾画出我们所要建立的国家治理体系的大致轮廓。

第二，强调打铁还需自身硬，坚决把反腐败斗争进行到底。

邓小平反复强调，在改革开放中要严惩腐败，要坚持抓党的建设，坚持和改善党的领导不动摇。直到从党和国家领导岗位退下来之前，他还叮嘱党中央领导同志，"常委会的同志要聚精会神地抓党的建设，这个党该抓了，不抓不行了"①。

党的十八大刚刚闭幕，习近平总书记就明确表示了党要管党、从严治党的坚强决心。他指出："新形势下，我们党面临着许多严峻挑战，党内存在着许多亟待解决的问题。尤其是一些党员干部中发生的贪污腐败、脱离群众、形式主义、官僚主义等问题，必须下大气力解决。全党必须警醒起来。打铁还需自身硬。我们的责任，就是同全党同志一道，坚持党要管党、从严治党，切实解决自身存在的突出问题，切实改进工作作风，密切联系群众，使我们党始终成为中国特色社会主义事业的坚强领导核心。"②

党的十八大以来，在以习近平同志为核心的党中央强有力的领导下，深入推进全面从严治党，坚持打铁必须自身硬，从制定和落实中央八项规定开局破题，提出和落实新时代党的建设总要求，以党的政治建设统领党的建设各项工作，坚持思想建党和制度治党同向发力，严肃党内政治生活，持续开展党内集中教育，提出和坚持新时代党的组织路线，突出政治标准选贤任能，加强政治巡视，形成比较完善的党内法规体系，推动全党坚定理想信念、严密组织体系、严明纪律规矩。持之以

---

① 《邓小平文选》（第三卷），人民出版社1993年版，第314页。
② 《习近平谈治国理政》（第一卷），外文出版社2018年版，第4—5页。

恒正风肃纪，以钉钉子精神纠治"四风"，反对特权思想和特权现象，坚决整治群众身边的不正之风和腐败问题，刹住了一些长期没有刹住的歪风，纠治了一些多年未除的顽瘴痼疾。

腐败是社会毒瘤。人民群众最痛恨腐败现象，腐败是中国共产党面临的最大威胁。以习近平同志为核心的党中央开展了史无前例的反腐败斗争，以"得罪千百人、不负十四亿"的使命担当祛疴治乱，不敢腐、不能腐、不想腐一体推进，"打虎""拍蝇""猎狐"多管齐下，反腐败斗争取得压倒性胜利并全面巩固，消除了党、国家、军队内部存在的严重隐患，确保党和人民赋予的权力始终用来为人民谋幸福。

经过不懈努力，党找到了自我革命这一跳出治乱兴衰历史周期率的第二个答案，自我净化、自我完善、自我革新、自我提高能力显著增强，管党治党宽松软状况得到根本扭转，风清气正的党内政治生态不断形成和发展，确保党永远不变质、不变色、不变味。

邓小平高度重视党风建设，把它看作是关系党和国家生死存亡的根本问题。习近平总书记把党风建设提到前所未有的高度紧抓不放，出实招、解难题、谋长远，以踏石留印、抓铁有痕的劲头狠抓作风建设，推动党风政风为之一新，党心民心为之大振。

邓小平反复强调制度建设管根本、管长远。习近平总书记深刻总结党的制度建设的成功经验，要求把制度建设贯穿党的政治建设、思想建设、组织建设、作风建设、纪律建设之中。注重党内法规同国家法律的衔接和协调，构建以党章为根本、若干配套党内法规为支撑的党内法规制度体系。

以上这些内容，在新形势下极大地丰富了中国特色社会主义理论体系关于党的建设的重要论述，使马克思主义执政党建设实践取得了新实践、新突破，理论上取得新飞跃、开辟新境界。

第三，强调坚持和发展中国特色社会主义，实现中华民族伟大复兴中国梦。

自邓小平提出"建设有中国特色的社会主义"以来，坚持和发展中国特色社会主义就成为改革开放以来党的全部理论与实践活动的主题与主线。从中国特色社会主义理论体系到习近平新时代中国特色社会主义思想，使中国特色社会主义道路、理论、制度、文化和中国特色社会主义基本路线、基本理论、基本方略，出现新飞跃，进入新境界，推向新时代。

一是把坚持和发展中国特色社会主义同进行伟大斗争、建设伟大工程、推进伟大事业、实现伟大梦想紧密联系起来。习近平总书记在党的十八大闭幕不久就提出："党的十八大强调指出，发展中国特色社会主义是一项长期的艰巨的历史任务，必须准备进行具有许多新的历史特点的伟大斗争。"①习近平总书记把伟大斗争、伟大工程、伟大事业、伟大梦想作为一个统一整体提出来，是一个重大理论创新，体现了奋斗目标、实现路径、前进动力的高度统一，体现了历史传承、现实任务、未来方向的高度统一，体现了党的前途命运、国家的前途命运、民族的前途命运的高度统一，使我们党对肩负的历史使命的认识达到了新的高度。

二是把坚持和发展中国特色社会主义同统筹推进"五位一体"总体布局和协调推进"四个全面"战略布局紧密联系起来。习近平新时代中国特色社会主义思想作出的重大贡献，就是将经济建设、政治建设、文

---

① 《习近平谈治国理政》（第一卷），外文出版社2018年版，第16—17页。

化建设、社会建设"四位一体"发展为经济建设、政治建设、文化建设、社会建设、生态文明建设"五位一体",把"美丽中国"作为社会主义现代化强国的奋斗目标之一,并形成全面建成小康社会(后为全面建设社会主义现代化国家)、全面深化改革、全面依法治国、全面从严治党"四个全面"战略布局,使统筹推进"五位一体"建设有了可靠的战略抓手。

三是把坚持和发展中国特色社会主义同中国社会发展历史逻辑和历史文化基因紧密联系起来。习近平总书记强调,"中国特色社会主义,是科学社会主义理论逻辑和中国社会发展历史逻辑的辩证统一,是根植于中国大地、反映中国人民意愿、适应中国和时代发展进步要求的科学社会主义"①。中国特色社会主义具有深厚的历史渊源和广泛的现实基础。中国特色社会主义是在改革开放的伟大实践中得来的,是在中华人民共和国成立后的持续探索中得来的,是在中国共产党领导人民进行伟大社会革命的实践中得来的,是在近代以来中华民族由衰到盛的历史进程中得来的,是在对中华文明5000多年的传承发展中得来的。中华优秀传统文化是中华民族的"根"和"魂",是中华民族的突出优势,也是中国特色社会主义的文化之根、文明之源。必须坚定中国特色社会主义道路自信、理论自信、制度自信、文化自信。

四是把坚持和发展中国特色社会主义同实现中华民族伟大复兴中国梦的必由之路紧密联系起来。习近平总书记指出:"中国共产党人的初心和使命,就是为中国人民谋幸福,为中华民族谋复兴。"②实现中华民

---

① 习近平:《关于坚持和发展中国特色社会主义的几个问题》,载《求是》2019年第7期。

②《习近平谈治国理政》(第三卷),外文出版社2020年版,第1页。

族伟大复兴,是近代以来中华民族最伟大的梦想,是激励中华儿女团结奋进、开辟未来的精神旗帜。回顾近代以来为实现中华民族伟大复兴中国梦历经的艰难过程,中华民族的昨天,可以说是"雄关漫道真如铁";中华民族的今天,正可谓"人间正道是沧桑";中华民族的明天,可以说是"长风破浪会有时"。

第四,强调全面深化改革,将改革进行到底。

邓小平是中国改革开放的总设计师,为改革开放奠定了深厚的思想基础、政治基础、实践基础、民意基础。

如果说,当年的改革开放主要是把人们从长期"左"的思想束缚和社会主义传统观念的束缚中解放出来,开创中国特色社会主义;那么,进入21世纪以后的改革开放则是要把人们从对高速度增长时期形成的种种路径依赖中解放出来,真正进入高效益、高质量、可持续的科学发展的轨道上来。

党的十八大闭幕不久,2012年12月,习近平总书记来到广东深圳。在邓小平铜像面前,习近平总书记感慨地说,我们来瞻仰邓小平铜像,就是要表明我们将坚定不移推进改革开放,奋力推进改革开放和现代化建设取得新进展、实现新突破、迈上新台阶。[①]

从广东回到北京,习近平总书记于2012年12月31日主持中央政治局第二次集体学习,内容就是坚定不移推进改革开放。习近平总书记指出:"改革开放只有进行时没有完成时。没有改革开放,就没有中国的今天,也就没有中国的明天。改革开放中的矛盾只能用改革开放的办法

---

① 参见《习近平在广东考察时强调 增强改革的系统性整体性协同性 做到改革不停顿开放不止步》,载《人民日报》2012年12月12日。

来解决。"①

在此基础上，习近平总书记亲自主持了《中共中央关于全面深化改革若干重大问题的决定》的起草工作。这个决定在2013年11月召开的党的十八届三中全会通过。随即，习近平总书记又亲自主持中央全面深化改革领导小组（2018年3月起改为中央全面深化改革委员会）召开的一系列会议，系统地形成了全面深化改革的"四梁八柱"。

全面深化改革与以往改革最大的不同，就是将推进国家治理体系和治理能力现代化作为全面深化改革的最高顶层设计。这个目标建立在改革开放奠定的坚实基础上，又是改革开放深入发展瓜熟蒂落、水到渠成的客观要求，也是破解新时代改革发展稳定难题的总开关和总枢纽。把完善和发展中国特色社会主义制度，推进国家治理体系和治理能力现代化作为全面深化改革的总目标，也是对社会主义改革理论与实践的重大突破和创新。

推进国家治理体系和治理能力现代化，要与全面深化改革紧密结合。党的十八届三中全会决定，提出"一个总目标"和"六个紧紧围绕"，很好地解决了这个问题。②这也就是我们通常所说的"5+1"格局，即经济、政治、文化、社会、生态文明五大建设和改革，加上党的建设制度改革。

全面深化改革要贯彻稳中求进方针，就必须坚持正确方法论。一要坚持以问题为导向深化改革；二要坚持以法治思维和法治方式推进改革；三要坚持改革的系统性、整体性、协同性；四要坚持顶层设计与基层探索良性互动；五要坚持蹄疾步稳地推进改革。以习近平同志为核心

---

① 《习近平谈治国理政》（第一卷），外文出版社2018年版，第69页。
② "一个总目标"和"六个紧紧围绕"，参见本书第91—92页。

的党中央立足改革全局，深入把握改革规律和特点，系统谋划全面深化改革的科学路径和有效方法，形成改革开放以来最为丰富、全面、系统的改革方法论，为全面深化改革提供了科学指导和行动指南。

第五，强调发展社会主义民主政治，全面依法治国，建设法治中国。

邓小平高度重视社会主义民主和法制建设。他指出：为了保障人民民主，必须加强法制，做到有法可依，有法必依，执法必严，违法必究。① "民主和法制，这两个方面都应该加强，过去我们都不足。要加强民主就要加强法制。没有广泛的民主是不行的，没有健全的法制也是不行的。我们吃够了动乱的苦头。"② "我们的法律是太少了，成百个法律总要有的，这方面有很多工作要做，现在只是开端。民主要坚持下去，法制要坚持下去。这好像两只手，任何一只手削弱都不行。"③

这以后，依法治国逐渐成为党和国家法律制度建设和社会主义民主政治建设的重要内容。党的十五大报告把依法治国作为基本方略，提出依法治国、建设社会主义法治国家，强调依法治国是党领导人民治理国家的基本方略，是发展社会主义市场经济的客观需要，是社会文明进步的重要标志，是国家长治久安的重要保障。党的十六大报告把依法治国作为社会主义民主政治的重要内容，提出发展社会主义民主政治，最根本的是要把坚持党的领导、人民当家作主和依法治国有机统一起来。党的十七大提出，依法治国是社会主义民主政治的基本要求，强调要全面落实依法治国基本方略，加快建设社会主义法治国家。

党的十八大以来，以习近平同志为核心的党中央把全面依法治国作

---

① 参见《邓小平文选》（第二卷），人民出版社1994年版，第146—147页。
②③《邓小平文选》（第二卷），人民出版社1994年版，第189页。

为"四个全面"战略布局的重要方面，围绕全面依法治国形成了一系列新思想、新论断、新方针、新举措。法律是治国之重器，法治是治国理政的基本方式，是国家治理体系和治理能力的重要依托。全面推进依法治国，是解决党和国家事业发展面临的一系列重大问题，解放和增强社会活力、促进社会公平正义、维护社会和谐稳定、确保党和国家长治久安的根本要求。建设法治中国，必须坚持依法治国、依法执政、依法行政共同推进，坚持法治国家、法治政府、法治社会一体建设。全面贯彻落实这些部署和要求，关系加快建设社会主义法治国家，关系落实全面深化改革顶层设计，关系中国特色社会主义事业长远发展。要推动我国经济社会持续健康发展，不断开拓中国特色社会主义事业更加广阔的发展前景，就必须全面推进社会主义法治国家建设，从法治上为解决这些问题提供制度化方案，加快建设社会主义法治国家，全面推进依法治国。

以什么样的思路来谋划和推进中国社会主义民主政治建设，在国家政治生活中具有管根本、管全局、管长远的作用。古今中外，由于政治发展道路选择错误而导致社会动荡、国家分裂、人亡政息的例子比比皆是。中国是一个发展中大国，坚持正确的政治发展道路更是关系根本、关系全局的重大问题。设计和发展国家政治制度，必须注重历史和现实、理论和实践、形式和内容有机统一。要坚持从国情出发、从实际出发，既要把握长期形成的历史传承，又要把握走过的发展道路、积累的政治经验、形成的政治原则，还要把握现实要求、着眼解决现实问题，不能割断历史，不能想象突然就搬来一座政治制度上的"飞来峰"。政治制度是用来调节政治关系、建立政治秩序、推动国家发展、维护国家稳定的，不可能脱离特定社会政治条件来抽象评判，不可能千篇一律、归于一尊。在政治制度上,看到别的国家有而我们没有就简单认为有欠缺,要搬过来;或者,看到我们有而别的国家没有就简单认为是多余的,要去除掉。这两种观点都是简单化的、片面的,因而都是不正确的。

第六,强调培育和践行社会主义核心价值观,建设社会主义文化强国。

把社会主义精神文明搞上去,是邓小平的殷切嘱托。他坦率地表示,在精神文明建设和物质文明建设上出现"一手软、一手硬"的情况,是一个失误。[①]这以后,党的几代中央领导人都对加强社会主义精神文明建设和推动社会主义文化繁荣发展作出重要论述,采取有效措施。

党的十八大以来,在以习近平同志为核心的党中央强有力的领导下,思想文化建设取得带有突破性的重大进展,党对意识形态工作的领导得到切实加强,马克思主义在意识形态领域的指导地位更加鲜明,社会主义核心价值观和中华优秀传统文化广泛弘扬,群众性精神文明创建活动扎实开展。主旋律更加响亮,正能量更加强劲,文化自信得到彰显,国家文化软实力和中华文化影响力大幅提升,全党全社会思想上的团结统一更加巩固。

一个国家,一个民族,要把全社会意志和力量凝聚起来,必须有一套与经济基础和政治制度相适应并能形成广泛社会共识的核心价值观。核心价值观在一定社会的文化中是起中轴作用的,是决定文化性质和方向的最深层次要素,是一个国家的重要稳定器。人民有信仰,民族才有

---

① 参见《邓小平文选》(第三卷),人民出版社1993年版,第306、378—379页。

希望，国家才有力量。

要倡导富强、民主、文明、和谐，自由、平等、公正、法治，爱国、敬业、诚信、友善的社会主义核心价值观。社会主义核心价值观把涉及国家、社会、公民三个层面的价值要求融为一体，深入回答了我们要建设什么样的国家、建设什么样的社会、培育什么样的公民的重大问题，是当代中国精神的集中体现，凝结着全体人民共同的价值追求。

建设具有强大凝聚力和引领力的社会主义意识形态，是全党特别是宣传思想战线必须担负起的一个战略任务。做好意识形态工作，要正确认识、处理党性和人民性的关系。党性和人民性从来都是一致的、统一的。坚持党性，核心就是坚持正确政治方向，站稳政治立场，坚定宣传党的理论和路线方针政策，坚定宣传中央重大工作部署，坚定宣传中央关于形势的重大分析判断，坚决同党中央保持一致，坚决维护中央权威。坚持人民性，就是要把实现好、维护好、发展好最广大人民根本利益作为出发点和落脚点，坚持以民为本、以人为本，解决好"为了谁、依靠谁、我是谁"这个根本问题，坚持以人民为中心的工作导向，把党的理论和路线方针政策变成人民群众的自觉行动。

实践充分证明，党的十八大以来，以习近平同志为核心的党中央关于宣传思想工作的决策部署是完全正确的，宣传思想战线广大干部是完全值得信赖的。在实践中，我们不断深化对宣传思想工作的规律性认识，提出了一系列新思想新观点新论断，这就是通常所说的"九个坚持"，即：坚持党对意识形态工作的领导权；坚持思想工作"两个巩固"的根本任务；坚持用新时代中国特色社会主义思想武装全党、教育人民；坚持培育和践行社会主义核心价值观；坚持文化自信是更基础、更广泛、更深厚的自信，是更基本、更深沉、更持久的力量；坚持提高新闻舆论传播力、引导力、影响力、公信力；坚持以人民为中心的创作导向；坚持营造风清气正的网络空间；坚持讲好中国故事、传播好中国声音。这些重要思想，是做好宣传思想工作的根本遵循，必须长期坚持、不断发展。

统一思想、凝聚力量是宣传思想工作的中心环节，必须自觉承担起举旗帜、聚民心、育新人、兴文化、展形象的使命任务。举旗帜，就是要高举马克思主义、中国特色社会主义的旗帜，坚持不懈用习近平新时代中国特色社会主义思想武装全党、教育人民、推动工作，在学懂弄通做实上下功夫，推动当代中国马克思主义、21世纪马克思主义深入人心、落地生根。聚民心，就是要牢牢把握正确舆论导向，唱响主旋律，壮大正能量，做大做强主流思想舆论，把全党全国人民士气鼓舞起来、精神振奋起来，朝着党中央确定的宏伟目标团结一心向前进。育新人，就是要坚持立德树人、以文化人，建设社会主义精神文明、培育和践行社会主义核心价值观，提高人民思想觉悟、道德水准、文明素养，培养能够担当民族复兴大任的时代新人。兴文化，就是要坚持中国特色社会主义文化发展道路，推动中华优秀传统文化创造性转化、创新性发展，继承革命文化，发展社会主义先进文化，激发全民族文化创新创造活力，建设社会主义文化强国。展形象，就是要推进国际传播能力建设，讲好中国故事、传播好中国声音，向世界展现真实、立体、全面的中国，提高国家文化软实力和中华文化影响力。①

第七，强调在发展中保障和改善民生，走中国特色社会主义社会治理之路。

---

① 参见《习近平谈治国理政》（第三卷），外文出版社2020年版，第312页。

问题是时代的向导。一个阶段总有一个阶段的问题，旧的问题解决了，新的问题又会产生，历史就是这样循着问题的脚步一直向前发展，永不停顿。在发展中保障民生，成为新时代的显著标志之一。

党的十八大刚刚闭幕，习近平总书记在和第十八届常委一起会见中外记者时的讲话中提出："人民对美好生活的向往，就是我们的奋斗目标。"[①]这道出了时代心声。

发展是以追求高速度增长为目标，还是以增进人民福祉为目的，是一个关系根本方向的导向问题。习近平总书记强调，我们的发展是以人民为中心的发展，全面建成小康社会、进行改革开放和社会主义现代化建设，就是要通过发展社会生产力，满足人民日益增长的物质文化需要，促进人的全面发展。如果发展不能回应人民的期待，不能让群众得到实际利益，这样的发展就失去意义，也不可能持续。要在推动经济持续健康发展的基础上，通过各种制度安排保障人民群众各方面权益，保障劳动者参与发展、分享发展成果，促进社会公平正义。

一要处理好民生与发展的关系。抓民生也是抓发展。经济发展是前提，离开经济发展谈改善民生是无源之水、无本之木。同时，民生是做好经济社会发展工作的"指南针"。在从经济高速度增长向高质量发展转变的过程中，既要通过发展经济，为持续改善民生奠定坚实物质基础，又要通过持续不断改善民生，为经济发展创造更多有效需求，实现两者良性循环。

二要处理好量力而行与尽力而为的关系。群众对生活的期待是不断提升的，需求是多样化、多层次的，而我国仍处于并将长期处于社会主

---

① 《习近平谈治国理政》（第一卷），外文出版社2018年版，第4页。

义初级阶段，改善民生不能脱离这个最大的实际而提出过高目标，只能根据经济发展和财力状况逐步提高人民生活水平，做那些现实条件下可以做到的事情，将收入提高建立在劳动生产率提高的基础上，将福利水平提高建立在经济和财力可持续增长的基础上。

邓小平从党和国家领导岗位退下来以后，曾经充满期望地表示，"十二亿人口怎样实现富裕，富裕起来以后财富怎样分配，这都是大问题。题目已经出来了，解决这个问题比解决发展起来的问题还困难"，"现在我比较放心，我看我们的事业有希望，我们国家大有希望，我们民族大有希望"。[1]以习近平同志为核心的党中央在这个问题上，正在交出人民满意、经得起历史检验的答卷。

传统家国结构占主导的中国，面对各种社会组织如雨后春笋般层出不穷的新情况，面对人口流动性大大增强的新情况，面对大量农村人口涌入大中小城市的新情况，面对城镇化进程加快发展的新情况，正在面临一个深刻的社会治理革命。这是邓小平领导改革开放时期不曾遇到过的问题，也是进入21世纪后逐渐凸显的新问题。

社会治理是国家治理的重要领域，社会治理现代化是国家治理体系和治理能力现代化的题中应有之义。创新社会治理首先要创新理念。社会治理理念的提出，反映了我们党对社会运行规律和治理规律认识的深化，是社会建设理念、体制和方式的一次重大变革，是推进国家治理现代化的重要体现。新时代进一步加强和创新社会治理，要求坚持问题导向，坚持把专项治理与系统治理、综合治理、依法治理、源头治理结合起来，探索一条符合中国社会发展实际、更可持续的中国特色社会主义

---

[1]《邓小平年谱（1975—1997）》（下），中央文献出版社2004年版，第1364页。

社会治理之路，打造共建共治共享的社会治理格局。其中，共建是基础，着力加强社会建设的制度和体系建设；共治是关键，着力打造全民参与的开放治理体系；共享是目标，要使社会治理的成效更多、更公平地惠及全体人民，不断增加人民的获得感、幸福感、安全感。

第八，强调推进生态文明建设，建设美丽中国。

进入21世纪后，资源和环境对经济发展的硬约束日益显现。能源紧张、资源破坏、大气污染、环境污染，不仅严重制约经济发展，而且成为社会问题，直接影响人们的身心健康，成为民生之患、民心之痛。

生态文明建设，是中国特色社会主义"五位一体"总体布局的重要方面，也是建设社会主义现代化强国的重要内容。我们要建设的现代化是人与自然和谐共生的现代化，既要创造更多物质财富和精神财富以满足人民日益增长的美好生活需要，也要提供更多优质生态产品以满足人民日益增长的优美生态环境需要。必须坚持节约优先、保护优先、自然恢复为主的方针，形成节约资源和保护环境的空间格局、产业结构、生产方式、生活方式，还自然以宁静、和谐、美丽，努力建设望得见山、看得见水、记得住乡愁的美丽中国。

经济发展同生态环境保护是一对矛盾，处理不好的确会要么影响经济发展、要么破坏资源环境。这里的关键，是要转变发展理念，牢固树立包括绿色发展在内的新发展理念。习近平总书记反复强调，经济发展不应是对资源和生态环境的竭泽而渔，生态环境保护也不应是舍弃经济发展的缘木求鱼，而是要坚持在发展中保护、在保护中发展，实现经济社会发展与人口、资源、环境相协调。要让良好生态环境成为人民生活改善的增长点、成为经济社会持续健康发展的支撑点、成为展现我国良好形象的发力点，让中华大地天更蓝、山更绿、水更清、环境更优美，大踏步进入生态文明新时代。

第九，强调坚持"一国两制"，推进祖国统一。

改革开放初期，邓小平着眼实现国家完全统一，以超凡的智慧和胆略创造性地提出"一国两制"伟大构想，并首先成功地运用于解决历史遗留的香港、澳门问题。1997年和1999年，香港、澳门先后顺利回归祖国并重新纳入国家治理体系。从此，香港、澳门在祖国怀抱里不断向前发展，保持了长期繁荣稳定。事实证明，"一国两制"是解决历史遗留的香港、澳门问题的最佳方案，也是香港、澳门回归后保持长期繁荣稳定的最佳制度，是行得通、办得到、得人心的。

邓小平早在20世纪80年代就指出："还有一个问题必须说明：切不要以为香港的事情全由香港人来管，中央一点都不管，就万事大吉了。这是不行的，这种想法不实际。中央确实是不干预特别行政区的具体事务的，也不需要干预。但是，特别行政区是不是也会发生危害国家根本利益的事情呢？难道就不会出现吗？那个时候，北京过问不过问？难道香港就不会出现损害香港根本利益的事情？能够设想香港就没有干扰，没有破坏力量吗？我看没有这种自我安慰的根据。如果中央把什么权力都放弃了，就可能会出现一些混乱，损害香港的利益。"①近年来，香港社会有些人鼓吹香港有所谓"固有权力""自主权力"等，否认或歪曲中央对香港的管治权，以"高度自治"为名对抗中央的权力。这些事实，证明了邓小平的预见性。

党的十八大以来，以习近平同志为核心的党中央采取有力措施，全面准确贯彻"一国两制"方针，牢牢掌握宪法和基本法赋予中央对香

---

① 《邓小平文选》（第三卷），人民出版社1993年版，第221页。

港、澳门的全面管治权，坚决依法打击"港独"势力，深化内地和港澳地区交流合作，保持香港、澳门繁荣稳定。针对一个时期受各种内外复杂因素影响，"反中乱港"活动猖獗，香港局势一度出现严峻局面，以习近平同志为核心的党中央强调，必须全面准确、坚定不移贯彻"一国两制"方针，坚持和完善"一国两制"制度体系，坚持依法治港治澳，维护宪法和基本法确定的特别行政区宪制秩序，落实中央对特别行政区全面管治权，坚定落实"爱国者治港""爱国者治澳"。

党中央审时度势，作出健全中央依照宪法和基本法对特别行政区行使全面管治权、完善特别行政区同宪法和基本法实施相关制度机制的重大决策，推动建立健全特别行政区维护国家安全的法律制度和执行机制、制定《中华人民共和国香港特别行政区维护国家安全法》、完善香港特别行政区选举制度，落实"爱国者治港"原则，支持特别行政区完善公职人员宣誓制度。中央人民政府依法设立驻香港特别行政区维护国家安全公署，香港特别行政区依法设立维护国家安全委员会。中央坚定支持香港特别行政区依法止暴制乱、恢复秩序，支持行政长官和特别行政区政府依法施政，坚决防范和遏制外部势力干预港澳事务，严厉打击分裂、颠覆、渗透、破坏活动。全面支持香港、澳门更好融入国家发展大局，高质量建设粤港澳大湾区，支持港澳发展经济、改善民生，增强港澳同胞国家意识和爱国精神。这一系列标本兼治的举措，推动香港局势实现由乱到治的重大转折，为推进依法治港治澳、促进"一国两制"实践行稳致远打下了坚实基础。

推动台湾海峡两岸实现和平统一，是毛泽东、邓小平等历代中央领导人的夙愿。由于台湾政局复杂多变，两岸关系和台海形势复杂多变，加上一些国际势力不愿看到两岸和平统一，不愿看到中国强大，致使祖国和平统一进程不能不在排除各种阻力与干扰中艰难前行。

党的十八大以来，以习近平同志为核心的党中央坚持一个中国原则和"九二共识"，推动两岸关系和平发展，加强两岸经济文化交流合作，实现两岸领导人历史性会晤。妥善应对台湾局势变化，坚决反对和遏制"台独"分裂势力，有力维护台海和平稳定。习近平总书记反复强调，解决台湾问题、实现祖国完全统一，是全体中华儿女共同愿望，是中华民族根本利益所在。必须继续坚持"和平统一、一国两制"方针，推动两岸关系和平发展，推进祖国和平统一进程。

一是坚持一个中国原则和"九二共识"。一个中国原则是两岸关系的政治基础。体现一个中国原则的"九二共识"明确界定了两岸关系的根本性质，是确保两岸关系和平发展的关键。承认"九二共识"的历史事实，认同两岸同属一个中国，两岸双方就能开展对话，协商解决两岸同胞关心的问题，台湾任何政党和团体同大陆交往也不会存在障碍。

二是坚决反对"台独"。坚决维护国家主权和领土完整，绝不容忍国家分裂的历史悲剧重演。一切分裂祖国的活动都必将遭到全体中国人坚决反对。我们有坚定的意志、充分的信心、足够的能力挫败任何形式的"台独"分裂图谋。绝不允许任何人、任何组织、任何政党在任何时候、以任何形式、把任何一块中国领土从中国分裂出去。

三是秉持"两岸一家亲"理念。两岸同胞是命运与共的骨肉兄弟，是血浓于水的一家人。秉持"两岸一家亲"理念，尊重台湾现有的社会制度和台湾同胞生活方式，愿意率先同台湾同胞分享大陆发展的机遇，增进台湾同胞福祉，推动两岸同胞共同弘扬中华文化，促进心灵契合。

四是推进两岸经济社会融合发展。两岸开展经济合作具有得天独厚的优势，促进两岸经济社会融合发展符合两岸同胞共同利益。顺应经济发展规律，创新方式，推动扩大两岸经贸往来，加强两岸产业合作，欢迎台湾同胞积极参与"一带一路"建设。面向基层、面向青年，努力扩大两岸民众的受益面和获得感，让两岸同胞参与越多受益越多。

五是推动两岸同胞共同弘扬中华文化。中华民族有绵延5000多年的灿烂文明，中华优秀传统文化植根在两岸同胞内心深处，是两岸同胞的"根"与"魂"。两岸同胞是中华文化的传人，血脉里流动的都是中华民族的血，精神上坚守的都是中华民族的魂。两岸共同弘扬中华文化，最重要的是两岸同胞要以心相交、尊重差异、增进理解，不断增强民族认同、文化认同、国家认同。

第十，强调坚持走和平发展道路，推动构建人类命运共同体。

提出和平发展是当今世界的两大问题，开创全方位独立自主和平外交，把中国特色社会主义的基点放在走和平发展道路上，并把实现社会主义现代化、实现祖国统一、维护世界和平确立为党和国家的三件大事，这是邓小平的最大贡献。在邓小平之后，以江泽民同志为核心的党中央第三代领导集体和以胡锦涛同志为总书记的党中央，都为推进和平发展道路、推进全方位独立自主和平外交作出了重要历史性贡献。

党的十八大以来，以习近平同志为核心的党中央面对世界百年未有之大变局，全面推进中国特色大国外交，形成全方位、多层次、立体化的外交布局，为我国发展营造了良好外部条件。实施共建"一带一路"倡议，发起创办亚洲基础设施投资银行，设立丝路基金，举办首届"一带一路"国际合作高峰论坛、亚太经合组织领导人非正式会议、二十国集团领导人杭州峰会、金砖国家领导人厦门会晤、亚信峰会。倡导构建人类命运共同体，促进全球治理体系变革。我国国际影响力、感召力、塑造力进一步提高，为世界和平与发展作出新的重大贡献。

如何准确判断国际形势，是治国理政的战略性问题。习近平总书记强调：把握国际形势要树立正确的历史观、大局观、角色观。所谓正确历史观，就是不仅要看现在国际形势什么样，而且要端起历史望远镜回顾过去、总结历史规律，展望未来、把握历史前进大势。所谓正确大局观，就是不仅要看到现象和细节怎么样，而且要把握本质和全局，抓住主要矛盾和矛盾的主要方面，避免在林林总总、纷纭多变的国际乱象中迷失方向、舍本逐末。所谓正确角色观，就是不仅要冷静分析各种国际现象，而且要把自己摆进去，在我国同世界的关系中看问题，弄清楚在世界格局演变中我国的地位和作用，科学制定我国对外方针政策。

顺应和平发展合作共赢的世界潮流，必须构建中国特色大国外交。当今世界正在发生深刻复杂变化，但和平与发展仍是时代主题，和平、发展、合作、共赢的时代潮流更加强劲。在错综复杂多边的国际环境中，中国必须有自己特色的大国外交。我们要在总结实践经验的基础上，丰富和发展对外工作理念，使我国对外工作有鲜明的中国特色、中国风格、中国气派。要坚持中国共产党领导和中国特色社会主义，坚持我国的发展道路、社会制度、文化传统、价值观念。要坚持独立自主的和平外交方针，坚持把国家和民族发展放在自己力量的基点上，坚定不移走自己的路，走和平发展道路，同时决不能放弃我们的正当权益，决不能牺牲国家核心利益。要坚持国际关系民主化，坚持和平共处五项原则，坚持国家不分大小、强弱、贫富都是国际社会平等成员，坚持世界的命运必须由各国人民共同掌握，维护国际公平正义，特别是要为广大发展中国家说话。

无论国际形势怎样变化，中国坚定不移走和平发展道路的决心始终不变。中国走和平发展道路，不是权宜之计，更不是外交辞令，而是从历史、现实、未来的客观判断中得出的结论，是思想自信和实践自觉的有机统一。中国的和平发展道路，是新中国成立以来特别是改革开放以来，经过艰辛探索和不断实践逐步形成的。中国走和平发展道路的自信和自觉，来源于中华文明的深厚渊源，来源于对实现中国发展目标条件的认知，来源于对世界发展大势的把握。

面对世界百年未有之大变局，中国方案是，建设持久和平、普遍安全、共同繁荣、开放包容、清洁美丽的世界，构建人类命运共同体。习近平总书记代表中国政府郑重提出，国际社会要从伙伴关系、安全格局、经济发展、文明交流、生态建设等方面作出努力：坚持对话协商，建设一个持久和平的世界；坚持共建共享，建设一个普遍安全的世界；坚持合作共赢，建设一个共同繁荣的世界；坚持交流互鉴，建设一个开放包容的世界；坚持绿色低碳，建设一个清洁美丽的世界。①

中国的发展离不开世界，世界的发展也离不开中国。中国坚持对外开放的基本国策，坚持打开国门搞建设，积极促进"一带一路"国际合作，努力实现政策沟通、设施联通、贸易畅通、资金融通、民心相通，打造国际合作新平台，增添共同发展新动力。加大对发展中国家特别是最不发达国家援助力度，促进缩小南北发展差距。中国支持多边贸易体制，促进自由贸易区建设，推动建设开放型世界经济。

以上，从十个方面分别阐述了习近平新时代中国特色社会主义思想对中国特色社会主义理论体系的继承和发展。这种继承和发展的关系，概括起来，可以分为三个层面、三种情况。

第一个层面，是在大的发展阶段未变前提下发生的具体阶段由低向

---

① 参见习近平：《共同构建人类命运共同体》，载《求是》2021年第1期。

高的演变。也即是说，我国仍处于并将长期处于社会主义初级阶段，但是社会主要矛盾发生了重要变化，由此推动社会主义初级阶段内部的具体发展阶段发生由低一阶段向更高阶段的转变。其标志，就是中国特色社会主义进入新时代。由此提出新时代坚持和发展什么样的中国特色社会主义、怎样坚持和发展中国特色社会主义，建设什么样的社会主义现代化强国、怎样建设社会主义现代化强国，建设什么样的长期执政的马克思主义政党、怎样建设长期执政的马克思主义政党等重大时代课题，创立了习近平新时代中国特色社会主义思想。

第二个层面，是实现社会主义现代化历史总进程未变，仍处于邓小平当年设想的现代化建设"三步走"发展战略的范畴之中。但是，由于中国特色社会主义进入新时代，使得党和国家所处的历史方位发生了重要变化，我们从来也没有像今天这样距离实现社会主义现代化强国目标和实现中华民族伟大复兴中国梦如此之接近，从来也没有像今天这样对于实现这个目标如此充满信心。"在新中国成立特别是改革开放以来长期探索和实践基础上，经过十八大以来在理论和实践上的创新突破，我们党成功推进和拓展了中国式现代化。"①习近平新时代中国特色社会主义思想，不仅解决了怎样决胜全面建成小康社会第一个百年奋斗目标的历史性问题，而且成为实现全面建成社会主义现代化强国第二个百年奋斗目标的思想指导和行动纲领。

第三个层面，是中华民族仍处于近代以来为实现中华民族伟大复兴中国梦而奋斗的历史进程之中。这一历史进程中，经过中国共产党成立、新民主主义革命时期、社会主义革命和建设时期、改革开放和社会

---

① 《中国共产党第二十次全国代表大会文件汇编》，人民出版社2022年版，第18页。

主义现代化建设新时期，在中国特色社会主义进入新时代后，近代以来久经磨难的中华民族终于迎来了从站起来、富起来到强起来的伟大飞跃，迎来了实现中华民族伟大复兴不可逆转的光明前景。新时代的伟大变革，在党史、新中国史、改革开放史、社会主义发展史、中华民族发展史上具有里程碑意义，使我国发展具备了更为坚实的物质基础、更为完善的制度保证，使科学社会主义在21世纪的中国焕发出新的蓬勃生机，中国式现代化为人类实现现代化提供了新的选择，中国共产党和中国人民为解决人类面临的共同问题提供了更多更好的中国智慧、中国方案、中国力量。在强起来的新征程上，习近平新时代中国特色社会主义思想一定会更加彰显出思想伟力、实践伟力和世界意义。

在历史前进的逻辑中前进

通过以上的分析论证，可以清晰地看出，尽管新时代与毛泽东所处的时代有着很大的不同，与改革开放以来的情况有很大的变化，但是习近平新时代中国特色社会主义思想同毛泽东思想、中国特色社会主义理论体系有着一条清晰的坚持、发展、创新的红线。之所以如此，恰恰是中华民族伟大复兴经历从站起来、富起来到强起来的客观历史过程的集中反映。

对于毛泽东思想所代表的那个时代来说，中国共产党第一代中央领导集体所追求的，决不仅是让中华民族和中国人民站起来，而是要在社会主义道路上实现民富国强。然而，在中国这样一个贫穷落后的东方大国建设社会主义、实现社会主义现代化，并不是一件轻松容易的事。没有任何经验可资借鉴，没有任何捷径可资攀缘，只能靠独立自主地艰辛探索。以毛泽东同志为代表的中国共产党人进行了非同寻常的艰辛探索，走了很大的弯路，为后来找到一条正确道路创造了必备条件、积累了宝贵经验。

真正找到并开辟了中国特色社会主义正确道路的，是以邓小平同志为代表的中国共产党人，由此开创了改革开放和社会主义现代化建设的新时期。这是对中华民族伟大复兴作出的不朽贡献。这以后，又经过以江泽民同志为代表的中国共产党人和以胡锦涛同志为代表的中国共产党人的接力发展，使得中国特色社会主义道路越走越宽广、越走越坚定。

习近平新时代中国特色社会主义思想正是在中国特色社会主义进入新时代的历史条件下产生的。这一思想站在历史巨人的肩膀上，站在中华民族伟大复兴新的历史节点上，站在国内国际两个大局的交汇处，通过坚持、发展、创新，既充分彰显了毛泽东思想的当代价值，也充分彰显了中国特色社会主义理论体系的思想力量。

一、正确认识往往需要在长期实践的比较、反复中最终取得共识并被确立起来

实践不是一条直线，人们的认识也不是笔直的。这一方面是由于客观事物和社会生活的复杂性，人们往往要经过反复的实践，有时还需要长时间的实践，才能充分认识事物的本质和规律，形成正确的认识。另一方面也是由于各种错误思潮的影响和干扰，使这些认识在实践展开的过程中，受到来自各个方面的影响和干扰，增加了人们认识客观事物本质和规律的难度，需要经过较长时间的比较、反复，才能在实践过程中逐步排除各种影响和干扰，最终得到比较合乎客观实际的正确认识。正

因为如此，常常会遇到这种情况，一个正确的认识在提出之后，特别是经历了曲折复杂的实践之后，会受到很多人的疑惑甚至是质疑。只有经历了更长一段时间的实践检验后，人们才开始产生比较一致的认识，解除原先的疑惑或质疑，接受其为正确的认识。也就是说，这些正确认识是在经历了正反两方面的实践验证之后，才被最终确立起来。

例如，政治工作是一切工作的生命线这个重大观点，是毛泽东根据我们党的经验总结出来的。但是，在"文化大革命"中及此前的很长一段时间里，也因为党的中心工作偏离了经济建设这个根本，出现了"空头政治""政治取代一切""政治冲击一切"的错误，给党和国家事业造成了极大损害。显然，只有彻底纠正这一偏差，才能使党和国家的工作重新回到以经济建设为中心的正确轨道上来。然而，在纠正这一偏向时，又出现了把这一论点本身作为"左"的影响彻底放弃的偏向。只有在经历过埋头经济工作、忽视政治、淡漠政治、不讲政治所造成的恶果之后，完整全面准确认识这一重大观点的条件才告成熟。特别是党的十八大以来，以习近平同志为核心的党中央既旗帜鲜明讲政治，又切实防止"空头政治""形式主义政治"，切实增强以政治意识为核心的"四个意识"，切实提高政治站位，切实加强政治建设，使政治工作贯穿到党和国家各项事业之中，贯穿到中国特色社会主义建设的各环节、各领域、各方面。党的意识形态工作，也有着类似的情况和历程。

二、一些认识开始并不完善，需要在长期实践中的比较、反复中才能日臻提高起来

实践的道路不平坦，探索的历程充满坎坷，也就决定了正确的认识也总是在比较、反复中形成并确立起来的。有些认识，曾经作为普遍的

真理广为认可和接受。但由于这些认识在一个时期里出现了实践上的偏差，而在纠正这些偏差时，往往又会对这些认识所包含的真理性产生怀疑和动摇，结果又出现另外一种偏差。这就是我们通常所说的过犹不及。人类认识的历史告诉我们，许多理论的真理性是不完全的，而经过实践的检验纠正了它们的不完全性。只有在经历了正反两方面的比较、反复之后，人们的认识才逐渐更加接近于真理，也更加全面起来，才能做到毫不动摇。

例如，坚持党对一切工作的全面领导，特别是政治方向上的领导，是我们党的光荣传统，也是我们党的政治优势。但是在新中国成立后的一段时间里，没有能够很好处理执政党条件下的党政关系问题，特别是在"文化大革命"的特殊历史条件下，过分强调党的"一元化"领导，造成了严重的以党代政现象，党的各级组织包办了许多原由政府承担的工作，致使党组织管了不少不该管、也管不好的事情，反而在重大问题上损害了党的领导，并造成权力过于集中的偏向，损害了集体领导和民主集中制。在改革开放和社会主义现代化建设历史新时期，我们党纠正了以党代政、权力过于集中的偏向。但在以经济建设为中心的新的历史条件下，又出现了党的领导弱化、虚化的现象。在纠正了以党代政偏向的同时，又出现了不敢理直气壮地坚持党对一切工作的全面领导的问题。经过了一段时间的比较、反复，特别是经过党的十八大以来的正本清源，以习近平同志为核心的党中央终于在坚持党对一切工作的全面领导问题上，纠正了偏差，拨正了航向。坚持党对一切工作的全面领导，不是要以党代政、由党包揽一切，而是要充分发挥党的政治优势，把握方向、把握大势、把握全局；充分发挥党的统领作用和协调各方的优势，建立健全坚持和加强党的全面领导的组织体系、制度体系、工作机制，形成"众星捧月"之势，切实把党的领导落实到改革发展稳定、内政外交国防、治党治国治军等各领域各方面各环节，确保党中央号令畅通、令行禁止。

三、对于那些被实践检验是错误的理论和实践，不属于党的科学指导思想范畴，必须牢记历史教训，永不再犯

在我们党的历史上，曾经犯过许多大大小小的历史错误，使党的探索历程遭受了大大小小的挫折。但是，正因为中国共产党是为人民的利益勇于坚持真理、随时修正错误的马克思主义先进政党，是一个对历史、对民族、对国家高度负责的成熟的马克思主义先进政党，因此，我们党从来没有对自己所犯的错误采取文过饰非、遮遮掩掩的态度，而是公开承认这些错误，公开检讨这些错误，公开纠正这些错误，并采取一切可能采取的措施来弥补错误造成的损失，确保永不再犯。正是本着这种对历史、对民族、对国家高度负责的态度，我们党在纠正全局性重大历史错误的过程中，形成了两个历史决议，一方面通过吸取教训使错误的经历转化成为找到正确道路的宝贵思想财富，另一方面通过确立和发展正确的指导思想以及必要的制度措施来确保永不再犯类似的错误。正因为如此，每一次历史决议的作出，不仅使我们党彻底纠正了错误，包括"文化大革命"这样的全局性错误，而且使我们党在指导思想的发展完善上、在全党的思想武装和思想统一上大大地向前迈进。这种情形，可以说在整个世界政党发展史上也是绝无仅有的。毛泽东思想的发展完善并确立起全党的指导地位是如此，包括邓小平理论在内的中国特色社会主义理论体系也是如此，习近平新时代中国特色社会主义思想更是如此。可以说，这些党的科学指导思想越发展、越完善，在实践中越是取

得显著的成就，我们党就越远离历史错误，确保这些错误永不再犯的道路根基、思想根基、制度根基、文化根基就越深厚、越牢固。

以习近平新时代中国特色社会主义思想对毛泽东思想的坚持、发展和创新为例。比如说，在强调改革开放前后两个历史时期不能割裂、对立甚至相互否定的同时，习近平总书记强调这两个时期"是两个相互联系又有重大区别的时期"，指出"如果没有一九七八年我们党果断决定实行改革开放，并坚定不移推进改革开放，坚定不移把握改革开放的正确方向，社会主义中国就不可能有今天这样的大好局面，就可能面临严重危机，就可能遇到像苏联、东欧国家那样的亡党亡国危机"。①这样，既尊重了历史，更昭示了历史前进的正确方向。还比如说，习近平总书记在根据当前暴露的突出问题强调要牢固树立政治意识、切实加强政治建设的同时，又反复强调，不能搞空头政治和极左政治，更不能只做表面文章，搞表态政治和形式主义。这样，既突出了面对当下的问题导向，又记取了历史教训。另外，习近平总书记还始终强调要把改革开放进行到底，改革只有进行时，没有完成时；无论发展到哪一步，以经济建设为中心不能动摇，发展始终是执政兴国的第一要务；坚定不移坚持和发展中国特色社会主义，坚定"四个自信"，保持政治定力，既不走封闭僵化的老路，也不走改旗易帜的邪路。这些都清楚地表明，对被实践证明是科学的指导思想的毛泽东思想一定要在新的历史条件下坚持、发展和创新，对被实践证明属于错误的理论和实践则要严格同毛泽东思想区别开来，决不能也决不会混为一谈。在这个问题上，中国共产党在十一届三中全会以来始终保持着清醒的认识，表现出高度的政治自觉。

---

① 参见习近平：《论中国共产党历史》，中央文献出版社2021年版，第3页。

四、必须在思想方法和工作方法上实现正本清源

在中国特色社会主义进入新时代的历史条件下，习近平新时代中国特色社会主义思想之所以能够成功地实现对毛泽东思想的坚持、发展、创新，很重要的是其在思想方法和工作方法上的正本清源。以下几种思想方法和工作方法，构成了习近平新时代中国特色社会主义思想的特色。

第一，善于运用问题导向的思想方法和工作方法。

以概念作为研究问题的出发点，还是以现实中存在的问题作为研究问题的出发点，始终是实事求是思想路线与教条主义等错误思想方法和工作方法的分水岭。问题是时代的声音，每个时代总有属于它自己的问题，只有不惧怕问题，才能勇立时代潮头；只有迎难而上、越是艰险越向前，才能引领时代发展方向。我们中国共产党人干革命、搞建设、抓改革，从来都是为了解决中国的现实问题。党的十八大以来，在前进道路上首先遇到的是党内腐败问题，党的领导弱化虚化问题，意识形态领域中失语、失声、被边缘化的问题，等等。正是在这些根本原则问题上，大是大非问题上，习近平总书记旗帜鲜明、立场坚定、勇于发声亮剑，以逢山开路、遇水搭桥的勇气和胆识，彻底扫除前进道路上的"拦路虎""绊脚石"，才能够标本兼治、正本清源，调正了中国巨轮的航向。在开创并引领进入新时代的过程中，不但开创了党和国家事业的崭新局面，也实现了对毛泽东思想的坚持、发展、创新。

第二，善于运用打通历史、现实与未来的思想方法和工作方法。

历史既是现实的一面镜子，更是认识现实与未来的一把钥匙，运用得好可以起到以史为鉴、资政育人的作用。但是，历史并非自然而然地

起到这样的作用，而是必须依靠正确的历史观。错误的历史观，包括历史虚无主义在内，往往是以割断历史为基本特征的。因此，习近平总书记为了解决好坚持和发展中国特色社会主义这一根本性、方向性问题，首先就以如何正确看待改革开放前后两个时期入手，进而拓展到如何看待中华民族5000多年发展史与中国特色社会主义的内在联系，如何看待社会主义世界性发展的全部历史与中国特色社会主义历史地位的联系，从根本上端正了人们对党的发展史、民族发展史、社会主义发展史的认识，从而为开创新时代、创立习近平新时代中国特色社会主义思想铺平了道路。在打通历史、现实与未来的过程中，一个很重要的、也是不能绕过的重要课题，就是正确对待毛泽东留下的政治遗产。毋庸讳言，在这份政治遗产中，既有如何对待和吸取毛泽东晚年错误的问题，更有如何继承和坚持被实践检验是正确的理论与实践。正因为如此，面对如此严肃的问题，习近平总书记本着对历史负责、对民族负责、对国家长治久安负责的态度，是教训就牢牢记取，是经验就毫不动摇地加以坚持，并在新的历史条件下加以创造性地发展。在这个过程中，习近平总书记强调，"历史是最好的教科书""中国革命历史是最好的营养剂"。提高历史思维能力，就要加强对中国历史、党史国史、社会主义发展史和世界历史的学习，深刻总结历史经验、把握历史规律、认清历史趋势，在对历史的深入思考中做好现实工作、更好走向未来。

第三，善于运用以人民为中心的思想方法和工作方法。

长期以来，那种"唯GDP""见物不见人"的扭曲了的错误发展观一直盘桓不去，使人忘记了根本，忘记了初心，忘记了以经济建设为中心的本义，就是为人民谋幸福、为民族谋复兴、为万世开太平。生产力是推动社会进步最活跃、最革命的要素，但是先进生产力要靠全面发展、全面提高的人来掌握、来创造、来运用。社会主义的根本任务是解放和发展社会生产力。因此，发展仍是解决我国所有问题的关键，是党执政兴国的第一要务，我们必须聚精会神搞建设、一心一意谋发展，一时一刻不能偏离这个中心。但是，我们也不能忘记，发展成果必须体现在推动人的全面发展、最大限度满足人民日益增长的美好生活的需要，这是由我国社会主要矛盾变化所决定的。因此，我们要通过全面深化改革，特别是供给侧结构性改革，推动贯彻落实新发展理念，推动我国社会生产力不断向前发展，推动实现物的不断丰富和人的全面发展的统一。因此可见，以人民为中心的理念同以经济建设为中心的根本要求不但不矛盾，而且恰恰是为了更好地坚持以经济建设为中心的根本要求。党的十八大以来，以习近平同志为核心的党中央始终秉持以人民为中心的发展思想，强调群众路线既是历史唯物主义基本原理在实际工作中的具体体现，也是我们党始终坚持的根本工作路线和根本工作方法，以造福人民为最大政绩，从群众最关心的问题入手，把民生疾苦放在心头，把改革发展责任扛在肩上，一大批惠民举措落地实施，推动发展成果更多更公平惠及全体人民；始终把人民利益摆在至高无上的地位，顺应我国社会主要矛盾已经发生历史性变化的实践要求，着力解决我国发展不平衡不充分的问题，在更高水平上不断满足人民群众日益增长的美好生活需要。从根本上扭转了经济社会发展的根本方向。

第四，善于运用辩证思维的思想方法和工作方法。

改革开放的过程，本质上说就是发现矛盾、把握矛盾、解决矛盾、推动事物在矛盾运动中向好的方面转化的发展过程。然而，在实际工作中，往往会出现害怕矛盾、遇到矛盾躲着走、绕着走的现象，其结果，不但不能解决矛盾，反而会使矛盾日益激化，错过了解决矛盾的最好时机。党的十八大以来，习近平总书记反复强调要掌握和运用辩证思维，主动应对矛盾，积极促成矛盾的解决和转化。他强调指出，当前，我国发展面临的矛盾更加复杂，既有过去长期积累而成的矛盾，也有在解决旧矛盾过程中产生的新矛盾，大量的还是随着形势环境变化新出现的矛盾。这些矛盾许多是这个发展阶段必然出现的，是躲不开也绕不过去的。对待矛盾的正确态度，应该是直面矛盾，并运用矛盾相辅相成的特性，在解决矛盾过程中推动事物发展。为此，习近平总书记号召全党特别是领导干部重新学习《实践论》《矛盾论》，深刻认识到矛盾是普遍存在的，是事物联系的实质内容和事物发展的根本动力。人的认识活动和实践活动，从根本上说就是不断认识矛盾、不断解决矛盾的过程。问题是事物矛盾的表现形式，强调增强问题意识、坚持问题导向，就是承认矛盾的普遍性、客观性，就是要善于把认识和化解矛盾作为打开工作局面的突破口。唯物辩证法揭示了物质世界普遍联系和永恒发展的特性，要求人们在认识世界和改造世界过程中，充分运用辩证方法观察和处理问题，正确分析矛盾，在对立中把握统一、在统一中把握对立，克服极端性、片面性，不断提升辩证思维能力。当前，我国社会各种利益关系十分复杂，要坚持发展地而不是静止地、全面地而不是片面地、系统地而不是零散地、普遍联系地而不是单一孤立地观察事物，准确把握客观实际，真正掌握规律，妥善处理各种重大关系。

第五，善于运用知行合一的思想方法和工作方法。

在同教条主义作斗争的过程中，毛泽东一贯倡导知行合一，强调实践出真知，没有调查就没有发言权，没有正确的调查研究同样没有发言权。著名的《实践论》的副标题，就叫"论认识和实践的关系——知和行的关系"。最后的结论特别强调："实践、认识、再实践、再认识，这种形式，循环往复以至无穷，而实践和认识之每一循环的内容，都比较地进到了高一级的程度。这就是辩证唯物论的全部认识论，这就是辩证唯物论的知行统一观。"①在和平建设时期，党的各级干部的专业化程度和知识水平大幅度提高了，但又出现了知行脱节的问题，由此造成了形形色色的形式主义。党的十八大以来，习近平总书记下最大的决心倡导知行合一、言行一致的优良传统作风，大力倡导"三严三实"作风。他指出，各级领导干部都要树立和发扬好的作风，既严以修身、严以用权、严以律己，又谋事要实、创业要实、做人要实。严以修身，就是要加强党性修养，坚定理想信念，提升道德境界，追求高尚情操，自觉远离低级趣味，自觉抵制歪风邪气。严以用权，就是要坚持用权为民，按规则、按制度行使权力，把权力关进制度的笼子里，任何时候都不搞特权、不以权谋私。严以律己，就是要心存敬畏、手握戒尺，慎独慎微、勤于自省，遵守党纪国法，做到为政清廉。谋事要实，就是要从实际出发谋划事业和工作，使点子、政策、方案符合实际情况、符合客观规律、符合科学精神，不好高骛远，不脱离实际。创业要实，就是要脚踏实地、真抓实干，敢于担当责任，勇于直面矛盾，善于解决问题，努力创造经得起实践、人民、历史检验的实绩。做人要实，就是要对党、对组织、对人民、对同志忠诚老实，做老实人、说老实话、干老实事，襟怀坦白，公道正派。要发扬钉钉子精神，保持力度、保持韧劲，善始善终、善作善成，不断取得作风建设新成效。从知行合一、言行一致出发，习近平总书记特别强调要以党的自我革命推动社会革命。他强调，要把新时代坚持和发展中国特色社会主义这场伟大社会革命进行好，我

---

① 《毛泽东选集》（第一卷），人民出版社1991年版，第296—297页。

们党必须勇于进行自我革命，把党建设得更加坚强有力。勇于自我革命，从严管党治党，是我们党最鲜明的品格，全面从严治党永远在路上。在统揽伟大斗争、伟大工程、伟大事业、伟大梦想中，起决定性作用的是新时代党的建设新的伟大工程。在新时代，我们党必须以党的自我革命来推动党领导人民进行的伟大社会革命，把党建设成为始终走在时代前列、人民衷心拥护、勇于自我革命、经得起各种风浪考验、朝气蓬勃的马克思主义执政党，这既是中国共产党领导人民进行伟大社会革命的客观要求，也是中国共产党作为马克思主义政党建设和发展的内在需要。

通过以上五个方面，我们不难看出，从毛泽东思想、中国特色社会主义理论体系到习近平新时代中国特色社会主义思想，虽然所处的时代有所不同，面临的环境有所不同，解决的问题有所不同，但始终有一条红线贯穿始终，这就是坚持和发展马克思主义的科学世界观、方法论，不断实现科学世界观、方法论上的创新发展、与时俱进。这恰恰是马克思主义中国化时代化不断取得新飞跃的根本要诀所在。

第九章

对中华文化和中国精神的继承和发展

自中国共产党诞生之日起，就是既以打破一个旧世界、建立一个新世界的革命者的姿态屹立于世，又以中华民族优秀传统、优秀文化的最好继承者的姿态屹立于世。

习近平新时代中国特色社会主义思想作为中华文化和中国精神的时代精华,不仅把马克思主义基本原理同中国具体实际相结合、同中华优秀传统文化相结合推向了一个新境界、新高度,也标注了源远流长的中华文化和中国精神的新境界、新高度。

党的二十大报告指出:"中华优秀传统文化源远流长、博大精深,是中华文明的智慧结晶,其中蕴含的天下为公、民为邦本、为政以德、革故鼎新、任人唯贤、天人合一、自强不息、厚德载物、讲信修睦、亲仁善邻等,是中国人民在长期生产生活中积累的宇宙观、天下观、社会观、道德观的重要体现,同科学社会主义价值观主张具有高度契合性。我们必须坚定历史自信、文化自信,坚持古为今用、推陈出新,把马克思主义思想精髓同中华优秀传统文化精华贯通起来、同人民群众日用而不觉的共同价值观念融通起来,不断赋予科学理论鲜明的中国特色,不断夯实马克思主义中国化时代化的历史基础和群众基础,让马克思主义在中国牢牢扎根。"[①]

习近平新时代中国特色社会主义思想是怎样继承和发展中华优秀传统文化和中国精神,推动中华优秀传统文化实现创造性转化、创新性发

[①]《中国共产党第二十次全国代表大会文件汇编》,人民出版社2022年版,第15—16页。

展,并将其推向一个新境界、新高度的呢?

五四新文化运动提出的重大课题

1938年10月,毛泽东在党的六届六中全会报告中,在提出"马克思主义的中国化"命题的同时,向全党提出了一项历史任务:"学习我们的历史遗产,用马克思主义的方法给以批判的总结,是我们学习的另一任务。我们这个民族有数千年的历史,有它的特点,有它的许多珍贵品。对于这些,我们还是小学生。今天的中国是历史的中国的一个发展;我们是马克思主义的历史主义者,我们不应当割断历史。从孔夫子到孙中山,我们应当给以总结,承继这一份珍贵的遗产。这对于指导当前的伟大的运动,是有重要的帮助的。"①

特别值得注意的是,毛泽东提出的这一学习任务,是和其他两项学习任务(学习马克思主义理论、学习当前运动的特点)一起提出的,可见学习历史遗产这件事在毛泽东心中的地位。

如何对待中华民族历史文化遗产的问题,自五四新文化运动就提出来了,但一直未能得到很好解决。

五四运动是以强烈的反封建礼教的姿态出现的。为什么会这样?时代发展与历史大势所使然。

历史悠久、源远流长的五千多年从未中断的中华文化,曾经铸就过中华民族的辉煌,也使中华民族的发展在很长时间里走在世界前列,一

---

① 《毛泽东选集》(第二卷),人民出版社1991年版,第533—534页。

直是中国人的骄傲。但自1840年以来，在反抗西方列强的各种斗争中，在寻求民族与国家出路的各种探寻中，暴露出中国传统文化的一些致命弱点。

——作为当时已经沦为维护封建专制统治的文化根基的中国传统文化，其维护的社会统治秩序诸如"三纲五常"等等，不仅严重地束缚了人们的思想，也窒息了中华优秀传统文化的生命力。这是它落伍于当时时代潮流的根本所在。

——作为长期处于文化上优势地位的中国传统文化，对周边民族形成了"羁縻""怀柔"政策，但面对拥有先进生产力和生产方式、又信奉"弱肉强食""强者必霸"逻辑的西方列强，这一套办法除了麻痹自我、压制反抗之外，毫无用处，反而显得更加愚昧可欺。这是晚清政府外交失败导致丧权辱国的重要原因。

——作为具有重人伦、轻自然倾向的中国传统文化，缺少自然科学发展壮大的文化土壤。而在近代西方列强"船坚炮利"的冲击面前，只能走"师夷之长技以制夷"的被动式的效法改良道路。这是洋务派"富国强兵"路线最终破产的重要原因。

——作为长期信奉"天地感应""君权天命"的中国传统文化，缺少民主共和制度成长的文化空间和土壤。再加上封建统治者奉行的"愚民政策"，更造成了民众的盲目漠然的社会形态。这是资产阶级维新派和革命派都不可能取得成功的重要原因。尽管孙中山先生领导的辛亥革命推翻了封建帝制，使"民主共和"口号深入人心，但也没能从根本上"唤起民众"。

——封建统治者利用科举考试将中国传统文化中有利于统治的思想内容加以放大、加以强力灌输，造就了一大批士大夫阶层。尽管这个阶层中不乏干练之才和具有远见卓识之人，但从总体上说，是一个软弱的群体，正所谓"秀才造反，十年不成"。

正因为中国传统文化有这样的弱点，五四运动和新文化运动提出"民主""科学"两大口号，才能起到振聋发聩的进步作用。

当然，以上我们突出论述的是中国传统文化对中国近代积贫积弱状态的影响。而对这种状态的产生起决定作用的，还是当时的封建生产关系严重束缚了社会生产力的发展，当时的封建专制国家机器严重阻碍了社会变革，同时也严重束缚了广大民众投身变革、创造历史的积极性主动性。

同时需要说明的是，以上我们突出讲的是中国传统文化的弱点。实际上，中国传统文化既有精华，也有糟粕。其精华能不能充分发扬光大，其糟粕能不能随着时代进步而被扬弃，关键还是看为谁所掌握、为谁服务，同时也要看它处于哪个发展阶段。我们经过了长期的曲折发展才逐渐认识到，我们说中华传统文化解决不了近代中国积贫积弱、被动挨打的问题，解决不了近代中国民族独立与人民解放的时代课题，主要是就其糟粕来说的。而在封建专制制度统治之下，在帝国主义、封建主义、官僚买办资产阶级三座大山的压迫下，中华传统文化的糟粕严重禁锢和束缚了其精华部分，致使其消极作用占据主导地位。只有在中国共产党领导下的根据地和解放区，中华传统文化的精华部分才日益发挥着主导的作用，转化为中华优秀传统文化，并成为新民主主义文化的有机组成部分。于是，也就历史地提出了马克思主义与中华优秀传统文化相结合的时代课题。换句话说，使得中华传统文化再一次获得新生、再一次获得新的生命力的，恰恰是中国共产党领导的、以马克思主义为指导的彻底反帝反封建的新民主主义革命。不是所谓"革命中断了文化传承"，而是革命使文化传承在新的起点上开启了新的篇章。

既然中国传统文化不能救中国，就需要寻找新的救国救民真理。五四运动和新文化运动正是循着这样的历史逻辑，最终选择了马克思主义。这同样是时代发展与历史大势所使然。

具体来说，有几个重要因素。

第一，五四运动和新文化运动响亮地提出"民主""科学"两大口号。这两大口号，出自西方资产阶级革命时期，恰恰是具有民主革命精神和时代精神的进步口号，是处于上升时期资产阶级思想的精华，不但和马克思主义不矛盾，恰恰是马克思主义作为开放的科学理论所要吸取的人类优秀文明成果。而在当时的中国，这两大口号矛头所向，直指封建专制、闭关自守、愚昧无知，恰恰起到了"唤起民众"的思想启蒙作用，为马克思主义的中国选择扫清了思想障碍，铺平了前进道路。

第二，五四运动高举的是爱国主义时代旗帜，弘扬的是中华优秀传统文化中的爱国主义精华。而在灾难深重的旧中国，在俄国十月革命和中国五四运动之后，许多寻求救国救民真理的仁人志士，往往是通过爱国主义最终选择了马克思主义。所以说，爱国主义是马克思主义中国选择中的中华民族文化历史基因。

第三，在五四运动之前，发生了两件改变了20世纪走向的大事，使先进的中国人对资本主义与社会主义有了新的认识。一件是第一次世界大战的发生，帝国主义列强为争夺和重新划分势力范围大打出手，不惜以几亿人的生命为代价，充分暴露了资本主义制度的弊端。另一件是在第一次世界大战期间俄国爆发了十月革命，不仅建立了人类历史上第一个工农民主政权，使人类历史上第一次有了社会主义制度的国家，而且主动退出帝国主义战争，给人类带来了和平进步的新希望、新曙光。

这两件事形成的强烈对比，给正在寻求救国救民真理的先进的中国人以强烈的震撼，"以俄为师"代表了五四运动之后开启的新的历史方向。

第四，在当时和后来的各种主义中，唯有马克思主义科学真理不但能为中华民族寻求民族独立、人民解放指明正确道路，而且能为中华民族在民族复兴中找回自己的文化自信。因为，马克思主义在文化观上，根本否定了西方殖民主义的"弱肉强食""国强必霸"理论，不但主张各民族文化一律平等，而且真正在思想文化上做到了超越西方与东方、跨越西方与东方、沟通西方与东方。文明只有不同，没有优劣。

第五，马克思主义尽管是以西方当时的发达国家为政治的经济的社会的母本，但它阐述的科学理论，指出的民族独立、人民解放道路，更切合像中国这样的广大落后国家，更容易实行。特别是有了中国共产党这样自觉把马克思主义基本原理同中国实际相结合、同中华优秀传统文化相结合的马克思主义政党，将马克思主义作为救国救民的真理就更是大势所趋。从这个意义上完全有理由说，马克思主义的中国选择，不但使古老的中国在社会主义道路上获得新生，而且使马克思主义因为有了中国特色社会主义的成功而获得了第二次生命力。

五四运动和新文化运动的发展，最终促成了马克思主义在中国的广泛传播，催生了中国共产党的诞生。从此深刻地改变了中国的历史命运，也改变了中华文化的发展方向。与此同时，仍然有一个如何对待中国传统文化的问题。

中国是一个自古以来就推崇"中庸"的国度，但长期以来又有一个顽强的规律，这就是"矫枉过正"。我们的历史，就是这样走过来的。五四运动也是如此。

五四运动和新文化运动的锋芒所向，实际上是封建礼教，但又是以与传统文化实行彻底决裂的姿态出现的。在这一过程中，出现过对中华传统文化全盘否定的偏向，尽管不是五四运动和新文化运动的本质和主流。对此，我们无权苛责前人，并且要理解前人。因为，没有这样的彻底性，哪样都要照顾到，哪样都要说周全，就不可能有"唤起民众"的巨大社会效果。而畏首畏尾、瞻前顾后，恰恰是旧式民族民主革命中传统士大夫的致命弱点，没有五四运动这样的同过去的"旧我"一刀两断，从而找到新的真理、新的阶级力量，也就没有新民主主义革命的伟大开端。

中国共产党自诞生之日起，就是既以打破一个旧世界、建立一个新世界的革命者的姿态屹立于世，又以中华民族优秀传统、优秀文化的最好继承者的姿态屹立于世。

马克思主义中国化的过程，既是与中国具体实际相结合的过程，也是同中华优秀传统文化相结合的过程，思想引领、文化传承、文化创新交相辉映，推动民族的科学的大众的先进文化的培育与发展。

社会主义现代化建设的过程，同样也是既要实现农业、工业、国防、科学技术的现代化，又要掀起社会主义文化建设高潮，才能彻底改变"一穷二白"的经济文化落后面貌，使中华民族能够以崭新的面貌自立于世界民族之林。

改革开放和社会主义现代化建设新时期也是如此。邓小平指出："我们的国家已经进入社会主义现代化建设的新时期。我们要在大幅度提高社会生产力的同时，改革和完善社会主义的经济制度和政治制度，发展高度的社会主义民主和完备的社会主义法制。我们要在建设高度物质文明的同时，提高全民族的科学文化水平，发展高尚的丰富多彩的文化生活，建设高度的社会主义精神文明。"①江泽民提出："坚持什么样的文化方向，推动建设什么样的文化，是一个政党在思想上精神上的一面旗帜。"②"我们党要始终代表中国先进文化的前进方向，就是党的理论、路线、纲领、方针、政策和各项工作，必须努力体现发展面向现代化、面向世界、面向未来的，民族的科学的大众的社会主义文化的要求，促进全民族思想道德素质和科学文化素质的不断提高，为我国经济发展和社会进步提供精神动力和智力支持。"③

就这样，从"两个文明一起抓"到"我们党要始终代表中国先进文化的前进方向"，标注了改革开放和社会主义现代化建设新时期对文化建设的新认识新高度。

到了强调中国特色社会主义道路自信、理论自信、制度自信、文化自信的今天，弘扬中华优秀传统文化无疑进入了一个更加美好的新时代。

五四新文化运动提出的重大课题，经过中国共产党人的不懈探索，终于到了有条件在理论和实践的结合上给予圆满解答的时刻。

新时代对中华文化的重塑

中国特色社会主义进入新时代。这是时代发展和历史大势的必然结果，也是中华民族伟大复兴历经从"东亚病夫"到站起来、从站起来到

---

① 《邓小平文选》（第二卷），人民出版社1994年版，第208页。
② 《江泽民文选》（第三卷），人民出版社2006年版，第277页。
③ 《江泽民文选》（第三卷），人民出版社2006年版，第276页。

富起来，现在又正在由站起来、富起来向强起来的伟大征途上迈进的必然结果。这是任何力量都不能阻挡的大趋势。

在这样的大背景下，特别是在世界经历百年未有之大变局与中国面临前所未有的深刻变革交相辉映的历史节点上，为什么要弘扬中华优秀传统文化？哪些属于中华优秀传统文化，需要我们在新世纪新时代很好地发扬光大呢？这又成为必须正确回答的新的时代之问。

习近平总书记系统回答了在新时代如何弘扬中华优秀传统文化的问题，在理论和实践中强有力地推进着新时代对中华文化的重塑。

第一，新时代弘扬中华优秀传统文化，不是对以往口号的重复，而是在中华民族强起来的新时代的大势所趋。

人类历史反复证明，物质文明是一个民族生存和发展的基础性和决定性力量，文化同样是民族生存和发展不容忽视的重要力量。人类社会每一次跃进，人类文明每一次升华，在物质文明发展的同时，无不伴随着文化的历史性进步。中华民族强起来，不仅要物质文明极大丰富，更要精神文明极大提升；不仅要国家硬实力和科技创新能力强起来，更要国家文化软实力和文化创新能力强起来。正如习近平总书记所指出："在几千年的历史流变中，中华民族从来不是一帆风顺的，遇到了无数艰难困苦，但我们都挺过来、走过来了，其中一个很重要的原因就是世世代代的中华儿女培育和发展了独具特色、博大精深的中华文化，为中华民族克服困难、生生不息提供了强大精神支撑。"[①]在中华民族强起来的征程上，必然会遇到各种难以预料的风险和挑战，必然会遇到各种难以避免的博弈与较量。要进行伟大斗争、建设伟大工程、推进伟大事

[①] 习近平：《论党的宣传思想工作》，中央文献出版社2020年版，第93页。

业、实现伟大梦想，不仅要有强大的综合国力，更要有伟大的民族精神。新时代弘扬中华优秀传统文化，正是振兴伟大民族精神的需要，也是凝聚伟大力量的需要。"没有中华文化繁荣兴盛，就没有中华民族伟大复兴。"① "历史和现实都证明，中华民族有着强大的文化创造力。每到重大历史关头，文化都能感国运之变化、立时代之潮头、发时代之先声，为亿万人民、为伟大祖国鼓与呼。中华文化既坚守本根又不断与时俱进，使中华民族保持了坚定的民族自信和强大的修复能力，培育了共同的情感和价值、共同的理想和精神。"②

第二，新时代弘扬中华优秀传统文化的前提条件，是要搞清楚继承和弘扬哪些中华优秀传统文化。

中华优秀传统文化源远流长、博大精深。时代不是历史的简单摹写，而是对传统的继承与创新。随着时代的发展和变化，每个时代对于继承和弘扬中华优秀传统文化必然会提出自己的要求。在这些要求里面，既有一脉相承、一以贯之的内容，也有与时俱进、不断发展的方面，不可能一成不变，永远静止在一个水平线上。

对于新时代应当着重继承和弘扬哪些中华优秀传统文化，习近平总书记多次做过精辟的阐述。这里只列举若干。

——爱国主义精神。这是中国共产党始终高举的伟大旗帜。能够做出马克思主义的中国选择，并且能够成为中国化的马克思主义，在很大程度上是得益于爱国主义这个伟大的光荣传统。

——求大同的精神。这是中华文化思想精华，与马克思主义一脉相通，永远不会过时。在很大程度上可以说，这种求大同的精神，是近代

---

① 习近平：《论党的宣传思想工作》，中央文献出版社2020年版，第96页。
② 习近平：《论党的宣传思想工作》，中央文献出版社2020年版，第95页。

以来中国人民在千辛万苦中最终选择了马克思主义、选择了社会主义的历史文化基因。

——"协和万邦""好战必亡"的思想。在和平与发展成为时代主题、和平发展合作共赢成为时代潮流的今天，就这一思想愈发显得弥足珍贵。毛泽东主席强调的中国永远不称霸，习近平总书记倡导的构建人类命运共同体，就是这一精神的弘扬。

——关于中和、泰和、求同存异、和而不同、和谐相处的思想。中国人之所以始终具有强烈的集体主义精神，而在西方社会盛行的个人主义精神在中国不那么吃得开，很重要的是有这样一种源远流长的历史文化基因。在新时代，这是构建社会主义和谐社会、培育和践行社会主义核心价值观的重要文化历史资源。

——"观乎天文，以察时变；观乎人文，以化成天下"的思想。这是一种生命共同体的思想。在习近平生态文明思想中，将这种思想精华提升为人与自然和谐相处的规律来阐发。

本章开头引述的党的二十大报告有关中华优秀传统文化的论述中，也体现了中华民族长期生产生活中积累的宇宙观、天下观、社会观、道德观的优秀思想文化遗产。

第三，新时代弘扬中华优秀传统文化，不是一般意义上的恢复、继承、弘扬，更不是简单地搞"复古"，而是要实现创造性转化、创新性发展。

中华民族强起来，就要中华文化强起来。而要使中华文化强起来，就必须弘扬中华优秀传统文化。但是，这种弘扬不是一般意义上的弘扬，更不是简单地"复古"，更不能"装点门面"。而要首先使中华优秀传统文化从形式到内容都与新时代的要求相适应，在此基础上达到在传承中弘扬、在发展中弘扬、在守正中出新的目的。也就是说，中华优秀传统文化走进新时代，是要越过一个门槛的。这个门槛，就是"创造性转化、创新性发展"，实现中华优秀传统文化的自我超越、自我完善。

什么是"创造性转化"？怎样实现"创造性转化"？创造性转化，所要解决的是中华优秀传统文化的丰富内涵及表现形式如何跟上新时代要求、反映新时代风貌的问题。中华优秀传统文化要实现创造性转化，就必须按照新时代的特点和要求，对那些至今仍有借鉴意义的内涵和不相适应的陈旧表现形式加以改造，赋予其新的时代内涵和现代表达形式，激活其生命力。什么是"创新性发展"？怎样实现"创新性发展"？创新性发展，所要解决的是中华优秀传统文化如何突破旧有形式的束缚和原有内容的局限，在新时代实践浪潮中实现凤凰涅槃、浴火重生的问题。中华优秀传统文化要实现创新性发展，就必须按照新时代的新发展新变化新趋势，对中华优秀传统文化的内涵和外延加以补充、拓展、完善，增强其影响力和感召力。特别需要强调的是，创造性转化与创新性发展，在许多情况下难以截然分开，常常是彼此渗透、相互作用、相互交融、相得益彰的。在实际工作中，千万不能做片面理解。"创造性转化、创新性发展"方针的提出，是在"古为今用""推陈出新"基础上，对马克思主义指导与弘扬中华优秀传统文化关系及其规律的极大升华，标志着我们党对在新时代弘扬中华优秀传统文化基本规律的认识达到了一个新的高度。

第四，新时代弘扬中华优秀传统文化，需要同中国共产党在领导中国革命、建设、改革各个历史时期创造的革命文化、社会主义先进文化相结合。

这同样是新时代的需要。新时代强调弘扬中华优秀传统文化的目的，是建设社会主义文化强国，建设中国特色社会主义文化。因此不能搞单打一，不能以为只要中华优秀传统文化搞好了文化建设就搞好了。党的十九大报告指出："中国特色社会主义文化，源自于中华民族五千多年文明历史所孕育的中华优秀传统文化，熔铸于党领导人民在革命、建设、改革中创造的革命文化和社会主义先进文化，植根于中国特色社会主义伟大实践。"①这就告诉我们，中华优秀传统文化是中国特色社会主义文化的根和源，革命文化和社会主义先进文化是中国特色社会主义文化的主干与枝叶，根深才能枝繁叶茂，保持其旺盛的生机与活力，而无论是根，还是干和叶，都必须扎根于中国特色社会主义伟大实践。离开了这一伟大实践，离开了人民群众的伟大创造，无论是何种文化的发展都会成为无源之水、无本之木，就不可能完成建设社会主义文化强国的民族复兴使命。

第五，新时代弘扬中华优秀传统文化，出发点和落脚点是推动中国特色社会主义道路、理论体系、制度、文化创新发展，增强全党和全国人民的"四个自信"。

中国特色社会主义，既植根于伟大实践的沃土之中，也源自于中华民族深厚的历史文化基因之中，具有坚实的实践基础，又具有深厚的历史文化底蕴。正因为如此，面对由中国特色社会主义道路、理论体系、制度、文化支撑起来的坚固的人民共和国大厦，才能够"任凭风浪起，稳坐钓鱼船""没有任何力量能够撼动我们伟大祖国的地位，没有任何力量能够阻挡中国人民和中华民族的前进步伐"②。

世界文明历史揭示了一个规律：任何一种文明都要与时代偕行，不

---

① 《习近平谈治国理政》（第三卷），外文出版社2020年版，第32页。
② 《习近平谈治国理政》（第三卷），外文出版社2020年版，第79页。

断吸纳时代精华。中华民族是具有非凡创造力的民族。我们曾经创造了伟大的中华文明，并使这一文明历经五千多年不断发展不曾中断。中华人民共和国的成立，彻底改变了近代以后中国积贫积弱、受人欺凌的悲惨命运，中华民族走上了实现伟大复兴的壮阔道路。新中国成立以来，中华民族之所以能够创造出当代世界发展奇迹，实现了由站起来、富起来到迎来强起来的历史跨越，根本原因就是开辟了中国特色社会主义道路，创立了中国特色社会主义理论体系，建立了中国特色社会主义制度，发展了中国特色社会主义文化。这是中国共产党人、中国人民、中华民族为中华文明再创新辉煌创造的不朽业绩。我们要倍加珍惜、倍加爱护、不断发展完善。在新时代弘扬中华优秀传统文化，能够使我们从大历史观的高度，更加清楚地认识到形成中国特色社会主义道路、理论体系、制度、文化的历史逻辑、理论逻辑、实践逻辑，更加坚定道路自信、理论自信、制度自信、文化自信。

一个民族的历史是一个民族安身立命的基础。曲折与成功、苦难与辉煌，往往是同一个历史过程的两个侧面。通向中国特色社会主义道路、理论体系、制度、文化的探索道路，并不平坦。历史就是历史，历史不能任意选择。不论发生过什么波折和曲折，不论出现过什么苦难和困难，中华民族五千多年的文明史、中国人民近代以来的斗争史、中国共产党的奋斗史、中华人民共和国的发展史，都是人民书写的历史。新民主主义革命的胜利成果决不能丢失，社会主义革命和建设的成就决不能否定，改革开放和社会主义现代化建设的方向决不能动摇。这是党和人民在当今世界安身立命、风雨前行的资格。

2014年9月24日，习近平总书记在纪念孔子诞辰2565周年国际学术研讨会暨国际儒学联合会第五届会员大会开幕会上的讲话中指出：

"中国人民的理想和奋斗，中国人民的价值观和精神世界，是始终深深植根于中国优秀传统文化沃土之中的，同时又是随着历史和时代前进而不断与日俱新、与时俱进的。"①"中国共产党人是马克思主义者，坚持马克思主义的科学学说，坚持和发展中国特色社会主义，但中国共产党人不是历史虚无主义者，也不是文化虚无主义者。我们从来认为，马克思主义基本原理必须同中国具体实际紧密结合起来，应该科学对待民族传统文化，科学对待世界各国文化，用人类创造的一切优秀思想文化成果武装自己"，"只有坚持从历史走向未来，从延续民族文化血脉中开拓前进，我们才能做好今天的事业"。②这是中国共产党人和中国人民历经五四新文化运动以来百年沧桑所得出的科学结论。

新时代对中国精神的弘扬与重塑

习近平总书记在庆祝中国共产党成立100周年大会上的讲话中，第一次概括了伟大建党精神，指出："一百年前，中国共产党的先驱们创建了中国共产党，形成了坚持真理、坚守理想，践行初心、担当使命，不怕牺牲、英勇斗争，对党忠诚、不负人民的伟大建党精神，这是中国共产党的精神之源。一百年来，中国共产党弘扬伟大建党精神，在长期奋斗中构建起中国共产党人的精神谱系，锤炼出鲜明的政治品格。历史川流不息，精神代代相传。我们要继续弘扬光荣传统、赓续红色血脉，永远把伟大建党精神继承下去、发扬光大！"③这既是对中国共产党百年

---

①② 习近平：《论党的宣传思想工作》，中央文献出版社2020年版，第83页。
③《习近平谈治国理政》（第四卷），外文出版社2022年版，第7页。

奋斗精神的提炼和总结，也提出了弘扬、赓续、重塑中国精神的时代课题。

中国共产党在百年历程中，以自己的奋斗、牺牲、创造，在中华民族发展史上和人类文明发展史上，矗立起两座丰碑。一座是由伟大成就、伟大贡献、伟大事业、伟大创造塑造的历史丰碑，另一座是由伟大品格、伟大精神、伟大思想塑造的精神丰碑。这两座丰碑比肩而立，向世人昭示着一个颠扑不破的真理：没有中国共产党，就没有新中国，就没有中华民族伟大复兴；没有中国共产党，就没有中华文明和中国精神的弘扬与重塑。

百年光辉历程，铸就了中国共产党崇高多彩、独具特色的精神世界。正是这种精神世界，支撑着中国共产党从小到大、以弱胜强、化险为夷，从胜利走向新的更大的胜利，始终占据着人类社会发展的信仰高地、真理高地、道义高地、精神高地。世界上没有任何一个政党，拥有如此丰富多彩的精神世界；没有任何一个政党，拥有如此历久弥坚的精神世界。这既是一种新时代支撑着的文化，也是一种新时代支撑着的精神。

就文化来说，包括中华民族五千多年文明历史所孕育的中华优秀传统文化，包括熔铸于党领导人民在革命、建设、改革中创造的革命文化，还包括新中国建立并不断发展着的社会主义先进文化。它们三足鼎立，共同植根于新时代中国特色社会主义伟大实践，构成了中国特色社会主义文化自信。

就精神来说，包括中华民族五千多年文明历史所形成的中华民族精神，包括以伟大建党精神为源头的中国共产党人精神谱系，还包括以社会主义核心价值观和中华民族伟大复兴中国梦为代表的新时代精神。它们三足鼎立，共同植根于新时代中国特色社会主义伟大实践，构成了激励实现第二个百年奋斗目标和强国梦的中国精神。

为什么精神在中华民族发展史、中国共产党历史、新中国史、改革开放史中如此重要？这是由中国共产党的百年奋斗历程决定的，也是由中国共产党的成功密码决定的。

在中国共产党成功的密码里，理论、实践、精神三位一体，不可或缺。

先看理论不可或缺。马克思主义理论指导，是中国共产党安身立命的根和魂。中国共产党的理想信念、初心使命、性质宗旨、纲领目标、路线政策等等，都出自科学理论的指导。中国共产党既离不开马克思主义理论作指导，也离不开这个理论的中国化。指导是前提，是根基；中国化是根本。只有通过中国化，才能使马克思主义同中国实际相结合，同中华优秀传统文化相结合，才能为中国革命、建设、改革不断指明从胜利走向胜利的方向。

再看实践不可或缺。中国共产党领导下的伟大实践，是中国共产党不断彰显其历史价值与当代价值的载体，也是中国共产党力量之所在。这个实践主要包含两个部分，一是改造中国与世界的伟大社会革命实践，二是确保中国共产党先进性和纯洁性的伟大自我革命实践。中国共产党百年奋斗历程证明，中国共产党必须全心全意依靠中国人民来推进伟大社会革命，而要引领社会革命，就必须实行全面从严治党战略，用自我革命引领社会革命。

还有精神不可或缺。中国共产党以人民幸福、民族复兴为初心使命，敢于斗争、永远奋斗，就必须有一种崇高的革命精神做支柱。中国共产党从胜利走向新的胜利，永不自满，永不懈怠，永不言败，强大的动力不是"利益驱动",而是崇高精神的驱动。只有这样,才能从根本上摆脱以往的政党靠利益驱动、竞选驱动的所谓"政党发展模式",用一种"我将无我,不负人民"①的崇高精神作为无穷的发展动力。这就是概括提出伟大建党精神,并作为中国共产党精神之源的重大意义。

中国共产党的理论、实践、精神,三足鼎立,共同托举起伟大、光荣、正确的中国共产党,共同托举起中国共产党的百年奋斗历程,共同托举起中国共产党、中国人民、中华民族美好的未来。

中国共产党的理论、实践、精神,都有自己的源头。中国共产党的理论之源,是马克思列宁主义,是五四新文化运动启蒙和俄国十月革命一声炮响送来的。中国共产党的实践之源,是中华民族伟大复兴中国梦,是半殖民地半封建社会的旧中国国家蒙辱、人民蒙难、文明蒙尘,中华民族遭受前所未有的劫难造成的,也是无数仁人志士不断探求救国救民之路提出来的。中国共产党的精神之源,是中国共产党的先驱们在创建中国共产党的过程中,所形成的坚持真理、坚守理想,践行初心、担当使命,不怕牺牲、英勇斗争,对党忠诚、不负人民的伟大建党精神。

这里提出一个问题,如何理解伟大建党精神是中国共产党精神之源呢?需要从以下四个方面来认识。

一是深化对伟大建党精神内涵的认识。伟大建党精神的内涵,包括了四句话:"坚持真理、坚守理想,践行初心、担当使命,不怕牺牲、英勇斗争,对党忠诚、不负人民"。第一句,揭示的是真理追求与价值追求的高度统一。第二句,揭示的是中国工人阶级的先锋队与中国人民

---

① 《习近平谈治国理政》(第三卷),外文出版社2020年版,第144页。

和中华民族的先锋队的高度统一。第三句，揭示的是人生境界与精神境界的高度统一。第四句，揭示的是党性与人民性的高度统一。把这四句话联系起来，还说明一个深刻的道理，中国共产党人的党性修养和精神塑造，不是靠"洁身自好"实现的，更不是靠"自家修炼"实现的，而是在自我革命与社会革命的良性互动中实现的，是在真理追求、实践追求、精神追求的良性互动中实现的。从这个意义来说，伟大建党精神，实现了中国共产党人的真理标尺、实践标尺与精神标尺的高度统一，是中国共产党始终能够同时占据真理制高点和精神制高点的根本所在。

二是深化对伟大建党精神历史渊源的认识。中国共产党从成立之日起，始终是中华文明和中华优秀传统文化的最好继承者，也是伟大民族精神的最好弘扬者。中国共产党的伟大建党精神，源于伟大的民族精神，又将中华民族精神推向新的时代高峰。

三是深化对伟大建党精神形成过程的认识。伟大建党精神既是在创建中国共产党的完整过程中形成的，也是在中国共产党的先驱们的建党革命实践中推动形成的。在建党过程中，最为突出、最为重要的是先后在上海石库门和浙江嘉兴红船上召开的中国共产党第一次全国代表大会，同时，作为五四运动的发源地、马克思主义广泛传播的发源地、中国共产党早期组织的策源地之一的北京大学红楼，以及这一时期在国内和海外的中国共产党早期组织，等等，都为中国共产党的成立作出过不可磨灭的贡献，也对伟大建党精神的形成产生过重要影响。

四是深化对伟大建党精神作为中国共产党精神之源的认识。这种精神之源，集中体现在三个方面，即：在长期奋斗中构建起中国共产党人的精神谱系；在长期奋斗中锤炼出中国共产党人鲜明的政治品格；在不同时期弘扬伟大建党精神形成的四个时期显著的时代标识。

这里特别需要指出的是，在马克思主义同中国实际相结合、同中华优秀传统文化相结合的过程中，伟大建党精神的形成和对中国精神的重塑，是一个很好的例证。它在中华民族精神与中国共产党精神之间，恰好起了承上启下的纽带作用。一方面，对于中华民族精神来说，伟大建党精神在民族复兴中很好地继承和弘扬了中华民族的创造精神、奋斗精神、团结精神、梦想精神。另一方面，对于中国共产党精神和中国共产党人精神谱系来说，伟大建党精神既是其源头，又是贯穿全部精神的核心内涵。这就是习近平总书记所说的，"一百年来，中国共产党弘扬伟大建党精神，在长期奋斗中构建起中国共产党人的精神谱系，锤炼出鲜明的政治品格"①。

这里特别要说一下伟大的民族精神。这是2018年3月20日习近平总书记在第十三届全国人民代表大会第一次会议上的讲话里首次概括提出的。②伟大民族精神的概括，既是对中华民族五千多年文明历史所形成的民族精神的总结，更是在新时代实现中华民族伟大复兴中国梦的时代条件下对当代民族精神的阐发，也包含着对中国精神的新时代重塑。

中华文明源远流长，有着五千多年从未间断的发展历史，为人类文明作出过巨大贡献。在漫长的历史过程中，铸就了伟大的民族精神。

中国共产党从成立之日起，始终是中华文明和中华优秀传统文化的最好继承者，也是伟大民族精神的最好弘扬者。中国共产党的伟大建党精神，源于伟大的民族精神，又将中华民族精神推向新的时代高峰。

中华民族是具有伟大创造精神的民族。中国共产党人把这种伟大创

---

① 《习近平谈治国理政》（第四卷），外文出版社2022年版，第7页。
② 参见习近平：《论党的宣传思想工作》，中央文献出版社2020年版，第296—299页。

造精神发扬光大，转化为"坚持真理、坚守理想"的实践伟力。在国家蒙辱、人民蒙难、文明蒙尘的旧中国，中国共产党应运而生，这本身就是开天辟地的大事变。灾难深重的中国人民从此有了主心骨和领导核心，马克思主义真理光芒从此照亮茫茫中华大地，社会主义为半殖民地半封建社会带来光明前景。这些伟大创造，都深刻改变了近代以后中华民族发展的方向和进程，深刻改变了中国人民和中华民族的前途和命运，深刻改变了世界发展的趋势和格局。走自己的路，是党的全部理论和实践立足点，更是党百年奋斗得出的历史结论。一百多年来，中国共产党团结带领中国人民，开辟的伟大道路、创造的伟大事业、取得的伟大成就，书写了中华民族几千年历史上最恢宏的史诗。中国特色社会主义是党和人民历经千辛万苦、付出巨大代价取得的根本成就，是实现中华民族伟大复兴的正确道路。中国式现代化新道路、人类文明新形态，正是中国特色社会主义的伟大创造。

中华民族是具有伟大奋斗精神的民族。中国共产党人把这种伟大奋斗精神发扬光大，转化为"不怕牺牲、英勇斗争"的大无畏革命气概。中国共产党的一百年，是矢志践行初心使命的一百年，是筚路蓝缕奠基立业的一百年，是创造辉煌开辟未来的一百年。没有牺牲，就没有胜利。没有奋斗，就没有成功。不管形势和任务如何变化，不管遇到什么样的惊涛骇浪，不管遇到什么样的风险挑战，不管遇到什么样的艰难曲折，我们党都始终把握历史主动、锚定奋斗目标，沿着正确方向坚定前行。

中华民族是具有伟大团结精神的民族。中国共产党人把这种伟大团结精神发扬光大，转化为"对党忠诚、不负人民"的强大感召力和强大凝聚力。中国共产党的坚强领导，是中华各族人民大团结的根本前提和可靠保证。始终保持中国共产党的先进性和纯洁性，是确保党对一切工作的全面领导的坚强基石。我们党历经千锤百炼而朝气蓬勃，一个很重要的原因就是我们始终坚持党要管党、全面从严治党，不断应对好自身在各个历史时期面临的风险考验，确保我们党在世界形势深刻变化的历史进程中始终走在时代前列，在应对国内外各种风险挑战的历史进程中始终成为全国人民的主心骨。与此同时，爱国统一战线是中国共产党团结海内外全体中华儿女实现中华民族伟大复兴的重要法宝。要广泛凝聚共识，广聚天下英才，努力寻求最大公约数、画出最大同心圆，形成海内外全体中华儿女心往一处想、劲往一处使的生动局面，汇聚起实现民族复兴的磅礴力量。

中华民族是具有伟大梦想精神的民族。中国共产党人把这种伟大梦想精神发扬光大，转化为"践行初心、担当使命"矢志不移的奋斗目标。中国共产党自成立之日起，就把为中国人民谋幸福、为中华民族谋复兴作为自己的初心和使命。这个初心和使命是激励中国共产党人不断前进的根本动力，实现中华民族伟大复兴成为中国共产党团结带领中国人民进行的一切奋斗、一切牺牲、一切创造的主题。一百年来，践行这个初心和使命，我们党团结带领人民用近30年时间完成了新民主主义革命，建立了新中国，中国人民从此站起来了；我们党团结带领人民在社会主义革命和建设的基础上用40多年时间进行改革开放，全面建成小康社会取得伟大历史性成就，脱贫攻坚战如期打赢，实现了第一个百年奋斗目标；下一步，到2035年，我们党要团结带领人民基本实现社会主义现代化，并在这个基础上再奋斗15年，到本世纪中叶全面建成社会主义现代化强国。中华民族伟大复兴绝不是轻轻松松、敲锣打鼓就能实现的。在这个关键当口，容不得任何停留、迟疑、观望，必须不忘初心、牢记使命，一鼓作气、继续奋斗。

第十章

开辟马克思主义中国化
时代化新境界

中华大地锦绣河山,正在经历一场前所未有的伟大社会变革,谱写着坚持和发展中国特色社会主义美好新篇章,谱写着不断开辟马克思主义中国化时代化美好新篇章。

立志千年伟业，铸就百年辉煌。中国共产党的目光，永远向着给人民、国家、民族带来希望的前方，永远朝着寄托着远大理想的前方。这是中国共产党能够做到"务必不忘初心、牢记使命，务必谦虚谨慎、艰苦奋斗，务必敢于斗争、善于斗争"①的动力所在、奥妙所在，也是党"只有不忘初心、牢记使命、永远奋斗，才能让中国共产党永远年轻"②的动力所在、奥妙所在。

在新时代，习近平新时代中国特色社会主义思想开辟了马克思主义中国化时代化新境界，实现了马克思主义中国化新飞跃。

新时代前面的路还很长，通向了21世纪中叶全面建成社会主义现代化强国第二个百年奋斗目标实现之时。路途艰难，使命重大，前景绚烂。我们还要继续在习近平新时代中国特色社会主义思想指引下，在以习近平同志为核心的党中央带领下，自信自强、守正创新，踔厉奋发、勇毅前行，为全面建设社会主义现代化国家、全面推进中华民族伟大复兴而团结奋斗，继续开辟马克思主义中国化时代化新境界，继续推动马克思主义中国化新飞跃。

党的二十大报告指出："我们必须坚持解放思想、实事求是、与时

---

① 《中国共产党第二十次全国代表大会文件汇编》，人民出版社2022年版，第2页。
② 《习近平谈治国理政》（第三卷），外文出版社2020年版，第497页。

俱进、求真务实，一切从实际出发，着眼解决新时代改革开放和社会主义现代化建设的实际问题，不断回答中国之问、世界之问、人民之问、时代之问，作出符合中国实际和时代要求的正确回答，得出符合客观规律的科学认识，形成与时俱进的理论成果，更好指导中国实践。"①

这是新时代谱写马克思主义中国化时代化新篇章的时代号角，是新时代开辟马克思主义中国化时代化新境界的宣言书。

在理论创新和实践创新良性互动中勇毅前行

习近平新时代中国特色社会主义思想，作为马克思主义中国化的新飞跃，不是偶然的。习近平新时代中国特色社会主义思想的创立过程深刻生动地说明，习近平总书记所指出的"要根据时代变化和实践发展，不断深化认识，不断总结经验，不断进行理论创新，坚持理论指导和实践探索辩证统一，实现理论创新和实践创新良性互动，在这种统一和互动中发展二十一世纪中国的马克思主义"②，实际上是对马克思主义中国化时代化基本经验的深刻总结。

这里所说的"三个不断"，即"不断深化认识，不断总结经验，不断进行理论创新"，实际上是不断推动马克思主义中国化时代化的有效途径，也是实现理论创新和实践创新良性互动的有效途径，从根本上回

---

① 《中国共产党第二十次全国代表大会文件汇编》，人民出版社2022年版，第15页。

② 习近平：《论党的宣传思想工作》，中央文献出版社2020年版，第131页。

答了什么是理论创新和实践创新良性互动、怎样实现理论创新和实践创新良性互动。

不断深化认识，是理论创新和实践创新良性互动的基本前提，也是这一良性互动的基本内容之一。如果认识不能深化，不能做到透过现象看本质、透过运动看规律，就既不可能有理论创新，更不可能有实践创新，马克思主义的生命力也就停止了。如果思想僵化了、停滞了，甚至偏离了正确政治方向，就会犯颠覆性的无可挽回的历史性错误。马克思列宁主义、毛泽东思想一定不能丢，丢了就丧失根本。同时一定要以我国改革开放和现代化建设的实际问题、以我们正在做的事情为中心，着眼于马克思主义理论的运用，着眼于对实际问题的理论思考，着眼于新的实践和新的发展。离开本国实际和时代发展来谈马克思主义，没有意义。静止地孤立地研究马克思主义，把马克思主义同它在现实生活中的生动发展割裂开来、对立起来，没有出路。

不断总结经验，是理论创新和实践创新良性互动的根本途径，也是这一良性互动的又一个基本内容。一边是实践—认识—再实践—再认识，另一边是不断总结经验，既总结成功的经验，又总结失误的教训，从已有的经验中看清楚过去我们为什么能够成功、弄明白未来我们怎样才能继续成功。同时，又要用发展的眼光看待已有的经验和理论，用新时代创造的新经验加以完善发展。"要实事求是分析变和不变，与时俱进审视我们的理论，该坚持的坚持，该调整的调整，该创新的创新，决不能守株待兔、刻舟求剑"①。总结经验的大忌有二。一是浅尝辄止，浮于表面。二是虚夸浮夸，所谓"工作干得好，不如总结搞得好"。总

---

① 习近平：《更好把握和运用党的百年奋斗历史经验》（2022年1月11日），载《求是》2022年第13期。

结好的经验，必须靠真抓实干，必须靠真正解决问题，必须靠实践创新。

不断进行理论创新，最佳状态和最高境界就是理论创新和实践创新良性互动。时代是思想之母，实践是理论之源。只有到达理论创新和实践创新良性互动的境界，不断深化认识、不断总结经验、不断进行理论创新才能达到高度统一、同频共振、相得益彰。当代中国正经历着我国历史上最为广泛而深刻的社会变革，正进行着人类历史上最为宏大而独特的实践创新。世界正在经历百年未有之大变局。要在迅速变化的时代中赢得主动，要在新的伟大斗争中赢得胜利，要在伟大实践中推进实践基础上的理论创新，就要在坚持马克思主义基本原理的基础上，以更宽广的视野、更长远的眼光来思考和把握国家未来发展面临的一系列重大战略问题，在理论上不断拓展新视野、作出新概括，不断推进理论创新、实践创新、制度创新、文化创新以及其他各方面创新。

理论创新和实践创新良性互动，关键是处理好理论与实践的关系。

在认识客观规律的过程中，理论与实践的关系，始终是一对至关重要的关系。一方面，实践出真知。理论必须以实践为源泉，坚持实践第一的观点，在实践中产生理论，又在实践中检验理论、纠正理论的偏差，不断完善理论并发展理论，而不能用理论去套实践、剪裁实践。理论离开了实践的支撑，就会成为无源之水、无本之木。另一方面，科学理论对实践起着指导作用。实践要达到预期的目的，又必须以经过实践检验证明是正确的理论为指导。因为，只有深刻地反映了实践的本质及其规律的认识，才能使实践彻底摆脱盲目性，使实践具有明确的方向性和目的性，使实践更加合乎规律性。因此，实践又不能离开科学理论的指导，否则就会无功而返、一事无成，甚至会事与愿违。

由此看来，理论与实践都具有能动性，解决的是主观与客观的关系问题。在这个问题上，必须反对教条主义和实用主义。前者否认实践的作用，把理论看作是一成不变的条条框框。后者否认理论的作用，把实践的功利性作为衡量是非成败得失的标准。这些都是错误的。

在自我革命和社会革命良性互动中勇毅前行

党的自我革命战略思想，是习近平新时代中国特色社会主义思想对马克思主义党建学说的重大理论贡献。习近平总书记在党的二十大报告中指出："经过不懈努力，党找到了自我革命这一跳出治乱兴衰历史周期率的第二个答案，自我净化、自我完善、自我革新、自我提高能力显著增强，管党治党宽松软状况得到根本扭转，风清气正的党内政治生态不断形成和发展，确保党永远不变质、不变色、不变味。"[①]这概括了党的十八大以来，以习近平同志为核心的党中央全面从严治党取得历史性成就、发生历史性变革的重要原因和重要经验。

全面从严治党是新时代党的自我革命的伟大实践，开辟了百年大党自我革命的新境界。必须外靠发展人民民主、接受人民监督，内靠全面从严治党、推进自我革命，勇于坚持真理、修正错误，勇于刀刃向内、刮骨疗毒，才能确保党长盛不衰、长治久安。我们要牢记，全面从严治党永远在路上，党的自我革命永远在路上，决不能有松劲歇脚、疲劳厌

[①]《中国共产党第二十次全国代表大会文件汇编》，人民出版社2022年版，第12页。

战的情绪，必须持之以恒推进全面从严治党，深入推进新时代党的建设新的伟大工程，以党的自我革命引领社会革命。

勇于自我革命，是中国共产党最鲜明的品格，也是最大的优势。要从中国共产党的政治品格和本质属性上把握党的自我革命战略思想。先进的马克思主义政党不是天生的，而是在不断自我革命中淬炼而成的。党历经百年沧桑更加充满活力，其奥秘就在于始终坚持真理、修正错误。党的伟大不在于不犯错误，而在于从不讳疾忌医，积极开展批评和自我批评，敢于直面问题，勇于自我革命。正是因为具备这种独有的政治品格，我们党才能穿越百年风风雨雨，多次在危难之际重新奋起、失误之后拨乱反正，成为打不倒、压不垮的马克思主义政党。自我革命精神是党永葆青春活力的强大支撑。一个政党最难的就是历经沧桑而初心不改、饱经风霜而本色依旧。功成名就时做到居安思危、保持创业初期那种励精图治的精神状态不容易，执掌政权后做到节俭内敛、敬终如始不容易，承平时期严以治吏、防腐戒奢不容易，重大变革关头顺乎潮流、顺应民心不容易。能打败我们的只有我们自己，没有第二人。正所谓"物必先腐而后虫生"。只有不断推进党的自我革命，才能永葆党的生机活力，永葆党的先进性和纯洁性。环顾世界，真正能够做到自我革命的，唯有中国共产党。中国共产党没有任何自己特殊的利益，这是党敢于自我革命的勇气之源、底气所在。"我将无我，不负人民"，这就是答案。

党的自我革命战略思想源自实践、引领实践。要从新时代全面从严治党成功经验上把握党的自我革命战略思想。新时代全面从严治党的成功经验表明，纠治"四风"和坚决反腐败，必须两手同时抓、两手都要硬。驰而不息纠治"四风"，才能打牢自我革命的根基。作风建设永远在路上，必须坚持严的基调不动摇，坚持发扬钉钉子精神加强作风建设不动摇。反腐败是最彻底的自我革命。腐败是危害党的生命力和战斗力的最大毒瘤。只要存在腐败问题产生的土壤和条件，反腐败斗争就一刻不能停，必须永远吹冲锋号，坚持不敢腐、不能腐、不想腐一体推进，以零容忍态度反腐惩恶，决不姑息。自我革命实际上就是中国共产党的自我锤炼、革命性重塑。只有过好自我革命这一关，才能不断以全面从严治党的优异成绩回答好建设什么样的长期执政的马克思主义政党、怎样建设长期执政的马克思主义政党这一对新时代发展具有根本性、决定性意义的时代课题。

党的自我革命战略思想为跳出治乱兴衰历史周期率找到了成功答案。要从探索跳出治乱兴衰历史周期率得出的全新答案来把握党的自我革命战略思想。能否跳出治乱兴衰历史周期率，是对每一个马克思主义执政党的生死考验。中国共产党执政正反两方面的经验，世界上一些社会主义国家和政党演变的教训，都揭示了一个道理：马克思主义政党夺取政权不容易，巩固政权更不容易；只要马克思主义执政党不出问题，社会主义国家就出不了大问题，我们就能够跳出"其兴也勃焉，其亡也忽焉"的历史周期率。

为了跳出治乱兴衰的历史周期率，确保党不变质、不变色、不变味，中国共产党经过了长期探索。在新中国成立前夕，中国共产党面临掌握全国政权、建立新中国的重大历史转折，党中央和毛泽东同志深刻认识到，必须使全党同志在胜利面前保持清醒头脑，在夺取全国政权后经受住执政考验，防止出现骄傲自满、贪图享乐、脱离群众而导致人亡政息的危险。毛泽东同志在党的七届二中全会上向全党郑重提出"两个务必"，要求全党同志做到谦虚谨慎、不骄不躁、艰苦奋斗。这里面，包含着对我国几千年历史治乱规律的深刻借鉴，包含着对我们党艰苦卓绝奋斗历程的深刻总结，包含着对胜利了的政党永葆先进性和纯洁性、对即将诞生的人民政权实现长治久安的深刻忧思，包含着对我们党坚持全心全意为人民服务根本宗旨的深刻认识。

进入改革开放和社会主义现代化建设新时期，改革开放的考验、市场经济的考验等新的历史条件下出现的新考验摆在全党面前。邓小平同志看到了这一考验的长期性、复杂性，告诫全党："我们要反对腐败，搞廉洁政治。不是搞一天两天、一月两月，整个改革开放过程中都要反对腐败。"①他在1992年南方谈话中坚定地表示："事实证明，共产党能够消灭丑恶的东西。在整个改革开放过程中都要反对腐败。对干部和共产党员来说，廉政建设要作为大事来抓。"②

党的十八大以来，中国共产党以前所未有的勇气和定力全面从严治党，打了一套自我革命的"组合拳"，形成了一整套党自我净化、自我完善、自我革新、自我提高的制度规范体系。正如习近平总书记所说："世界上那么多执政党，有几个敢像我们党这样大规模、大力度、坚持不懈反腐败？有些人吹捧西方多党轮流执政、'三权鼎立'那一套，不相信我们党能够刀刃向内、自剜腐肉。中国共产党勇于自我革命的实践给了他们响亮有力的回答。"③

要以自我革命引领社会革命，从党和国家战略全局上把握党的自我革命战略思想。我们现在正处于全面建设社会主义现代化国家、全面推进中华民族伟大复兴的关键时刻。这一伟大社会革命，必须有中国共产

---

① 《邓小平文选》（第三卷），人民出版社1993年版，第327页。
② 《邓小平文选》（第三卷），人民出版社1993年版，第379页。
③ 《习近平谈治国理政》（第四卷），外文出版社2022年版，第543页。

党的坚强领导。中华民族近代以来180多年的历史、中国共产党成立以来100多年的历史、中华人民共和国成立以来70多年的历史都充分证明，没有中国共产党，就没有新中国，就没有中华民族伟大复兴。全面建设社会主义现代化国家、全面推进中华民族伟大复兴，关键在党。

党的二十大报告指出："我们党作为世界上最大的马克思主义执政党，要始终赢得人民拥护、巩固长期执政地位，必须时刻保持解决大党独有难题的清醒和坚定。"①

如何做到"时刻保持解决大党独有难题的清醒和坚定"？

一是要牢记把实现第二个百年奋斗目标这场伟大社会革命进行好，中国共产党必须勇于进行自我革命。这就要全面从严治党永远在路上，自我革命永远在路上，在实现强国梦的伟大社会革命中，不断经受执政考验、改革开放考验、市场经济考验、外部环境考验，不断克服精神懈怠危险、能力不足危险、脱离群众危险、消极腐败危险。

二是要牢记中国共产党是什么、要干什么这个根本问题，以行百里者半九十的清醒不懈推进中华民族伟大复兴。在新时代，以党的自我革命来推动党领导人民进行的伟大社会革命，把党建设成为始终走在时代前列、人民衷心拥护、勇于自我革命、经得起各种风浪考验、朝气蓬勃的马克思主义执政党，这既是我们党领导人民进行伟大社会革命的客观要求，也是我们党作为马克思主义政党建设和发展的内在需要。党进行自我革命的成效，既要由全面从严治党的成果来检验，更要由党所领导的社会革命的伟大变革来检验。在新时代，党领导人民进行伟大社会革命，涵盖领域的广泛性、触及利益格局调整的深刻性、涉及矛盾和问题

---

① 《中国共产党第二十次全国代表大会文件汇编》，人民出版社2022年版，第69页。

的尖锐性、突破体制机制障碍的艰巨性、进行伟大斗争形势的复杂性，都是前所未有的。我们必须增强忧患意识、责任意识，把党的伟大自我革命进行到底，把党领导的伟大社会革命进行到底。

我们要牢记习近平总书记的嘱托，"我们要居安思危，时刻警惕我们这个百年大党会不会变得老态龙钟、疾病缠身。对党的历史上走过的弯路、经历的曲折不能健忘失忆，对中外政治史上那些安于现状、死于安乐的深刻教训不能健忘失忆；对自身存在的问题不能反应迟钝，处理动作慢腾腾、软绵绵，最终人亡政息！要以伟大自我革命引领伟大社会革命，以伟大社会革命促进伟大自我革命，确保党在新时代坚持和发展中国特色社会主义的历史进程中始终成为坚强领导核心"①。

在"五个必由之路"良性互动中勇毅前行

习近平总书记在党的二十大报告中指出："全党必须牢记，坚持党的全面领导是坚持和发展中国特色社会主义的必由之路，中国特色社会主义是实现中华民族伟大复兴的必由之路，团结奋斗是中国人民创造历史伟业的必由之路，贯彻新发展理念是新时代我国发展壮大的必由之路，全面从严治党是党永葆生机活力、走好新的赶考之路的必由之路。这是我们在长期实践中得出的至关紧要的规律性认识，必须倍加珍惜、

---

① 《习近平谈治国理政》（第四卷），外文出版社2022年版，第544页。

始终坚持,咬定青山不放松,引领和保障中国特色社会主义巍巍巨轮乘风破浪、行稳致远。"①

习近平总书记关于"五个必由之路"的重要论述,紧紧围绕中国共产党的历史地位和历史使命,从坚持党的全面领导破题,以全面从严治党结尾,用历史映照现实、远观未来,看清楚过去我们为什么能够成功、弄明白未来我们怎样才能继续成功,总结概括出全面建设社会主义现代化国家、全面推进中华民族伟大复兴的五个法宝、五条至关紧要的规律性认识。

在全面建设社会主义现代化国家、全面推进中华民族伟大复兴新时代新征程,坚持并不断推动这"五个必由之路"的良性互动,为我们继续开辟马克思主义中国化时代化新境界指明了正确方向。

一、从历史与现实一脉贯通上,深刻认识坚持党的全面领导是坚持和发展中国特色社会主义的必由之路

办好中国的事情,关键在党。中国人民和中华民族之所以能够扭转近代以后的历史命运、取得今天的伟大成就,最根本的是有中国共产党的坚强领导。

中国共产党的领导权,是在中国革命的浴血奋斗中赢得的。尽管中国近代以来的奋斗历程反复证明,既要革命,就要有一个能够担当领导责任的革命党,这个革命党只能是以马克思列宁主义为指导的、作为中国工人阶级先锋队和中国人民先锋队的中国共产党。但是,这个领导地位并非是自然而然赋予的,只能靠斗争来赢得。在很长一段时间里,幼

---

① 《中国共产党第二十次全国代表大会文件汇编》,人民出版社2022年版,第58页。

年的中国共产党还不懂得要在统一战线里争得领导权，不懂得如何争得领导权，更不懂得"政权是由枪杆子中取得的"。在中国，不创建一支人民的军队，便没有中国共产党的一切，便没有人民的一切。残酷的事实，使得中国共产党走上了一条通过武装起义创建人民军队，创建以农村为中心的革命根据地，创建中华苏维埃共和国中央临时政府的发展道路。中国共产党对红色革命区域的领导权由此确立起来。中国共产党领导的人民军队用鲜血捍卫了革命根据地的胜利果实，保卫了根据地人民的生产生活。中国共产党领导的人民政府，领导根据地实行土地革命，组织根据地发展经济、保障供给、支援革命战争，给根据地人民一个廉洁的政府，与欺压人民的反动政府形成强烈的对比。根据地人民也由衷地拥护中国共产党，拥护人民政府。由此奠定了中国共产党领导的群众基础，积累了中国共产党局部执政的初步经验。

全民族抗日战争，是进一步确立和扩大中国共产党领导的关键时期。这一时期，中国共产党的局部执政更加成熟，经验更加丰富，制度更加完备。更为重要的是，由于充分吸取了第一次国共合作后期在领导权问题上陈独秀右倾错误的教训，又记取了土地革命时期三次"左"倾特别是王明"左"倾教条主义的教训，因而在第二次国共合作和抗日民族统一战线中，始终坚持独立自主原则，坚持实行又团结又斗争、以斗争求团结的政策，坚持有理、有利、有节的斗争策略，发展进步势力，争取中间势力，孤立反共顽固势力，高举抗战、团结、进步旗帜。不仅在抗日民族统一战线中发挥了中流砥柱作用，而且还在统一战线内部团结民主党派等一切可以团结的力量，同蒋介石代表的国民党顽固势力的"一党独裁"作斗争，使中国政坛发生了有利于中国共产党的转变。

全民族抗日战争胜利后，蒋介石集团幻想外靠美国军事援助、内靠军事政治优势，一举消灭中国共产党。然而，不仅其优势很快就转变为劣势，还在国统区出现了反蒋第二条战线，最终落了个众叛亲离的下场。相反地，中国的一切进步力量、革命阶级聚集在中国共产党的旗帜下，自愿接受中国共产党领导，站到创建新中国的历史正确方面。从此，开启了中国现代政坛上各族人民、各民主党派、各人民团体、各界人士、海外侨胞在中国共产党领导下为建设新中国而奋斗的历史新篇章。

由此可见，一方面，中国共产党领导是历史的选择、人民的选择，这是旧民主主义革命转向新民主主义革命所昭示的历史必然性，这一天或早或晚终将会到来；另一方面，即便有了历史必然，也需要自身的不懈奋斗，正所谓"成事在天，谋事在人"。中国共产党领导地位的确立，是党为践行初心使命不懈奋斗的结果，是党不畏强敌、英勇牺牲的结果，是党团结带领人民从胜利走向胜利的结果，也是党得到人民充分信任和衷心拥戴的结果。

中国共产党建立近百年来，团结带领中国人民所进行的一切奋斗，就是为了把我国建设成为社会主义现代化强国，实现中华民族伟大复兴。新中国的成立，完成了实现这一夙愿的第一步，也就是赢得人民解放、民族独立，为社会主义革命和社会主义建设铺平道路。新中国成立以后，中国共产党带领人民对中国社会主义建设道路进行了艰辛探索。从1949年到1978年，中国共产党领导人民在旧中国一穷二白的基础上建立起独立的比较完整的工业体系和国民经济体系。党的十一届三中全会后，中国共产党深刻总结世界社会主义特别是我国社会主义建设正反两方面经验，作出我国正处于并将长期处于社会主义初级阶段的重大判断，并据此提出了党的基本路线，开辟了改革开放和社会主义现代化建设的崭新局面。党的十八大以来，中国共产党在前人长期奋斗的基础上统筹推进"五位一体"总体布局、协调推进"四个全面"战略布局，推动党和国家事业取得历史性成就、发生历史性变革，推动中国特色社会主义进入了新时代。

总之，中华民族近代以来180多年的历史、中国共产党成立以来100多年的历史、中华人民共和国成立以来70多年的历史都充分证明，没有中国共产党，就没有新中国，就没有中华民族伟大复兴。中国人民和中华民族之所以能够扭转近代以后的历史命运、取得今天的伟大成就，最根本的是有中国共产党的坚强领导。历史和人民选择了中国共产党。中国共产党领导是中国特色社会主义最本质的特征，是中国特色社会主义制度的最大优势，是党和国家的根本所在、命脉所在，是全国各族人民的利益所系、命运所系。这就是历史的结论。

展望未来，前景美好。要维护好来之不易的改革发展成果和长治久安的政治局面，必须始终坚持中国共产党对一切工作的全面领导。治理好我们这个世界上最大的政党和人口最多的国家，必须坚持党的全面领导特别是党中央集中统一领导，不断完善党的领导，坚持民主集中制，确保党始终总揽全局、协调各方。只要我们坚持党的全面领导不动摇，坚决维护党的核心和党中央权威，充分发挥党的领导政治优势，把党的领导落实到党和国家事业各领域各方面各环节，就一定能够确保全党全军全国各族人民团结一致向前进。

二、从历史与现实一脉贯通上，深刻认识中国特色社会主义是实现中华民族伟大复兴的必由之路

中国特色社会主义是党和人民历经千辛万苦、付出巨大代价取得的根本成就，是实现中华民族伟大复兴的正确道路。

新中国成立后，进入了社会主义革命和建设时期。中国共产党在这一时期面临的主要任务是，实现从新民主主义到社会主义的转变，进行社会主义革命，推进社会主义建设，为实现中华民族伟大复兴奠定根本政治前提和制度基础。

中国的建设，不能走西方资本主义道路，这是新中国成立以前的历史就已经证明了的。要走社会主义道路，就需要首先完成社会主义改造，才谈得上社会主义建设。中国共产党于1953年正式提出过渡时期的总路线，即在一个相当长的时期内，逐步实现国家的社会主义工业化，并逐步实现国家对农业、手工业和资本主义工商业的社会主义改造。经过三年多的努力，到1956年，我国基本上完成对生产资料私有制的社会主义改造，基本上实现生产资料公有制和按劳分配，建立起社会主义经济制度。党领导确立人民代表大会制度、中国共产党领导的多党合作和政治协商制度、民族区域自治制度，为人民当家作主提供了制度保证。社会主义制度的建立，是中国历史上的深刻社会变革，为我国一切进步和发展奠定了重要基础。

党的八大的胜利召开，标志着我国社会主义建设的开端。党的八大根据我国社会主义改造基本完成后的形势，提出国内主要矛盾已经不再是工人阶级和资产阶级的矛盾，而是人民对于经济文化迅速发展的需要同当前经济文化不能满足人民需要的状况之间的矛盾，全国人民的主要任务是集中力量发展社会生产力，实现国家工业化，逐步满足人民日益增长的物质和文化需要。毛泽东还从"以苏为鉴"出发，对适合中国国情的社会主义建设道路进行了深入思考和初步总结。尽管后来发生了"大跃进"违反经济规律、急于求成的错误，发动"文化大革命"偏离了以经济建设为中心的正确轨道,对社会主义建设规律的探索仍然取得丰硕的成果。这些思想成果包括,社会主义社会是一个很长的历史阶段,严格区分和正确处理敌我矛盾和人民内部矛盾,正确处理我国社会主义建设的十大关系,走出一条适合我国国情的工业化道路,尊重价值规律,在党与民主党派的关系上实行"长期共存、互相监督"的方针,在科学文化工作中实行"百花齐放、百家争鸣"的方针等。这些独创性理论成果对于后来开创中国特色社会主义具有重要指导意义。

"艰难困苦,玉汝于成。"中国特色社会主义是在改革开放历史新时期开创的,也是在新中国已经建立起社会主义基本制度并进行了20多年建设的基础上开创的。新中国进行社会主义革命和建设,为中国共产党最终开创中国特色社会主义,积累了重要的思想、物质、制度条件,积累了正反两方面经验。

1978年12月召开的党的十一届三中全会,果断结束"以阶级斗争为纲",实现党和国家工作中心战略转移,开启了改革开放和社会主义现代化建设新时期,实现了新中国成立以来党的历史上具有深远意义的伟大转折。从这时起,中国共产党坚定不移坚持这次全会确立的路线方针政策,从来没有动摇过。

改革开放,是中国共产党为实现中华民族伟大复兴而进行的又一场深刻的社会革命。从实行家庭联产承包责任制、乡镇企业异军突起、取消农业税牧业税和特产税到农村承包地"三权"分置、打赢脱贫攻坚战、实施乡村振兴战略,从兴办深圳等经济特区、沿海沿边沿江沿线和内陆中心城市对外开放到加入世界贸易组织、共建"一带一路"、设立自由贸易试验区、谋划中国特色自由贸易港、成功举办首届中国国际进口博览会,从"引进来"到"走出去",从搞好国营大中小企业、发展个体私营经济到深化国资国企改革、发展混合所有制经济，从单一公有制到以公有制为主体、多种所有制经济共同发展和坚持"两个毫不动摇"，从传统的计划经济体制到前无古人的社会主义市场经济体制再到使市场在资源配置中起决定性作用和更好发挥政府作用，从以经济体制改革为主到全面深化经济、政治、文化、社会、生态文明体制和党的建设制度改革，党和国家机构改革、行政管理体制改革、依法治国体制改革、司法体制改革、外事体制改革、社会治理体制改革、生态环境督察体制改革、国家安全体制改革、国防和军队改革、党的领导和党的建设制度改革、纪检监察制度改革等一系列重大改革扎实推进，各项便民、惠民、利民举措持续实施，使改革开放成为当代中国最显著的特征、最壮丽的气象。中国共产党和中国人民以英勇顽强的奋斗向世界庄严宣告，改革开放是决定当代中国前途命运的关键一招，中国特色社会主义道路是指引中国发展繁荣的正确道路，中国大踏步赶上了时代。

从党的十八大开始，中国特色社会主义进入新时代。中国特色社会主义新时代，标注了我国发展新的历史方位。新时代的伟大变革，在党史、新中国史、改革开放史、社会主义发展史、中华民族发展史上具有里程碑意义。中华民族伟大复兴不是轻轻松松、敲锣打鼓就能实现的，必须勇于进行具有许多新的历史特点的伟大斗争，准备付出更为艰巨、更为艰苦的努力。新时代，党带领人民遭遇的风险挑战风高浪急，有时甚至是惊涛骇浪，各种风险挑战接踵而至，其复杂性严峻性前所未有。以习近平同志为核心的党中央坚定信心、迎难而上，一仗接着一仗打，全面贯彻党的基本路线、基本方略，统揽伟大斗争、伟大工程、伟大事业、伟大梦想，采取一系列战略性举措，推进一系列变革性实践，实现一系列突破性进展，取得一系列标志性成果，攻克了许多长期没有解决的难题，办成了许多事关长远的大事要事，经受住了来自政治、经济、意识形态、自然界等方面的风险挑战考验。全面建成小康社会目标如期实现，党和国家事业取得历史性成就、发生历史性变革，彰显了中国特色社会主义的强大生机活力，党心军心民心空前凝聚振奋，为实现中华民族伟大复兴提供了更为完善的制度保证、更为坚实的物质基础、更为主动的精神力量。中国共产党和中国人民以英勇顽强的奋斗向世界庄严宣告，中华民族迎来了从站起来、富起来到强起来的伟大飞跃。

在开创中国特色社会主义的不懈奋斗中，在奋力推动中国特色社会主义进入新时代的不懈奋斗中，积累了坚持和发展中国特色社会主义的丰富经验。

一是坚持走自己的路。这是党的全部理论和实践立足点，更是党百年奋斗得出的历史结论。中国特色社会主义是党和人民历经千辛万苦、付出巨大代价取得的根本成就，是实现中华民族伟大复兴的正确道路。中国共产党坚持和发展中国特色社会主义，推动物质文明、政治文明、精神文明、社会文明、生态文明协调发展，创造了中国式现代化新道路，创造了人类文明新形态。

二是坚持独立自主。独立自主是中华民族精神之魂，是我们立党立国的重要原则。党历来坚持独立自主开拓前进道路，坚持把国家和民族发展放在自己力量的基点上，坚持中国的事情必须由中国人民自己作主张、自己来处理。只要我们坚持独立自主、自力更生，既虚心学习借鉴国外的有益经验，又坚定民族自尊心和自信心，不信邪、不怕压，就一定能够把中国发展进步的命运始终牢牢掌握在自己手中。

三是坚持中国道路。中国特色社会主义道路是创造人民美好生活、实现中华民族伟大复兴的康庄大道。脚踏中华大地，传承中华文明，走符合中国国情的正确道路，党和人民就具有无比广阔的舞台，具有无比深厚的历史底蕴，具有无比强大的前进定力。只要我们既不走封闭僵化的老路，也不走改旗易帜的邪路，坚定不移走中国特色社会主义道路，就一定能够把我国建设成为富强民主文明和谐美丽的社会主义现代化强国。

四是坚持"四个自信"。 人类历史上没有一个民族、一个国家可以通过依赖外部力量、照搬外国模式、跟在他人后面亦步亦趋实现强大和振兴。那样做的结果，不是必然遭遇失败，就是必然成为他人的附庸。中华民族拥有在5000多年历史演进中形成的灿烂文明，中国共产党拥有百年奋斗实践和70多年执政兴国经验，我们积极学习借鉴人类文明的一切有益成果，欢迎一切有益的建议和善意的批评，但绝不接受"教师爷"般颐指气使的说教。中国共产党和中国人民将在自己选择的道路上昂首阔步走下去，把中国发展进步的命运牢牢掌握在自己手中。

三、从历史与现实一脉贯通上，深刻认识团结奋斗是中国人民创造历史伟业的必由之路

团结就是力量，奋斗方能成功。团结精神和奋斗精神，始终是中华民族伟大精神的重要内容。

中国人民是具有伟大团结精神的人民。在几千年历史长河中，中国人民始终团结一心、同舟共济，建立了统一的多民族国家，发展了56个民族多元一体、交织交融的融洽民族关系，形成了守望相助的中华民族大家庭。特别是近代以后，在外来侵略寇急祸重的严峻形势下，我国各族人民手挽着手、肩并着肩，英勇奋斗，浴血奋战，打败了一切穷凶极恶的侵略者，捍卫了民族独立和自由，共同书写了中华民族保卫祖

国、抵御外侮的壮丽史诗。中国人民从亲身经历中深刻认识到，团结就是力量，团结才能前进，一个四分五裂的国家不可能发展进步。

中国人民也是具有伟大奋斗精神的人民。在几千年历史长河中，中国人民始终革故鼎新、自强不息，开发和建设了祖国辽阔秀丽的大好河山，开拓了波涛万顷的辽阔海疆，开垦了物产丰富的广袤良田，治理了桀骜不驯的千百条大江大河，战胜了数不清的自然灾害，建设了星罗棋布的城镇乡村，发展了门类齐全的产业，形成了多姿多彩的生活。中国人民自古就明白，世界上没有坐享其成的好事，要幸福就要奋斗。中国人民拥有的一切，凝聚着中国人的聪明才智，浸透着中国人的辛勤汗水，蕴涵着中国人的巨大牺牲。

团结和奋斗，必须要有一个能把中国人民团结起来的共同奋斗的政治力量。中国近代以来的历史证明，这个力量唯有中国共产党。但是，怎样才能把中国人民团结起来？怎样才能使中国人民朝着一个共同目标不懈奋斗？中国共产党经过长期实践，终于成功解决了这一具有最大意义的课题。

"长夜难明赤县天，百年魔怪舞翩跹，人民五亿不团圆。"这是毛泽东作于新中国成立一周年之际的《浣溪沙·和柳亚子先生》里的词句，形象地再现了旧中国的悲惨景象。帝国主义列强和封建统治者为了维持自己的统治，对人民大众采取的是愚民政策，对汉族和少数民族则采取分而治之的政策，使中国民众处于一种"一盘散沙"的沉睡状态。伟大的资产阶级革命先行者孙中山先生领导的辛亥革命，推翻了封建帝制，却未能完成"唤起民众"的任务，因而不可能将这次革命进行到底，也不可能从武昌起义的胜利走向新的胜利。

中国共产党成立后，才从根本上扭转了这一历史厄运，终于完成了

"唤起民众"的使命。中国人民开始从精神上由被动转为主动，中华民族开始艰难地但不可逆转地走向伟大复兴。

中国共产党是靠什么"唤起工农千百万，同心干"的呢？其中的法宝就是"宣传群众""组织群众""武装群众"，使中国共产党的基本群众——广大工农劳苦大众坚定地团结在党的周围，自觉自愿地为着自身的解放而奋斗，赴汤蹈火、流血牺牲也在所不辞。再有就是统一战线，将富裕农民、城市小资产阶级、民族资产阶级、无党派爱国人士、社会贤达、开明绅士、海外侨胞等紧密地团结在中国共产党周围，为了人民解放、民族独立而团结奋斗。

在新民主主义革命时期，在中国共产党的不懈努力下，中国人民的团结奋斗呈现出日益巩固、日益扩大、日益发展的态势。从土地革命战争阶段的工农联盟，到全民族抗日战争阶段的抗日民族统一战线，再到解放战争阶段的反蒋爱国统一战线，直至新中国成立前夕出现的中国人民的团结、中华各族人民大团结，为新中国成立后的以工农联盟为基础的最广泛的爱国统一战线奠定了坚实的基础。

进入改革开放和社会主义建设新时期，爱国统一战线更加扩大。邓小平曾指出：新中国成立以来的30年中，我国的社会阶级状况发生了根本的变化。"我国的统一战线已经成为工人阶级领导的、工农联盟为基础的社会主义劳动者和拥护社会主义的爱国者的广泛联盟。新时期统一战线和人民政协的任务，就是要调动一切积极因素，努力化消极因素为积极因素，团结一切可以团结的力量，同心同德，群策群力，维护和发展安定团结的政治局面，为把我国建设成为现代化的社会主义强国而奋斗"①。这为中国人民的团结奋斗创造了空前良好的政治氛围，确立了更加明确的奋斗目标。

中国特色社会主义进入新时代后，以习近平同志为核心的党中央把加强中华儿女大团结摆在更为重要的战略位置上。习近平总书记强调，团结才能胜利，奋斗才会成功。党紧紧依靠人民，稳经济、促发展，战贫困、建小康，控疫情、抗大灾，应变局、化危机，攻克了一个个看似不可能攻克的难关险阻，创造了一个个令人刮目相看的人间奇迹。

团结奋斗要有凝心聚气的共同梦想和奋斗目标。习近平总书记指出，"实现中华民族伟大复兴，就是中华民族近代以来最伟大的梦想。这个梦想，凝聚了几代中国人的夙愿，体现了中华民族和中国人民的整体利益，是每一个中华儿女的共同期盼"②。"我们这一代共产党人一定要承前启后、继往开来，把我们的党建设好，团结全体中华儿女把我们国家建设好，把我们民族发展好，继续朝着中华民族伟大复兴的目标奋勇前进。"③

新时代，中国人民的团结奋斗达到了一个新高度。中国共产党同全国各民族工人、农民、知识分子更加紧密地团结在一起，同各民主党派、无党派人士、各民族的爱国力量更加紧密地团结在一起，进一步发展和壮大了由全体社会主义劳动者、社会主义事业的建设者、拥护社会主义的爱国者、拥护祖国统一和致力于中华民族伟大复兴的爱国者组成的最广泛的爱国统一战线。中华各族人民的团结奋斗进入了一个新境界。以习近平同志为核心的党中央高举中华民族大团结旗帜，强调中华民族大家庭、中华民族共同体、铸牢中华民族共同体意识等理念，既一

---

① 《邓小平文选》（第二卷），人民出版社1994年版，第187页。
②③ 《习近平谈治国理政》（第一卷），外文出版社2018年版，第36页。

脉相承又与时俱进贯彻党的民族理论和民族政策，积累了把握民族问题、做好民族工作的宝贵经验，形成了党关于加强和改进民族工作的重要思想，以铸牢中华民族共同体意识为新时代党的民族工作的主线，推动各民族坚定对伟大祖国、中华民族、中华文化、中国共产党、中国特色社会主义的高度认同，不断推进中华民族共同体建设，促进各民族在中华民族大家庭中像石榴籽一样紧紧抱在一起。

踏上全面建设社会主义现代化国家、全面推进中华民族伟大复兴新征程，更需要发扬团结奋斗精神。我们要不断巩固和发展各民族大团结、全国人民大团结、全体中华儿女大团结，铸牢中华民族共同体意识。要坚持大团结大联合，坚持一致性和多样性统一，加强思想政治引领，广泛凝聚共识，广聚天下英才，努力寻求最大公约数、画出最大同心圆，形成海内外全体中华儿女心往一处想、劲往一处使的生动局面，形成同心共圆中国梦的强大合力。要团结一切可以团结的力量，调动一切可以调动的积极因素，促进政党关系、民族关系、宗教关系、阶层关系、海内外同胞关系和谐，最大限度凝聚起共同奋斗的力量。只要在中国共产党领导下全国各族人民团结一心、众志成城，敢于斗争、善于斗争，我们就一定能够战胜前进道路上的一切困难挑战，继续创造令人刮目相看的新的奇迹。

四、从新时代伟大变革上，深刻认识贯彻新发展理念是新时代我国发展壮大的必由之路

进入新时代，随着社会主要矛盾发生重大变化，经济发展进入新常态，长期以来的主要依靠总量扩张、粗放式发展支撑高速度增长的传统发展模式难以继续下去。加上国际金融危机后世界经济持续低迷影响，

经济结构性体制性矛盾不断积累，发展不平衡、不协调、不可持续问题十分突出。

中国共产党领导人民治国理政，很重要的一个方面就是要回答好实现什么样的发展、怎样实现发展这个重大问题。实践告诉我们，发展是一个不断变化的进程，发展环境不会一成不变，发展条件不会一成不变，发展理念自然也不会一成不变。党中央提出，我国经济发展已由高速增长阶段转向高质量发展阶段，面临增长速度换挡期、结构调整阵痛期、前期刺激政策消化期"三期叠加"的复杂局面。各种情况表明，理念是行动的先导，一定的发展实践都是由一定的发展理念来引领的。必须在发展理念上来一个革命性的变革，才能从根本上转变发展方式。

2015年10月，习近平总书记在党的十八届五中全会上提出创新、协调、绿色、开放、共享的发展理念，指出这五大发展理念不是凭空得来的，是我们在深刻总结国内外发展经验教训的基础上形成的，也是在深刻分析国内外发展大势的基础上形成的，集中反映了我们党对经济社会发展规律认识的深化，也是针对我国发展中的突出矛盾和问题提出来的，对破解发展难题、增强发展动力、厚植发展优势具有重大指导意义。习近平总书记强调，贯彻新发展理念是关系我国发展全局的一场深刻变革，不能简单以生产总值增长率论英雄，必须实现创新成为第一动力、协调成为内生特点、绿色成为普遍形态、开放成为必由之路、共享成为根本目的的高质量发展，推动经济发展质量变革、效率变革、动力变革。

党的十八大以来，以习近平同志为核心的党中央着力推进高质量发展，推动构建新发展格局，实施供给侧结构性改革，制定一系列具有全局性意义的区域重大战略，我国经济实力实现历史性跃升。截至2023

年底，我国国内生产总值从54万亿元增长到126万亿元，我国经济总量稳居世界第二位；人均国内生产总值从39800元增加到89358元。谷物总产量稳居世界首位，制造业规模、外汇储备稳居世界第一。一些关键核心技术实现突破，战略性新兴产业发展壮大，载人航天、探月探火、深海深地探测、超级计算机、卫星导航、量子信息、核电技术、大飞机制造、生物医药等取得重大成果，进入创新型国家行列。

新时代推动经济社会实现高质量发展的实践及其历史性成就、历史性变革充分证明，完整、准确、全面贯彻新发展理念是破解新时代面临的发展矛盾、发展难题、发展的瓶颈性障碍的关键，也是牢牢把握发展主动权、自主权的锁钥，为新时代我国发展壮大指明了必由之路。

新时代伟大变革还证明，党的十八大以来我们对经济社会发展提出了许多重大理论和理念，其中新发展理念是最重要、最主要的。新发展理念是一个系统的理论体系，回答了关于发展的目的、动力、方式、路径等一系列理论和实践问题，阐明了我们党关于发展的政治立场、价值导向、发展模式、发展道路等重大政治问题。

面向未来，我们要实现强国梦，必须从根本宗旨上把握新发展理念。人民是我们党执政的最深厚基础和最大底气。为人民谋幸福、为民族谋复兴，这既是我们党领导现代化建设的出发点和落脚点，也是新发展理念的"根"和"魂"。只有坚持以人民为中心的发展思想，坚持发展为了人民、发展依靠人民、发展成果由人民共享，才会有正确的发展观、现代化观。

必须从共同富裕上把握新发展理念。实现共同富裕不仅是经济问题，而且是关系党的执政基础的重大政治问题。我们决不能允许贫富差距越来越大、穷者愈穷富者愈富，决不能在富的人和穷的人之间出现一道不可逾越的鸿沟。要自觉主动解决地区差距、城乡差距、收入差距等问题，推动社会全面进步和人的全面发展，促进社会公平正义，让发展成果更多更公平惠及全体人民，不断增强人民群众获得感、幸福感、安全感，让人民群众真真切切感受到共同富裕不仅仅是一个口号，而是看得见、摸得着、真实可感的事实。

必须从问题导向和忧患意识上把握新发展理念。我国发展已经站在新的历史起点上，要根据新发展阶段的新要求，坚持问题导向，更加精准地贯彻新发展理念，切实解决好发展不平衡不充分的问题，推动高质量发展。随着我国社会主要矛盾变化和国际力量对比深刻调整，我国发展面临的内外部风险空前上升，必须增强忧患意识、坚持底线思维，做到居安思危、未雨绸缪，准备经受风高浪急甚至惊涛骇浪的重大考验。要防止资本无序扩张、野蛮生长。要加强保障国家安全的制度性建设，借鉴其他国家经验，研究如何设置必要的"玻璃门"，在不同阶段加不同的锁，有效处理各类涉及国家安全的问题。

必须从高质量发展主题把握新发展理念。高质量发展是全面建设社会主义现代化国家的首要任务。发展是党执政兴国的第一要务。没有坚实的物质技术基础，就不可能全面建成社会主义现代化强国。必须完整、准确、全面贯彻新发展理念，坚持社会主义市场经济改革方向，坚持高水平对外开放，加快构建以国内大循环为主体、国内国际双循环相互促进的新发展格局。

我们要坚持以推动高质量发展为主题，把实施扩大内需战略同深化供给侧结构性改革有机结合起来，增强国内大循环内生动力和可靠性，提升国际循环质量和水平，加快建设现代化经济体系，着力提高全要素生产率，着力提升产业链供应链韧性和安全水平，着力推进城乡融合和区域协调发展,推动经济实现质的有效提升和量的合理增长。

总之,只要完整、准确、全面贯彻新发展理念,加快构建新发展格局,推动高质量发展,加快实现科技自立自强,我们就一定能够不断提高我国发展的竞争力和持续力,在日趋激烈的国际竞争中把握主动、赢得未来。

五、从历史与现实一脉贯通上,深刻认识全面从严治党是党永葆生机活力、走好新的赶考之路的必由之路

全面建设社会主义现代化国家、全面推进中华民族伟大复兴,关键在党。习近平总书记在党的二十大报告中指出:"全党必须牢记,全面从严治党永远在路上,党的自我革命永远在路上,决不能有松劲歇脚、疲劳厌战的情绪,必须持之以恒推进全面从严治党,深入推进新时代党的建设新的伟大工程,以党的自我革命引领社会革命。"①

建设什么样的长期执政的马克思主义政党、怎样建设长期执政的马克思主义政党,是摆在中国共产党面前的跨世纪时代课题,关系党和国家前途命运。我们党作为世界上最大的马克思主义执政党,要始终赢得人民拥护、巩固长期执政地位,必须时刻保持解决大党独有难题的清醒和坚定,在为谁执政、为谁用权、为谁谋利这个根本问题上头脑要特别清醒、立场要特别坚定。

党的十八大以来,以习近平同志为核心的党中央以"十年磨一剑"的定力推进全面从严治党。经过坚决斗争,全面从严治党的政治引领和政治保障作用充分发挥,党的自我净化、自我完善、自我革新、自我提

---

① 《中国共产党第二十次全国代表大会文件汇编》,人民出版社2022年版,第53页。

高能力显著增强，管党治党宽松软状况得到根本扭转，反腐败斗争取得压倒性胜利并全面巩固，消除了党、国家、军队内部存在的严重隐患，党在革命性锻造中更加坚强。

唯有勇于自我革命，方能赢得历史主动。经过全面从严治党的革命性锻造，我们党焕发出新的强大生机活力，赢得了保持同人民群众的血肉联系、人民衷心拥护的历史主动，赢得了全党高度团结统一、走在时代前列、带领人民实现中华民族伟大复兴的历史主动。

新时代伟大变革，最为关键的成就在哪里？就在党找到了自我革命这一跳出治乱兴衰历史周期率的第二个答案。

勇于自我革命是中国共产党区别于其他政党的显著标志。自我革命精神是党永葆青春活力的强大支撑。先进的马克思主义政党不是天生的，而是在不断自我革命中淬炼而成的。我们党历经千锤百炼而朝气蓬勃，一个很重要的原因就是我们始终坚持党要管党、全面从严治党，不断应对好自身在各个历史时期面临的风险考验，确保我们党在世界形势深刻变化的历史进程中始终走在时代前列，在应对国内外各种风险挑战的历史进程中始终成为全国人民的主心骨。

党代表中国最广大人民根本利益，没有任何自己特殊的利益，从来不代表任何利益集团、任何权势团体、任何特权阶层的利益，这是党立于不败之地的根本所在。为人民的利益坚持真理、修正错误，是党的光荣传统。党历经百年沧桑更加充满活力，其奥秘就在于始终坚持真理、修正错误。中国共产党的伟大不在于不犯错误，而在于从不讳疾忌医，积极开展批评和自我批评，敢于直面问题，勇于自我革命。只要我们大力弘扬伟大建党精神，不忘初心使命，勇于自我革命，不断清除一切损害党的先进性和纯洁性的因素，不断清除一切侵蚀党的健康肌体的病毒，就一定能够确保党不变质、不变色、不变味，确保党在新时代坚持和发展中国特色社会主义的历史进程中始终成为坚强领导核心。

进入新时代，党和国家面临的形势之复杂、斗争之严峻、改革发展稳定任务之艰巨世所罕见、史所罕见，正是因为确立了习近平同志党中央的核心、全党的核心地位，确立了习近平新时代中国特色社会主义思想的指导地位，党才有力解决了影响党长期执政、国家长治久安、人民幸福安康的突出矛盾和问题，消除了党、国家、军队内部存在的严重隐患，从根本上确保实现中华民族伟大复兴进入了不可逆转的历史进程。"两个确立"是党在新时代取得的重大政治成果，是推动党和国家事业取得历史性成就、发生历史性变革的决定性因素。要深刻领悟"两个确立"的决定性意义，更加自觉地维护习近平同志党中央的核心、全党的核心地位，更加自觉地维护以习近平同志为核心的党中央权威和集中统一领导，全面贯彻习近平新时代中国特色社会主义思想，坚定不移在思想上政治上行动上同以习近平同志为核心的党中央保持高度一致。

自觉推动"五个必由之路"良性互动，需要深刻把握"五个必由之路"的相互关系。

在这"五个必由之路"中，第一条"坚持党的全面领导是坚持和发展中国特色社会主义的必由之路"，为我们指明了实现全面建设社会主义现代化国家、全面实现中华民族伟大复兴的领导力量。没有中国共产党，就没有新中国，就没有中华民族伟大复兴。治理好我们这个世界上最大的政党和人口最多的国家，必须坚持党的全面领导特别是党中央集中统一领导。

第二条"中国特色社会主义是实现中华民族伟大复兴的必由之路"，为我们指明了实现第二个百年奋斗目标进而向更高的奋斗目标接续奋进的根本方向。中国特色社会主义，既坚持了科学社会主义基本原则，又根据时代条件赋予其鲜明的中国特色。只有社会主义才能救中国，只有中国特色社会主义才能发展中国，才能实现中华民族伟大复兴，这是历史的结论、人民的选择。

第三条"团结奋斗是中国人民创造历史伟业的必由之路"，为我们指明了不断推进伟大斗争、伟大工程、伟大事业、伟大梦想的根本保证。全面建设社会主义现代化国家，必须充分发挥亿万人民的创造伟力，团结一切可以团结的力量，调动一切可以调动的积极因素，最大限度凝聚起共同奋斗的力量，不断巩固全国各族人民大团结，加强海内外中华儿女大团结，汇聚起实现中华民族伟大复兴的磅礴伟力。

第四条"贯彻新发展理念是新时代我国发展壮大的必由之路"，为我们指明了中国式现代化的灵魂和统帅。坚持新发展理念是关系我国发展全局的一场深刻变革。我国发展已经站在新的历史起点上，要更加精准地贯彻新发展理念，切实解决好发展不平衡不充分的问题，推动高质量发展。

第五条"全面从严治党是党永葆生机活力、走好新的赶考之路的必由之路"，为我们指明了中国特色社会主义宏伟事业从胜利走向新的更加伟大胜利的根本保证。全面建设社会主义现代化国家、全面推进中华民族伟大复兴，关键在党。必须时刻保持解决大党独有难题的清醒和坚定，深入推进新时代党的建设新的伟大工程，以党的自我革命引领社会革命。

以上"五个必由之路"是一个完整的整体，共同回答了过去我们为什么能够成功、未来我们怎样才能继续成功的现实课题，共同回答了新时代坚持和发展什么样的中国特色社会主义、怎样坚持和发展中国特色社会主义，建设什么样的社会主义现代化强国、怎样建设社会主义现代化强国，建设什么样的长期执政的马克思主义政党、怎样建设长期执政的马克思主义政党重大时代课题，共同回答了如何全面建设社会主义现代化国家、全面实现中华民族伟大复兴的奋斗目标。

中国共产党第二十次全国代表大会，作为一次高举旗帜、凝聚力量、团结奋进的大会载入史册。我们要认真学习贯彻党的二十大精神，牢牢把握过去五年工作和新时代伟大变革的重大意义，牢牢把握新时代中国特色社会主义思想的世界观和方法论，牢牢把握以中国式现代化推进中华民族伟大复兴的使命任务，牢牢把握以伟大自我革命引领伟大社会革命的重要要求，牢牢把握团结奋斗的时代要求，坚定不移沿着"五个必由之路"，推动中华民族伟大复兴号巨轮乘风破浪、扬帆远航。

在习近平新时代中国特色社会主义思想指引下，中华民族伟大复兴中国梦正在不断由理想变为现实，中国人民的共同富裕期盼也正在不断由理想变为现实。

中华大地锦绣河山，正在一场前所未有的伟大社会变革中，谱写最新最美的史诗，谱写坚持和发展中国特色社会主义美好新篇章，谱写不断开辟马克思主义中国化时代化美好新篇章。

主要参考文献

习近平：《决胜全面建成小康社会 夺取新时代中国特色社会主义伟大胜利——在中国共产党第十九次全国代表大会上的报告》（2017年10月18日），人民出版社，2017年版。

习近平：《高举中国特色社会主义伟大旗帜 为全面建设社会主义现代化国家而团结奋斗——在中国共产党第二十次全国代表大会上的报告》（2022年10月16日），人民出版社，2022年版。

《中国共产党中央委员会关于建国以来党的若干历史问题的决议》（1981年6月27日中国共产党第十一届中央委员会第六次全体会议一致通过），《十一届三中全会以来重要文献选读》（上册），人民出版社，1987年版。

《中共中央关于党的百年奋斗重大成就和历史经验的决议》（2021年11月11日中国共产党第十九届中央委员会第六次全体会议通过），《中共中央关于党的百年奋斗重大成就和历史经验的决议》，人民出版社，2021年版。

《毛泽东选集》（第一至四卷），人民出版社，1991年版。

《毛泽东文集》（第一至二卷），人民出版社，1993年版。

《毛泽东文集》（第三至五卷），人民出版社，1996年版。

《毛泽东文集》（第六至八卷），人民出版社，1999年版。

《毛泽东年谱（1893—1949）》（修订本）上、中、下，中央文献出版社，2013年版。

《毛泽东年谱（1949—1976）》（第一至六卷），中央文献出版社，2013年版。

《邓小平文选》（第二卷），人民出版社，1994年版。

《邓小平文选》（第三卷），人民出版社，1993年版。

《邓小平年谱（1975—1997）》上、下，中央文献出版社，2004年版。

《习近平谈治国理政》（第一卷），外文出版社，2018年版。

《习近平谈治国理政》（第二卷），外文出版社，2017年版。

《习近平谈治国理政》（第三卷），外文出版社，2020年版。

《习近平谈治国理政》（第四卷），外文出版社，2022年版。

习近平：《论坚持全面深化改革》，中央文献出版社，2018年版。

习近平：《论坚持推动构建人类命运共同体》，中央文献出版社，2018年版。

习近平：《论坚持党对一切工作的领导》，中央文献出版社，2019年版。

习近平：《论坚持全面依法治国》，中央文献出版社，2020年版。

习近平：《论党的宣传思想工作》，中央文献出版社，2020年版。

习近平：《论中国共产党历史》，中央文献出版社，2021年版。

习近平：《论把握新发展阶段、贯彻新发展理念、构建新发展格局》，中央文献出版社，2021年版。

《习近平新时代中国特色社会主义思想学习纲要》，学习出版社、人民出版社，2019年版。

《习近平新时代中国特色社会主义思想三十讲》，学习出版社，2018年版。